축제와 탈진

축제와 탈진

박권일

yeon
doo

차례

○ 서문

다시, 축제와 탈진을 넘어

 세상의 책들은 두 종류로 나뉜다. 변한 것들에 대한 책과 변하지 않은 것들에 대한 책. 이 책은 후자다. 정확히 말하면 변하지 않고 반복되는 것에 대한 기록이다. 그래서 하마터면 이런 긴 제목이 될 뻔했다. "한국인의 욕심은 끝이 없고 같은 실수를 반복한다."

 2012년 첫 칼럼집 『소수의견』 이후 8년 만에 두 번째 칼럼집을 내게 됐다. 8년 동안 한국 사회에는 많은 사건이 일어났다. 세월호가 침몰했고, 역사상 처음으로 대통령이 탄핵돼 감옥에 갔으며, 코로나 19 팬데믹으로 미증유의 보건 위기에 직면했다. 이토록 역동적 세계지만, 조금만 들여다보면 그 역동성에 모종의 부동성 또는 반복성이 있음을 금방 알게 된다. 예컨대 한국은 10년 전이나 지금이나 세계에서 가장 자살을 많이 하는 사회고, 노동 현장에서 죽는 노동자가 가장 많은 사회다. 비정규직·불안정 노동자의 상황은 외환 위기 직후인 20년 전보다 훨씬 나빠졌다. 경제적 차별에 더해 멸시와 모욕에 시달리는 일이 일상이 됐다. '촛불 혁명의 나라', 시민이 대통령을 끌어내린 나라라고 세계가 상찬하는데 그곳에서 살아가는 개개인의 삶은 왜 이렇게 비참한가?

2016년 7월『한겨레』에 새로운 기명 칼럼을 연재하게 되면서 코너 이름을 「다이내믹 도넛」이라 붙인 이유도 여기에 있다. '다이내믹 코리아'라는 말처럼 한국은 얼핏 매우 역동적인 사회처럼 여겨지지만, 사실 정말로 바뀌어야 할 구조적 문제들은 요지부동인 사회다. 「다이내믹 도넛」은 '요동치지만 끝내 변하지 않는 사회'의 알레고리다.

이 책에 실린 칼럼의 상당수는『한겨레』에 연재됐던 글이다. 칼럼뿐 아니라 주간지나 계간지에 기고한, 비교적 호흡이 긴 글도 다수 실었다. 하나하나 별개의 글이지만, 모아놓고 보니 수미일관하다. 어쨌든 나는 어떤 '단단한 구조'를 말하고 싶은 것이다. 그것을 깨부수지 않고서는 결국 우린 제 자리로 되돌아오고 만다. 돌아보면 「다이내믹 도넛」 이전에 나는 이미 한국의 역동성이 감춘 억압과 반복에 꽂혀 있었던 것 같다. 2008년 광우병 촛불 집회 직후 블로그에 이렇게 썼다.

"지금 정권을 압박하는 데만 정신이 팔려서 더 중요한 것을 놓치고 있는 건 아닌지 돌아봐야 한다. 2000년대 이후 거의 모든 대규모 촛불 집회는 축제와 탈진의 반복이었다. 자기 삶이 구체적으로 변하지 않는 축제, 그것은 냉소와 탈정치만 낳을 뿐이다."

12년이 지난 지금 한국은 어떨까? '축제와 탈진의 반복'은 끝났는가. 우리는 12년 전에 비해 더 좋은 사회에 살고 있는가. 이 책은, 세상이 좋아졌다 믿는 이들과 나빠졌다 느끼는 이들 모두에게 나직이 건네는 내 안부 인사다.

오랫동안 지면을 내어준 『한겨레』, 관심과 도움을 준 정재경 장학회에 고마움을 전한다.

○ 환상 속에서 ^{Nella Fantasia}

'외부 세력' 백 년사

　이화여대의 '미래라이프대학' 철회 시위, 성주의 사드 배치 반대 투쟁은 전혀 다른 이슈지만 공통점이 있다. "외부 세력"이라는 말이 자주 등장했다는 것. 이대 시위를 주도한 학생들은 다른 대학의 연대투쟁 제의는 물론, 이대 내부의 운동권들도 철저히 차단했다. 세월호 리본, 메갈리아 티셔츠, 위안부 팔찌 착용도 금지했다. 경찰 1,600명을 투입하며 강공을 펼친 교육부와 대학 측은 여론전에서 밀리며 결국 미래라이프대학 설립을 철회했다. 이대 학생들에게 "지도부 없는 '느린 민주주의'의 승리"라는 찬사가 쏟아졌다.

　성주 투쟁 역시 "외부 세력"이 큰 논란거리였다. 정권, 극우 신문, 종편 방송은 사태 초기부터 '당사자 대 외부 세력' 프레임으로 성주 주민들을 고립하려고 했다. 방송인 김제동 씨는 이 프레임에 정면으로 맞서 큰 호응을 얻었다. "성주에 주민 등록이 기재돼 있지 않은 사람을 외부 세력이라고 하면 대통령도 국무총리도 국방부 장관도 외부 세력이다!" 이대, 성주만이 아니다. 어떤 사회적 저항이 일어나면 곧장 튀어나오는 말이 "외부 세력" 운운이다. 세월호 유족 역시 "순수 유가족"

과 아닌 유가족으로 나뉘어 끝없이 모욕당해야 했다.

이 "외부 세력"이란 말, 누가 언제부터 썼을까? 피지배 집단 내부의 저항자들을 색출하기 위한 지배 집단의 시도는 수천 년 전부터 존재했지만, '순수'와 '불순' 같은 오염, 위생에 대한 감각을 결부해 공론장에서 호명하기 시작한 건 근대 이후부터다. 과거 군부 독재 시절에는 "외부 세력"보다 "불순 세력", "불온 세력", "좌경 용공 세력" 같은 말이 애용됐다. 단어 자체는 조금씩 다르지만, 기능은 동일했다. 저항의 확산을 막고 분열시키는 것이다. "외부 세력"의 뿌리는 그러나 군부 독재 시기가 아니다. 더 거슬러 올라가야 한다.

일제 강점기에 "외부 세력"의 원형과도 같은 말이 처음 나타났으니, 바로 '불령선인不逞鮮人 후테이센진'이다. 불령선인은 '일본에 저항하거나 범죄를 저지르는 불온한 조선인'으로, 온건하고 선량한 조선인을 부추겨 소요와 폭동을 일으키는 자들이다. 불령선인이 전부 독립 운동가는 아니었겠으나 독립 운동가들은 모두 불령선인이라 할 수 있었다. 교토대 인문과학연구소의 「전쟁 전 일본 거주 조선인 관련 신문기사 검색(1868~1945)」 자료에 따르면 불령선인이란 말이 신문에 등장한 건 3.1 운동 직후인 1919년 4월 25일 『오사카마이니치』 신문이다. "불령선인이 오사카에 잠입해 조선인 노동자를 선동하고 있다는 증거가 나왔다."는 내용이었다. 이때부터 불령선인은 신문 지상에 본격적으로 오르내리기 시작해 1920년대에는 누구나 쓰는 관용 표현이 된다. 1922년에는 좌익 활

동가이자 소설가였던 나카니시 이노스케가 잡지 『카이조오
改造』에 「불령선인」이라는 소설을 발표했다. 바로 다음 해인
1923년 관동대지진이 일어난다. '재난을 틈타 불령선인이 약
탈과 방화를 저지르고 다닌다.'는 유언비어가 돌며 많은 조선
인이 일본인 자경단에 의해 학살당했다. 오늘날 일본에서 불
령선인이라는 말은 차별어로 알려졌지만, 완전히 사라진 단
어는 아니다. 재특회 등 극우 단체들은 매일같이 거리에 나가
재일 조선인을 불령선인이라 부르고 있다.

　"불령선인"부터 "외부 세력"까지, 백 년이 흘렀다. '순수한
당사자 대 불순한 외부 세력'이라는 권력의 올무는 여전히 질
기고 치명적이다. 특히 촛불 시위 이후부터 저항은 흡사 '순수
를 증명하는 싸움'처럼 됐다. 정치의 냄새, '꾼(운동권)'의 얼
룩이 조금도 묻어선 안 됐다. 저항자는 "순수한 학생", "순수
한 주민", "순수한 일반 시민"이어야 한다.

　이 강박적 자기검열의 바탕에는 권력의 낙인에 대한 공포,
정치인과 운동권, 나아가 동료 시민에 대한 불신이 놓여 있
다. 이 공포와 불신은 좀 더 근원적 차원에서, 그러니까 백 년
동안 이 '순수 대 불순' 구도를 반복하게 만드는 어떤 '경로의
존성'이 있음을 시사한다. '메시지'의 정당성을 다퉈 문제가
해결된 경우가 절망적으로 드물었다는 경험들이 차곡차곡 쌓
여서 '메시지'보다 '메신저'의 순수성을 앞세우는 게 효율적임
을 사람들은 알게 된 것이다. 리처드 호프스태터가 매카시즘
을 '미국의 반지성주의'로 분석했음을 떠올린다면 이 경로 의

존성을 '한국의 반지성주의'라 부를 수 있지 않을까.

효능감 게임

정치 효능감이란 말을 종종 본다. "촛불 시위가 사람들의 정치 효능감을 높였다."는 식이다. 2016년 『한겨레21』에 실린 김영하 작가 인터뷰에는 이런 언급이 나온다. "정치 효능감은 둘로 나뉜다. 첫째, 정치적 행동으로 사회를 바꿀 수 있다는 신념(내적 효능감). 둘째, 시민들의 요구에 정치인·관료와 같은 정치 주체가 반응할 것이라는 신념(외적 효능감)." 정치적 무력감과 냉소가 문제라는 지적이 수없이 반복됐음을 떠올리면, 정치 효능감을 높이는 것은 굉장히 좋고 필요한 일로 느껴진다. 정치 분야가 아니더라도 효능감이라는 말은 보통 '자기 능력에 대한 자신감'의 의미로 쓰인다. 심리학의 자기 효능감 self-efficacy 개념도 잘 알려졌다. 그런데 이 개념을 말과 글로 만날 때마다 석연치 않은 기분이 든다. 왜일까?

우선 이런 생각이 들기 때문이다. 예컨대 히틀러가 유럽 각국을 굴복시키며 잘나가던 시절, 나치 지지자들이 느낀 정치 효능감은 엄청나지 않았을까? 세계를 바꿀 수 있으며, 바꾸고 있다는 믿음은 극치의 황홀경을 제공했을 것이다. 이렇게 말하면 누군가는 '감히 촛불을 나치에 견주는 것이냐'며 화를 낼지 모른다. 하지만 효능감이라는 개념 자체가 원래 그렇다. 좋은 변화인지 나쁜 변화인지 묻지 않는다. 그러면서도 많은 효능감 담론들은 효능감이 높을수록 좋고 낮을수록 나쁘다는 전제에 동의하는 것처럼 보인다.

효능감에는 죄가 없다. 문제는 자극과 반응을 극대화하는 데만 몰두하는 '효능감 게임'이다. 신문, 방송 같은 올드 미디어도, 팟캐스트 같은 뉴 미디어도 모두 이 게임에 혈안이다. 콘텐츠가 수용자 감정을 얼마나 격발할 수 있는지가 관건이므로 효능감 게임은 이제 일종의 '타격감' 경쟁이 된다. 여기서 타격감은 야구 용어가 아니라 디지털 게임에서 몬스터를 칼로 쳤을 때 유저가 느끼는 공감각적 효과를 가리킨다. 타격감은 타격받은 상대의 반응으로 결정된다. 상대의 몸이 산산조각 나는 시각 효과, 끔찍한 비명, 폭발음과 마찰음 따위가 적시에 터져 나오면 그 게임은 '타격감이 좋은' 것이다.

이 분야의 전통적 강자는 역시 『조선일보』와 계열사다. 열거하자면 책 몇 권으로도 부족하니 최근 사례 두 개만 보자. 〈TV조선〉이 4월 2일에 내보낸 방송 제목은 다음과 같았다. "이대목동병원, 환자 죽어 나가는 '중환자실'서 '야식' 파티" 신생아 사망 사건이 발생한 날, 간호사들이 중환자실에서 컵라면과 김밥 등의 야식을 먹었다는 폭로성 기사였다.

기사가 나가자 시민들은 치를 떨며 분노했다. "어떻게 아픈 아기가 있는 중환자실에서 균이 득실거리는 야식을 먹을 수 있는가?" 간호사들은 어처구니없어하며 항의했다. "식당 갈

시간조차 없어 끼니를 거르기 일쑤인 간호사들이, 중환자실과 분리된 휴게실에서 컵라면을 먹은 게 과연 '야식 파티'라고 매도당할 일인가?" 〈TV조선〉이 간호사들을 식탐에 빠진 악마로 만드는 사이, 감염의 실제 원인, 중증 환자를 돌보는 인력의 부족, 열악한 노동 환경 같은 정작 중요한 구조적 문제들은 아스라이 사라지고 말았다.

『조선일보』역시 만만치 않다. '미투' 운동이 숨 가쁜 속보로 올라오던 당시, 『조선일보』는 명지전문대 연극영상학과 교수들의 성폭력 사건을 보도했다. 신문은 피해자가 비공개를 전제로 학교에 제출한 진술서를 "단독 입수"했다면서 가림 처리 없이 내용을 그대로 노출했다. 진술서에 묘사된 가해자의 행적은 독자의 공분을 사기에 충분했지만, 중요한 건 거기에 피해자의 신상 정보도 그대로 노출됐다는 점이다. 가해자를 단죄한다는 명분으로 피해자에게 심각한 2차 가해를 저지른 것이다. '미투' 관련 보도 중 최악의 사례다.

효능감은 중요하다. 그것은 집단적 참여가 만들어내는 사회 변화의 동력이다. 그러나 효능감에는 '내용'과 '방향'이 없다. '세상을 바꾸고 있다는 느낌'과 '세상이 실제로 바뀌는 것'은 다른 것이고, '세상이 더 낫게 바뀌는 것'은 그것과는 또 다른 무엇이다. 효능감의 내용을 채우고 방향을 제시하는 일은 비판과 성찰이라는, 효능감 낮은 과정을 필요로 한다. 그런 작업이 무시되는 순간, 사회는 효능감 게임의 지옥이 된다. '축제와 탈진의 반복'을 넘어서 어떻게 더 나은 변화를 만들 수 있을까? 어렵지만 절박하게 답을 찾아야 할 질문이다.

곤도 마리에 윤리와 자본주의 정신

조금 전까지 도덕과 정치에 대한 엄격·근엄·진지한 글을 쓰려고 앉아 있었다. 바로 그때 의자 뒤에 위태롭게 쌓여 있던 책더미가 무너졌다. 서재라 부르기 민망한 내 방은 갑작스러운 '책사태'로 정말 발 디딜 틈 없이 좁아졌다. 멍하니 그 광경을 보다가 충동적으로 칼럼 주제를 바꾸기로 결심했다. 마침 넷플릭스에서 〈곤도 마리에: 설레지 않으면 버려라〉를 재미있게 봤던 터다. 그래, 오늘은 세계를 매혹한 '정리 달인' 곤도 마리에 씨에 대해 쓰기로 하자. 구제 불능인 내 방에도 '곤마리 상'의 은총이 필요하다고.

이미 일본에서 유명했던 곤도 씨는 미국으로 가서 글자 그대로 신드롬을 일으켰다. 미국인들은 그 앞에서 "당신의 정리법으로 내 삶이 구원받았다."라며 눈물 흘렸다. 집안 정리라는 건 단순히 청소하거나 여기 있던 걸 저기로 옮겨 놓는다고 해결되지 않는다. 결국 뭔가를 버려야 한다. 그런데 무엇을? 필요해서 산 것들이니 선뜻 버리기 힘든 건 당연하다. 추억이 담긴 물건이면 더욱.

곤도 씨는 버리지 못하는 사람의 심리를 귀신같이 안다. 그래서 이렇게 말한다. "필요한지 아닌지를 가지고 고민하지 마세요. 그 물건을 만질 때 여전히 설레나요? 그럼 남겨두세요. 더는 설레지 않나요? 그럼 버려야 합니다." 설레지 않으면 버려라! 이 말은 곤도 마리에를 상징하는 문장인 동시에 세계적 유행어가 됐다.

사실 그녀 이전에도 청소나 정리를 대행해주는 사람은 많았고, 그런 일은 하나의 비즈니스로 성립돼 있었다. 다만 곤도 씨가 명백히 다른 점이 있다. 그리고 이 점들이 그를 독보적 존재로 만들었다. 일단 곤도 씨의 정리는 정중한 인사로 시작된다. 두 손을 공손히 모으고 앞으로 정리를 시작할 집을 향해 절을 한다. 그가 일본에서 처음 이 일로 돈을 벌기 시작했을 때부터 몸에 밴 습관이다. 쓸모없다고 가차 없이 내다 버리는 태도가 아니라 나를 즐겁고 행복하게 해준 사물에게 고마움을 표시하는 의례다.

그 인사를 보고 즉각 떠오른 이미지는, 공장의 로봇에게 이름을 붙이고 아침마다 인사하던 과거 일본 노동자들의 모습이었다. 모든 사물을 의인화해야 직성이 풀리는 이런 일본적 범신론 혹은 애니미즘은 오늘날 세계를 호령하는 일본 캐릭터 상품의 뿌리일지도 모르겠다. 아무튼 고도로 기능적인 작업 공간에서조차 일본인들은 특유의 정신주의를 강조하는 경향이 있다. 그런 모습이 미국인에게는 동양의 심오한 지혜처럼 느껴진 건 아닐까.

중요한 점은 '곤마리 정리법'이 건전하고 윤리적이란 인상을 준다는 것이다. 그는 이삿짐센터의 스태프들처럼 거칠거나 사무적이지 않다. 그는 의뢰한 고객은 물론이고 고객의 물건 하나까지 살아있는 생명처럼 소중히 다룬다. 그리하여 끝내 그는, 집안 정리라는 지루하고 힘든 노동을 숭고한 의례이자 즐거운 체험으로 여기게 만드는 데 성공한다. 그런데 이것이 야말로 자본주의가 노동자에게 요구하는 최고의 미덕이 아닌가. 노동을 노동이 아니라 자기계발의 자유롭고 창조적인 경험으로 느끼기. 소진되지 않고 끝없이 새로운 업무에 적응하는 존재로 거듭나기.

어떤 사람들은 곤도 마리에 신드롬의 배경에 물질주의와 소비에 지친 사람들의 피로감과 성찰이 있고 그래서 세계적으로 유행하는 '미니멀 라이프' 흐름과 부합한다고 말하지만, 실은 그 반대일 수 있다. "설레지 않으면 버려라!"라는 말 이면에 숨은 메시지는 바로 "설렜다면 질러라!"이기 때문이다. 버려야 새로 살 수 있다. 버린 것들이 바다거북이의 코에 꽂히든 말든, 어쨌든 버리고 또 버려야 새것을 구매할 수 있는 것이다. 그렇게 수요가 창출돼야 시스템이 위기를 극복하고 다시 '정상화'될 수 있다. 또한 우리는 '미니멀 라이프'를 표방하는 세련된 상품의 가격표에 찍힌 숫자가 결코 미니멀하지 않다는 것도 잘 안다. 그러므로 "설레지 않으면 버려라!"가 물질주의와 소비주의에 대한 반성이라는 것은 당치도 않다. 그것은 물질주의와 소비주의가 위기에서 만난 복음이며, 자본주의가 사랑하지 않을 수 없는 지상명령이다.

여기까지 쓴 뒤 다시 내 방을 둘러봤다. 자본주의는 둘째 치고 일단 내 방이 문제다. 곤도 씨의 조언은 어쨌든 실용적이니까 따라 해보기로 한다. 그런데 아뿔싸. 설레지 않는 것부터 버리자면 제일 먼저 나를 쓰레기통에 던져야 하는구나.

가까운 건 너무 크게 보인다

유튜브가 세상을 바꿨다고 한다. '유튜브 크리에이터'가 최고 선망 직업이 됐다는 말에 사람들은 이제 놀라지도 않는다. 몇 해 전에는 페이스북이 세상을 바꿨다고 했다. 그 이전에는 트위터였는데 위세가 사뭇 대단했다. 2010년대 초, 들불처럼 번진 아랍의 봄에서 트위터는 최고의 혁명 무기였다. 생각해 보니 지난 10년간 세상은 상전벽해, 환골탈태를 열두 번도 넘게 한 것 같다. 갑자기 서러워진다. 난 혁명도 못 하고 방도 못 바꿨구나.

눈물을 닦고 나니 이런 생각이 든다. 정말 그런가? 세상이 그렇게 엄청나게 바뀌었나? 이런 이야기를 듣다 보면 잔뜩 먹긴 하는데 헛배만 부른 느낌이다. 봄이 왔다는데 왜 아직도 아랍은 저리 추워 보이는가. "역사상 가장 큰 광장"이라는 페이스북은 왜 그렇게 폐쇄적이며, 심지어 저커버그는 그곳을 지금보다 더욱 닫힌 곳으로 만들겠다 선언했는가. 유튜브가 인류의 표현 양식을 송두리째 바꿨다는데 왜 아직 대학(원)생은 유튜브에 대해 논하라는 시험 문제의 답안을 손으로 꾹꾹 눌러 적고 있는가.

작가 조지 오웰은 비행기와 라디오가 이동 거리와 국경을 없앨 거라 흥분하는 사람들에게 그것이 얼마나 순진한 망상인지 하나하나 사례를 들어 설명한 적이 있다(1944년 5월 12일 자 『트리뷴』). 예컨대 1914년까지만 해도 사람들은 러시아를 제외하면 여권 없이 어떤 나라도 갈 수 있었는데 이제는 그럴 수 없다는 것이다. 경제학자 장하준은 "이 순간 우리에게 영향을 미치고 있다는 이유만으로 우리는 인터넷의 영향력을 지나치게 과대평가하고 있다."면서 "실은 전신 서비스나 세탁기가 인터넷보다 훨씬 거대한 변화를 일으켰다."고 주장한다(『그들이 말하지 않는 23가지』).

남산타워가 손톱만 하게 보인다고 해서 실제로 그렇게 작은 건물일 리는 없다. 적어도 상식을 지닌 성인에게는 굳이 설명할 필요가 없는 사실이다. 하지만 많은 사람이 역사적 사건의 '크기' 또는 '경중'에 대해서는 종종 착각하거나 잘못 판단한다. 최신 편향recency bias, 즉 과거 사건보다 최근 벌어진 일에 훨씬 큰 비중을 두는 생각의 습관 때문이다. 근래 벌어진 사건일수록 사소한 디테일까지 기억하기 쉬우며 찾을 수 있는 정보량 자체가 많은 반면, 오래된 사건일수록 그렇지 못하다. 지금 내 주변에서 일어나는 현상이 대단하고 새로워 보이는 것은 어찌 보면 자연스럽다.

문제는 이러한 '현재의 특권화'가 현실에 대한 단순한 과장에 그치지 않는다는 점이다. 그것은 지금 일어나는 사건을 전례 없이 독특하고 새로운 일로 오인하게 함으로써 원인이나 배경을 잘못 판단하게 만들고, 결과적으로는 엉뚱한 해결책으로 이끈다.

20대 남성의 문재인 정권 지지율이 극적으로 떨어지자 20대 남성 집단에 대한 '분석'이 쏟아져 나왔다. 설훈 의원은 20대 남성이 이명박·박근혜 정권 시절 교육을 잘못 받아서 그렇다고 했다. 홍익표 의원도 20대 보수화는 전 정권의 반공 교육 때문이라는 취지로 발언했다. 『시사IN』은 20대 남성이 여러 측면에서 다른 집단과 확연히 구별되며, 특히 반페미니즘 성향에서 완벽히 이질적 존재임을 강조했다. 내용과 결은 다르지만 20대 남성에 대한 이들 설명은 한마디로 '지금까지 이런 20대 남자는 없었다.'로 수렴된다.

그런데 정말 그럴까? 이명박·박근혜 정권에서 반공교육을 받아 20대가 그리됐다면, '레알' 군인 독재자들에게 '뇌새김' 수준의 반공교육을 받고 자란 지금 40~50대는 어떻게 운동권이 되어 민주화 운동에 투신했던 걸까. 그리고 군가산점제가 폐지된 20년 전, 민란을 방불케 할 정도로 온라인과 오프라인에서 난동을 부리던 당시 "반페미니즘 전사"들은 어쩌다 페미니즘에 제법 호의적인 40대 아재가 돼버린 걸까.

미디어학자 더글러스 러쉬코프는 『현재의 충격』에서 디지털 시대가 어떻게 즉각적 순간에 주목하게 했는지를 탐색하며 '서사narrative의 붕괴'를 말한다. 그러나 사실 붕괴한 것은 역사이지 서사가 아니다. 역사적 조망이 사라진 자리는 과도한 서사화로 채워진다. 그런 서사 과잉의 대표적 형식이 바로 음모론이다. 현재를 설명하는데 과거와 미래가 편의적으로 동원됨으로써 구멍 없는 매끈한 이야기가 탄생하는 것이다. 당연하게도 그런 몰역사적 현실 분석은 너무 쉽게 마녀 사냥과 괴물 찾기로 치환돼버린다.

저항 옥죄는 순수성 강박

2018년 5월 4일, 한진그룹 조양호 일가의 상습적 갑질에 견디다 못한 전·현직 직원들이 행동에 나섰다. 그들은 영화 〈브이 포 벤데타〉에 나오는 가이 포크스의 가면을 쓰고 광화문 세종문화회관 계단에서 촛불을 들었다. 명실상부한 노동자의 저항임에도 상급 단체인 민주노총은 접근조차 할 수 없었다. 이들은 어떤 단체나 조직과도 연대하지 않고 '고립'을 자처하고 있다. 세勢를 불려도 모자랄 판에 왜 그러는 것일까? 여기에는 명확한 이유가 있다. 대항항공 직원들은 경험칙에 따라 합리적으로 행동하고 있다. 동시에 그 합리적 행동이 장기적으로 비합리적이라는 점 역시 명확하다.

'대한항공 직원연대 단톡방'을 개설해 운영하는 익명의 '관리자'는 『한겨레21』과의 인터뷰에서 이렇게 말했다. "현재 대한항공 노조의 상급 단체 중 하나가 민주노총이다. 그들이 개입하면 역효과만 난다. 순수성을 의심받게 된다." 대한항공 촛불 집회 즈음 직장인 익명 게시판 어플리케이션인 '블라인드'에는 이런 이야기가 돌았다. "민주노총이 직원들을 서로 믿지 못하게 만들고 편 가르기를 해 대한항공을 무너트리려고 한다.", "민주노총이 종로경찰서에 촛불 집회 신고를 했다." 대부분 사실무근이지만 이런 루머의 범람은 직원들의 현재 분위기를 잘 보여준다. 실제로 집회에 참여한 대다수 대한항공 직원들은 노동조합이나 정당 같은 '외부 세력'에 극도의 불신을 드러냈다. 이들에게 '외부 세력'과 '순수 직원'의 구분은 명확했고, '외부 세력'의 개입은 투쟁의 순수성을 훼손하는 '오염'이었다.

히스테릭해 보이기까지 하는 이들의 거부 반응은 사실 조직 내부적 경험칙에 근거한 합리적인 행위다. 우선 이들은 제대로 된 노동조합을 경험한 적이 없다. 직원 2만여 명 중 1만 1천여 명이 가입한 최대 노조는 '대한항공 노동조합'이다. 임금 협상을 회사에 위임하는 행태 등으로 일각에서 "어용 노조"라고 비판받는 조직이다. 조종사 중심의 다른 두 노조는 대표성이 떨어지고 전체 직원의 신뢰가 두텁지도 않다. 그렇기에 그들은 조합원이나 노동자로서가 아니라 익명의 직원이자 개인으로 저항하려 하는 것이다.

사회적 경험칙도 강력하다. 가장 가까운 사례로 2016년 이화여대의 미래라이프대학 설립 반대 투쟁이 있다. 시위를 주도한 학생들은 다른 대학교 학생들의 연대 투쟁 제의는 물론, 이대 내부 운동권들까지 철저히 차단했다. 세월호 리본, 메갈리아 티셔츠, 위안부 팔찌 착용도 금지했다. 결국 교육부와 대학 측은 여론전에서 밀리며 미래라이프대학 설립을 철회해야 했다. 거의 완벽에 가까운 승리였다. 언론은 "지도부 없는 느린 민주주의의 승리"라며 찬사를 보냈다.

이대 투쟁과는 다소 다르지만, 박근혜 퇴진 촛불 시위도 순수성 강박이 나타난 점은 유사했다. 집회 현장에서 노동 의제나 기타 진보적 의제를 언급하면 금세 "프락치"라는 비난이 날아들었다. 참가자들은 틈만 나면 '순수한 일반 시민의 비폭력 평화집회'를 강조했다. 이런 사례들이 보내는 신호는 명확하다. '싸움에서 이기고 싶은가? 그렇다면 무조건 외부 세력을 차단하고 순수성을 강조하라!'

그러나 순수성을 추구하는 저항은 필연적으로 '뺄셈의 저항'이 된다. 우리 편은 줄어들기만 할 뿐 결코 늘어나지 않는다. 당연한 논리적 귀결이다. 순수한 것은 얼마든지 불순해질 수 있지만, 한 번 불순해진 것은 다시 순수해질 수 없기 때문이다. 바꿔 말해 이 프레임에서 승리하려면 무조건 빠른 시간 안에 결판을 내야 한다. 시간은 적敵의 편이란 뜻이다. 박근혜 퇴진 촛불 시위는 순수성 강박을 보이면서도 시간이 지날수록 참가자가 늘어났다. 이것은 사안 자체가 국가적 의제였기 때문이다. 매주 수백만 인파가 모여서 일국의 대통령을 탄핵한 시위를 사회 투쟁의 일반 모델로 삼는 건 무리다.

이대 투쟁이 고립됐으면서도 성공할 수 있었던 데에는 크게 두 가지 이유가 있다. 기간이 비교적 짧았고 목표와 로드맵을 구성원이 명확히 공유했다는 것이다. 대한항공 집회는 이대 투쟁과는 다르다. 목표와 로드맵은 모호하고, 일정은 기약이 없다. 이런 경우 순수성 강박이 되레 족쇄가 될 수도 있다.

대한항공 투쟁에 지도부와 조직이 없으며 소셜 미디어를 통해 소통한다는 점을 강점으로 꼽는 사람이 많다. 과연 그럴까? 2011년 아랍에서 '재스민혁명'이 발발했을 때 세계 언론은 "소셜 미디어 혁명"이라 흥분했다. 페이스북과 트위터 같은 소셜 미디어의 수평적 네트워크가 세상을 바꾸고 있다는 것이다. 당시 『중앙일보』 김영희 국제문제 대기자는 "아랍 사태는 문명사적 M(모바일)혁명"이라고 규정하고, "모바일로 무장한 유목민들은 횡단적으로 끊임없이 연결·접속하면서 아랍의 오랜 전제 체제와 구악을 하나씩 청산할 것"이라 자신만만하게 예언했다. 2018년, 우리는 재스민혁명이 어떻게 귀결했는지 알고 있으며 저 국제문제 대기자의 예언이 얼마나 허황된 것이었는지도 잘 알고 있다. "유목민적·수평적·횡단적 연결" 듣기는 좋다. 어떤 조건 하에서는 충분히 실현이 가능하기도 하다. 그러나 네트워크 기술 혁명이 곧 사회 혁명은 아니다. 체제와 지배 구조를 바꾸는 일은 모르는 사람들이 만나 즐겁게 놀다 순식간에 사라지는 '플래시몹'과는 다른 일이다.

'외부 세력'에 대한 극도의 거부 반응을 거슬러 올라가면 식민지 시기까지 다다른다. 당시 일본은 '불령선인'이란 말을 즐겨 썼다. 불령선인은 '일본에 저항하거나 범죄를 저지르는 불온한 조선인' '온건하고 선량한 조선인을 부추겨 소요와 폭동을 일으키는 자들'이다. 조선인은 서로를 '불령선인'이라 부르며 끝없이 의심하고 밀고했다. 예나 지금이나 '순수' 대 '불순

(외부)'이라는 프레임은 저항을 고립하고 연대를 차단한다.

물론 순수성 강박이 때로 국지적 승리로 이어질 수 있다. 하지만 대체로 그것은 절망적으로 낮은 확률의 게임이다. 더욱이 그런 방식의 투쟁은 사회 문제를 오직 당사자의 문제로 환원함으로써 사회적 인간의 핵심이자 사회 진보의 동력인 '공통적인 것the common'을 상상하는 역량을 심각하게 훼손한다. "불순하다."는 비난에 대한 올바른 대답은 "우린 순수하다."가 아니다. 그 비난에 대한 올바른 대답은 "우린 공화국 시민이자 노동자이고, 네 비난은 이 부정의한 사태와 아무 상관없다."이다.

갈등에 무지한 사회

　서울대 사회과학대는 2013년 어느 심포지엄에서 한국을 "저문화·고갈등 사회"로 규정하고 이런 특성이 기업과 사회의 경쟁력을 저하시킨다고 주장했다. "저문화·고갈등 사회"는 문화 수준은 낮고 갈등 수준은 높은 사회다. 요즘 유행하는 말로 번역하면 한마디로 "미개한" 사회일 테다. 이 진단은 많은 한국인의 통념에도 부합한다. 쏟아지는 뉴스만 보면 한국은 거의 내전 상태를 연상할 정도로 격렬하게 갈등하는 것처럼 보인다.

　조금 더 깊숙이 질문을 던져보자. 갈등이 많은 사회는 후진 사회이고 갈등이 적거나 없는 사회는 선진 사회인가? 갈등은 나쁜가? 언론을 통해 드러나는 갈등은 현실에서 벌어지는 갈등을 충실히 반영하고 있는가? 한국에서 "노사 갈등", "이념 갈등", "지역 갈등" 같은 말은 늘 부정적 맥락에서 사용된다. 이런 말들은 이미 갈등 자체를 나쁜 것으로 전제한다. 게다가 많은 경우 일방적 폭력이거나 비대칭적 갈등임에도 마치 대등한 쌍방의 다툼인 양 호도된다. 기업의 일방적 해고, 용역의 린치는 폭력일 뿐이다. 다른 생각을 '빨갱이'로 몰아 공권력으로 탄압하는 짓이 "이념 갈등"일 수는 없다. 전라도 출신을 향한 차별과 혐오를 "지역 갈등"으로 부르는 것 역시 마찬가지다.

강자와 약자가 존재하고, 다양한 이해관계가 충돌하는 사회에서 크고 작은 갈등이 파생하는 것은 필연이다. 문제는 갈등의 많고 적음이 아니다. 갈등이 왜곡되고, 은폐되고, 억압되는 것이 진짜 문제다. 이런 관점에서 한국은 단순히 갈등이 많은 나라가 아니라 '갈등에 무지한 사회'다. 대칭적 갈등, 비대칭적 갈등, 일방적 폭력 따위를 구별하지 않는다는 점에서 '갈등 인식'에 무지하며, 어떻게 대처해야 하는지도 모른다는 점에서 '갈등 해결'에도 무지하다.

'갈등 인식'의 측면에서 무지해진 데에 크게 두 가지 이유가 있다. 첫째, 정당 정치가 현실의 계급 분포와 괴리하면서 대표성 문제가 발생했다. 즉 실제 먹고 사는 문제를 둘러싼 계급적 갈등을 현실 정치가 제대로 반영하지 못한다. 그러다 보니 여당이나 제1야당이나 "중산층과 서민" 타령만 반복 재생한다. 둘째, 극우·친재벌 성향의 대형 언론, 행정부, 국가 정보기관 등에 의해 여론이 체계적으로 왜곡되거나 은폐된다. 예를 들어 국정 교과서 문제가 크게 불거지자 저들은 갈등의 구도를 '다양성' 대 '획일성'이 아니라 '종북' 대 '친일' 또는 '종북' 대 '비종북' 구도로 계속 뒤틀고 있다.

'갈등 해결'의 측면에서도 이유가 있다. '무책임의 구조' 때문이다. 일상에서 어떤 심각한 갈등이 발생했을 때를 떠올려보자. 보통 현장 책임자 선에서 문제가 해결되지 못한다. 대신 "사장 나와!"가 문제 해결의 시작이 된다. 그게 아니면 혈연·지연·학연을 동원해 '뒷문 해결'이 시도된다. 소용돌이처럼 권력이 중심으로 집중되는 '한국적 전통'에 더해 아웃소싱이 일반화하면서 책임을 끝없이 전가할 수밖에 없는 무책임의 구조는 더욱 견고해졌다. 그러므로 사안의 경중 완급과 무관하게 늘 '끝판왕'이 소환될 수밖에 없다. 최종 심급의 권위를 호출하지 않으면 문제가 해결되지 않는다는 걸 한국인들은 직·간접으로 체득하고 있다. '끝판왕'은 상황에 따라 검찰, 헌법재판소, 대통령 등으로 다양하게 변주된다.

　선진 사회는 거의 예외 없이 '갈등의 제도화' 수준이 높다. 그들은 그게 사회적 비용을 줄이는 첩경임을 안다. 반면 한국 사회는 물적 수준에 비해 갈등의 제도화 수준이 현저히 낮다. 그래서 잘못된 시간에 부적절한 장소에서 엉뚱한 사람과 갈등하는 경우가 지나치게 많아진다. 한국인의 '민도'가 별나게 낮거나 문화가 저열해서가 아니다. 기득권 세력이 자신의 사익을 위해 사회를 그렇게 '세팅'해왔기 때문이다.

싱가포르 판타지

박근혜 후보의 대선 공약을 차분히 읽어봤다. 생각보다 고통스럽지 않았다. 힘든 걸로 치면 안철수 후보, 문재인 후보의 공약들이 더 했다. 아무래도 기대가 있었던 까닭이다. 안철수 캠프 공약은 참담한 수준이었다. 문재인 캠프 공약은 상대적으로 높은 완성도를 보였지만, 거대 야당 후보라는 점을 고려한다면 오히려 불만스럽다. "10년 전 노무현 캠프의 공약보다 개혁적이고 혁신적이냐"고 묻는다면 고개를 저을 수밖에 없다.

안철수 캠프의 공약 중에서는 그래도 교육과 IT 분야 정책만큼은 평가해줄 만했다. 더 다듬어서 문재인 후보의 공약에 포함하고 경선서 탈락한 손학규 후보 측 정책 아이디어들까지 받아서 녹여내면 더 나아질 것이다. 그러나 여전히 부족하다. 비정규 노동과 소득·자산 불평등 문제에 대해 획기적 조처가 없다면 그것을 두고 개혁의 청사진이라 부를 수는 없다. 만약 노동 분야 정책을 대폭 보강할 경우 문재인 캠프의 공약은 어떤 모습이 될까.

아마도 '핀란드 모델'에 가깝지 않을까 한다. 핀란드는 잘 알려진 대로 IT 산업이 매우 발달한 북유럽 선진국이다. 특히 '낙오자 없는 학교'를 표방하면서도 탁월한 학업 성취도를 끌어내는 핀란드 교육은 많은 나라의 롤모델이다. 핀란드는 이런 교육 환경이 첨단산업의 혁신을 끊임없이 자극하는 이상적 선순환 구조를 지닌 사회다. 또한 핀란드는 노조 가입률이 70%가 넘는다. 강력한 노동조합을 바탕으로 노사정 타협 모델이 정착한 나라다. 노동권 강화가 문재인 공약의 전제이자 핵심이 돼야 하는 건 바로 그래서다.

반면 박근혜 후보의 공약은 어떤 사회를 지향하고 있을까. 혹은 그가 이상적 사회로 생각하는 국가는 어디일까. 그와 새누리당이 평소 강조하는 특정 단어들, 그리고 이번 대선 공약을 종합해 본 결과, 떠오르는 국가는 딱 하나뿐이다. 싱가포르. 1인당 국민소득으로 따지면 싱가포르는 아시아 1, 2등을 다투는 선진국이다. 거의 5만 달러에 이르는 1인당 국민소득에, 거리는 놀랍도록 청결하고 세련됐다. '여성과 어린이들이 안심하고 다닐 수 있는 나라'로도 유명하다. 범죄율은 세계 최저 수준이다.

하지만 그건 일면일 뿐이다. 초대 총리 리콴유는 31년간 독재자로 군림했고 아들 리셴룽은 2004년 3대 총리가 됐다. 리콴유는 '박정희의 빅 팬'으로도 유명하다. '아시아인에게는 민주주의가 어울리지 않는다.'는 주장을 늘어놓다 1990년대에 김대중 전 대통령과 논쟁까지 벌인 이다. 싱가포르는 독재국가일 뿐 아니라 언론·집회의 자유를 혹독하게 탄압하는

나라다. '국경 없는 기자회'가 2012년 발표한 세계 언론 자유
도 순위에서 싱가포르는 135위를 차지했다. 참고로 북한 178
위, 중국 174위, 한국 44위, 일본 22위였고 1위는 핀란드였다.
언론 자유라는 면에서 싱가포르는 대한민국보다는 중국이나
북한에 훨씬 가까운 사회인 셈이다. 싱가포르의 국민소득이
높다고 해서 모든 시민이 잘산다고 오해하면 곤란하다. 유엔
개발계획UNDP이 2009년 발표한 인간개발보고서에 따르면 싱
가포르의 빈부격차는 홍콩에 이어 세계 2위였다(한국은 16
위, 일본은 26위).

두려운 건 박근혜 후보나 그 공약 따위가 아니다. 한국에 사
는 많은 사람이 사실은 싱가포르 같은 나라를 '좋은 사회' 또
는 '모범 국가'라 여긴다는 점이야말로 모골이 송연한 것이다.
강력한 치안, 일벌백계의 가혹한 엄벌주의, 높은 국민소득, 분
배보다 성장…. 지금 당장 여론 조사를 하면 이런 것들 대신
인권이니 표현의 자유 같은 건 조금 희생해도 된다고 답할 사
람이 적지 않을 테다. 우리 안의 '싱가포르 판타지', 그게 바로
박근혜의 힘이다.

'성형 대국'의 의미

테드 창의 SF단편소설 『외모지상주의에 관한 소고:다큐멘터리』는 '칼리그노시아'라는 테크놀로지를 둘러싼 논쟁을 흥미롭게 그려낸다. 칼리그노시아를 어떤 사람에게 장착한 후 켜면, 그 사람은 외모의 아름다움을 구분하는 능력을 잃게 된다. 그렇다고 물리적 차이를 인지하는 능력이 손상되는 건 아니다. 코가 높은 사람을 코가 높다고 인식하고, 코가 낮은 사람을 코가 낮다고 인식한다. 단지 예쁘고 잘생긴 얼굴과 평범한 얼굴 사이의 차이를 느끼지 못하는 것뿐이다.

이 장치의 필요성이 제기된 이유는 심각한 외모지상주의 lookism 때문이다. 인종 차별이나 성 차별은 진지하게 논의되며, 때로 제도적 수단을 통해 제재받기도 한다. 그러나 외모 차별은 다른 차별 못지않게 만연해 있음에도 상대적으로 무시되거나 당연시되곤 한다. 사람들은 타인의 성적 매력에 즉각적으로 반응하고 상대 외모에 따라 확연히 다르게 행동한다. 게다가 현대 사회는 외모 가꾸기 경쟁을 부추기고 있다.

소설에서 칼리그노시아 의무화를 찬성하는 측은 그것이 "사람을 성숙하게 만드는 일종의 보조 수단"이며 "표면을 무시함으로써 더 깊은 내면을 이해할 수 있도록 해준다."고 주장한다. 반대하는 측은 칼리그노시아가 "자연스러운 차이"를 인위적으로 억압하는 조치라고 말한다. 또 다른 이들은 외모 차별에 적극적으로 반대하긴 하지만, 저런 기술적 해결책은 "눈가림"일 뿐이므로 교육을 통해 해결해야 한다고 강변한다.

10년 전 저 소설을 읽었을 때, '한국은 이미 다른 해결책을 찾아냈다.'고 생각했다. 외모에 대한 인식을 평평하게 만드는 기술적 해결책이 아니라 외모를 상향 평준화시키는 '수술적 해결책', 이른바 "세계 최대의 성형 대국"이라는 프로젝트 말이다. 어마어마한 사회적 비용을 발생시키고 자살을 부를 정도로 개인을 억압하면서, 한국 사회는 지극히 한국적인 방식으로 외모지상주의를 '극복'해왔다.

물론 한국에도 "내면을 가꾸기보다 외모에만 집착한다,"고 개탄하며 '성형 대국' 타이틀을 부끄럽게 생각하는 사람들이 적지 않다. 현실에서 칼리그노시아가 출시되면 적극적으로 사용할 법한 분들이다. 이런 말을 들으면 두 가지 의문이 생긴다. 먼저 본질과 현상이라는 오래된 이분법에 내면과 외모를 끼워 넣은 듯한 저런 인식이 타당하냐는 것이다. 내면 혹은 지적 능력은 너무 신비화되고 낭만화되는 경향이 있다. 예컨대 스포츠 선수의 도핑은 매우 엄격하게 처벌받는 데 비해 지식 노동자나 학생의 브레인 도핑, 즉 지적 활동을 항진시키는 각종 약물에 대해 우리는 상대적으로 관대한 편이다.

두 번째는 한국인이 실제로 내면을 가꾸는 데 그렇게 소홀한가라는 의문이다. 오히려 반대 아닐까. 한국인처럼 자기 내면을 살뜰하게 돌보는 사람들도 세계적으로 드물다. 어마어마하게 팔려나갔고 여전히 팔려나가는 중인 자기계발, 힐링, 명상 서적들, 인산인해를 이루는 "인문학 멘토"의 토크 콘서트를 보라. 점술, 연애 상담, 픽업 아티스트 등 갖가지 종류의 컨설팅 사업까지 더해져 거대한 시장이 형성돼 있다. 약한 자아에 관념적 보형물을 집어 넣어주는 이 비즈니스는, 말하자면 '자아성형산업'이다. 한국은 외모와 내면 모두에서, 명실상부 성형 대국인 셈이다.

　외모성형과 자아성형, 즉 자기계발적 해법에 몰두하는 이유는 명백하다. 체제 모순에 대한 정치적·제도적 해법이 작동하지 않는다고 여기기 때문이다. 만약 자기계발적 해법이 통하지 않는다는 사실이 널리 공유되면 어떻게 될까. 혁명이 일어날까? 사회학자 지그문트 바우만에 따르면 '상상적 해법'이 확산한다. 내부의 타자를 희생양으로 만들어 증오와 혐오를 쏟아내는 사람들이 폭발적으로 늘어나는 것이다.

냄새는 불평등을 자연화한다

〈기생충〉 영화평에는 유독 계급^{class}이라는 말이 많이 등장한다. "상승과 하강으로 명징하게 직조해낸 신랄하면서 처연한 계급 우화(이동진)", "정밀한 나머지 비통한 계급의식의 조감도(김혜리)", "더 넓게, 더 깊게. 확장의 시력으로 현 사회계급을 탐색하는 봉테일적 시각(이화정)"

그런데 과연 이 영화가 계급 서사일까? 사회학자 에릭 올린 라이트는 『계급론』에서 계급의 네 가지 기본 속성을 다음과 같이 언급한다. "계급은 관계적이다. 그 관계들은 적대적이다. 그러한 적대들은 착취에 뿌리박고 있다. 그리고 착취는 생산의 사회적 관계에 기반해 있다." 계급은 마르크스가 발명한 말이 아니지만, 마르크스 이후 계급 개념이 체계화되면서 일반적으로 계급은 '신분^{status}'과 구별되는 범주가 됐다.

이런 속성에 비춰볼 때 〈기생충〉은 계급 서사가 아니다. 기택은 몰락한 중산층 룸펜이지 노동계급이 아니다. 비밀 지하방에서 살아가는 근세 역시 비슷하다. 박 사장은 어떻게 돈을 버는지 거의 설명되지 않으며 그냥 IT 업계 부호로 그려진다. 이야기를 꾸려가는 기본 단위가 개인이나 계급 집단이 아니라 가족이라는 점도 전형적 계급 서사와 거리가 멀다. 계급에 대한 이야기이려면 자본과 노동의 적대가 있어야 하지만, 〈기생충〉에는 그런 대립이 나오지 않는다.

계급의 부재와 (계급) 적대의 부재. 바로 그것이 영화 〈기생충〉의 핵심이다. 그 자리를 대신 차지한 건 신분을 향한 선망, 혐오, 수치심이 일으키는 긴장이다. 계급 의식이나 사회적 적대가 없기 때문에 극의 긴장은 약자끼리의 악다구니와 개인적·즉자적 폭력으로 해소될 수밖에 없다. 기택에게 "너는 계획이 서 있구나!"라고 칭찬받는 아들 기우는 박 사장처럼 되겠다는 꿈을 꾸지만, 영화의 결말이 냉혹하게 보여준 것처럼 그런 일은 결코 일어나지 않는다. 반면 박 사장의 아들은 아버지의 이른 죽음으로 조금 어려움을 겪을 수는 있겠지만, 평생 '반지하'에 살 일은 없을 것이다. 일말의 가능성조차 차단해버리는 이 폐쇄성이야말로 계급 사회와 신분 사회의 결정적 차이다. 요컨대 〈기생충〉은 '계급적 분노를 그린 리얼리즘'도, '계급 우화'도 아니다. 〈기생충〉은 신분 사회의 혐오를 그린 가족 잔혹극이다.

칸 영화제 기간에 열린 기자 간담회에서 봉준호 감독은 이렇게 밝혔다. "반지하라는 공간은 서구 영화에서 볼 수 없는 한국에만 있는 것이다. 더 힘들어지면 영화 속 누군가처럼 완전히 지하로 간다는 공포감이 있다." 즉 '반지하'는 한국의 빈곤을 상징하는 공간이라는 것이다. 그런데 정확히 말하면 '반지하'는 한국에만 있는 게 아니라 '수도권에만' 있다. 민주정책연구원 『경제이슈분석』 2015년 11호에 따르면 '반지하'의 98%가 서울과 수도권에 있다. 다시 말해 비수도권-지방 사람들에게는 애초부터 빈곤의 보편적 재현 공간일 수 없다. 또한 '반지하'보다 훨씬 열악한 주거 형태도 많기 때문에 주거 빈곤의 최말단이라 말하기도 애매하다(국토교통부, 『주택 이외의 거처 주거실태조사』, 2018). 봉 감독의 말과 달리 현실에서 '반지하'에 살다가 더 힘들어진 사람들은 지하로 가는 게 아니라 '지상'으로 나온다. 그들이 가는 곳은 고시원, 쪽방, 비닐 하우스다. 영화 개봉 후 쏟아져 나온 '반지하' 경험담과 언론의 뜨거운 관심은 가난과 불평등에 관한 담론조차 얼마나 편중적인지를 보여준 예이기도 했다.

영화가 꼭 정의를 설파해야 하는 것은 아니지만 그렇다고 재현의 이데올로기 효과가 사라지는 건 아니다. 계속 눈에 밟혔던 지점은 영화가 가난과 불평등을, 그리고 이를 재현하는 냄새를 사회 모순이 아니라 자연 재난처럼 다룬다는 점이었다. 그렇기에 영화는 "계획"이 있든 없든, '반지하 인생들'이 할 수 있는 건 없다는 사실을 거듭 확인시키는 것처럼 보였다. "신화는 역사를 자연화^{naturalization}한다."는 롤랑 바르트의 말은 봉준호의 〈기생충〉에서 기묘하게 변주되고 있었다. '냄새는 불평등을 자연화한다.'

영화를 보고 나서 '그러니까 평등 세상을 만들어야지.'라며 주먹을 불끈 쥘 수도 있다. 하지만 출구 없는 현실에 절망과 무력감을 더 강하게 느낄 수도 있다. 분명한 것은 적어도 사회 현상으로서 불평등은 자연적이기는커녕 철저히 자의적이라는 사실이다.

회원제 민주주의

 바람이나 물결처럼 지난 20년의 어떤 흐름을 감촉하긴 했다. 하지만 그걸 뭐라 불러야 할지 알 수 없었다. 많은 사람이 "촛불 혁명" 또는 "K-민주주의"라 부른 일련의 사태를, 도저히 그리 부를 수 없었다. 틀렸다기보다 결정적인 게 빠졌다고 느꼈다.

 촛불의 원형을 보려면 적어도 2002년 촛불까지 올라가야 한다. 2004년 노무현 대통령 탄핵반대 촛불 시위, 2008년 광우병 촛불 시위는 물론이고, 촛불에 대한 일종의 '백래쉬'로서 이명박과 박근혜 집권 역시 거대한 '촛불 연대기'에 포함된다. 촛불이란 사물이 강조되지 않아도 이념과 스타일이 동질적이라면 '촛불'에 속한다. 이화여대 '미래라이프' 대학 반대 투쟁(2016년)이 그랬다.

 기묘하게 들릴 수 있겠지만, 이대 투쟁은 어떤 촛불 시위보다 '촛불적'이었다. 촛불 시위의 가장 또렷한 특징은 '반反정치'였다. 광장의 정치적 발언은 강하게 제지됐다. 운동권 깃발 논쟁이 벌어진 2002년 촛불 시위 때부터 가장 또렷한 특징이다. 촛불 시민 다수는 자신이 "외부 세력", 즉 '비非-국민'이 아님을 증명하는 데 몰두했다. 정치 발언을 하는 이들은 "빨갱이", "프락치"라 낙인찍혀 내쫓겼다. 이대 학생들은 훨씬 더 철저했다. 학생증 검사, 정치 발언 금지는 말할 것도 없고 메갈리아 티셔츠, 세월호 리본까지 단속했다. 촛불의 또 하나 특징은 '위임 거부'였다. 공간을 마련하고 정비하는 주최 측은 있었지만, 운동 목표, 전략, 전술을 명하는 지도부는 존재하지 않았다. 이대 투쟁에도 '지도부'가 없었다. 본관 농성자 모두가 평등한 피해자이자 당사자였다. 아무리 작은 사안도 다수결로 결정됐다. 석 달 가까이 지속한 농성의 결과는 놀라웠다. 설립 계획이 백지화되고 총장까지 물러났다. 지난 30년 간 대학생이 주도한 투쟁 중 이토록 성공한 경우가 있었나 싶을 정도로, 그야말로 압도적 승리였다.

'반정치'와 '위임 거부'. 이 두 가지 특징은 이화여대만이 아니라 오늘날 대학생, 청년 세대에게 더욱 밀도와 강도를 높여 나타나고 있다. 학생회 선거 자체가 무산되기 일쑤지만, 설령 학생회가 세워지더라도 학내 복지 외에 조금이라도 정치색 묻은 활동을 하기 어렵다. 선거로 선출됐음에도 사안에 대해 일일이 학생들 의견을 물어야 탈이 나지 않는다. 이런 면은 최근 노조에 가입한 신입 사원에게도 많이 보인다. 노조 집행부는 위임된 권한을 행사하는 조직인데 젊은 세대일수록 이를 권위적이고 비민주적이라 여기는 경향이 강하다. 그러다 보니 사소한 일 하나하나 전부 다수결에 부쳐야 하는 상황이 됐다. 어려운 상황에 처한 다른 노조와의 연대 사업도 어렵다.

"우리 문제나 신경 쓰라"며 온라인 게시판에 대놓고 '저격'이 올라온다. 원래도 조합주의 경향이 강했던 한국의 노동조합은, 젊은 세대가 들어오며 더욱 자기 울타리만 지키는 조직이 되고 있다.

'반정치'와 '위임 거부'는 사회운동의 필승 공식이자 시대정신이 됐다. 오늘날 타인의 권리나 사회 전체의 변혁을 위해 싸우는 운동, 예컨대 변혁적 학생운동이나 연대주의적 노동운동은 "제 앞가림도 못 하는 놈들의 오지랖"으로 조롱받는다. 반면 당사자 운동은 순수한 당사자성과 피해 사실이 증명되면 정당함을 인정받는다. 촛불의 주류가 주장한 것은 요컨대 '순수한 당사자의 민주주의'였다. 국적을 상실하거나 포기한 난민, 미등록 이주 노동자, 대중교통을 방해하는 '폭력 장애인', 공산주의자, 동성애자와 트랜스 젠더… 다수결로는 인정받지 못할 '비-국민'의 형상들은 촛불 광장에서 자신의 요구를 말할 수 없었다. 온갖 일에 다 참견하며 '비-국민'과 함께 싸우던 운동권들은 이미 죽었거나 깃발을 내렸다.

'순수한 당사자의 민주주의'는 철학자 지젝의 재담을 연상시킨다. "내 애인은 절대 거짓말을 하지 않아. 왜냐면 거짓말을 하는 순간 내 애인이 아니기 때문이지." 이것은 무적의 논리지만, 영원히 실패할 운명이다. 그런 애인, 그런 민주주의는 존재하지 않기 때문이다. '비-국민'들은 이미 안다. 헌법 제1조를 외치며 광장을 지킨 촛불 시민과 무슬림 혐오 가짜 뉴스를 퍼 나르며 난민 추방을 요구한 시민이 다르지 않다는 사실을. 울타리 안 평등에는 민감하지만, 울타리 밖 비참에는 무관심한 민주주의, 앞으로 그것을 회원제 민주주의^{membership democracy}라 부르려고 한다.

○ 한 줌의 도덕^{Minima Moralia}

혼자 존엄할 수는 없다

'시발비용'이라는 신조어가 있다. 욕설 'O발'을 순화해 '비용'과 합친 말로서 '스트레스를 받지 않았으면 쓰지 않아도 될 비용'이란 뜻이다. 홧김에 마신 술, 열 받아서 먹은 치킨, 힘들어서 잡은 택시…. 이런 소비가 전부 시발비용이다. 이 말이 사람들에게 폭발적 공감을 불러일으킨 건 오늘 우리의 노동이 그만큼 비참하다는 증거다. 실제로 많은 사람이 자신의 월급을 '한 달 동안 모멸을 견딘 대가'라고 생각한다. 한국의 높은 자영업자 비율의 배경에는 이런 요인도 있지 않을까. 자영업이 얼마나 위태로운지 알면서도, 어떤 이들은 지옥 같은 직장 생활에 시달리다 완전히 소진되는 것보다 자영업이 낫다고 판단했을 수 있다. 물론 창업했다고 지옥을 벗어난다는 보장은 없다. 그들을 기다리고 있는 건 비합리적 상사보다 한 술 더 뜨는 '진상 고객', 업계 '갑'들의 복마전이다.

존엄dignity의 훼손은 일상이 됐다. 한국 사회의 모든 영역에서 다수의 사람이 존엄을 짓밟히며 살아간다. "공부 안 하면 저렇게 된다."는 말을 아무렇지 않게 뱉는 부모들, "10분만 더 공부하면 아내 얼굴이 바뀐다(남편 직업이 바뀐다)." 같

은 말을 급훈으로 거는 교사들이 과거에 너무나 많았고 지금
도 여전히 많다. 그러니까 이건 아주 오래전부터 학습되고 누
적돼온 습속이다. 달라진 부분은 이 문제를 심각하게 생각하
는 사람들이 예전보다 늘어났다는 점이다. 인간은 경제적 손
실만큼이나, 아니 그 이상으로 존엄의 훼손에 예민하게 반응
하는 존재다. 『영국 노동계급의 형성』을 쓴 역사학자 톰슨은
피착취자의 단결과 저항이 경제적 이해관계의 기계적 반영이
아니라 도덕적 정당성, 사회적 인정 같은 요소와 긴밀히 연관
돼 있음을 잘 보여준 바 있었다.

 '경영 멘토', '인문 멘토'로 불리는 사람들은 "약육강식의 정
글" 같은 말을 써가며 사회의 무자비함을 강조하기를 좋아한
다. 이 중 몇몇은 인간의 존엄을 파괴하는 자본주의를 어찌나
준열하게 비판하는지, 거의 반자본주의 혁명가처럼 보일 지경
이다. 저들은 인간 존엄을 훼손하는 체제나 사회를 마치 자연
재난처럼 묘사한다. 자연 재난은 어쩔 수 없으므로 결국 각자
의 적응과 생존 문제로 환원될 수밖에 없다. 따라서 논의는
나 자신의 존엄을 지키기 위해 어떻게 살아갈 것인가로 수렴
한다. 답은 대동소이하다. 잔혹한 세계를 헤쳐나갈 만큼 '강
한 자아'가 되는 것, 살벌한 경쟁에서 이길 수 있는 '능력자'가
되는 것이다.

 당연히 이런 식으로는 문제가 전혀 해결되지 않는다. 대다
수가 존엄하지 못한 사회에서 극소수만 존엄해지는 것, 그건
존엄이 아니라 '특권'이다. 내 존엄을 인정받으려면 타인의 존

엄도 인정해야 한다. 동시에 우리는 현실에서 이 원칙이 권력의 작동에 의해 심각하게 침식되고 있음을 안다. 한국 사회에서 유독 존엄의 훼손이 극심한 이유는 크게 두 가지다. 하나는 앞서 말한 오랜 습속과 관성이고, 또 하나는 사회적 제재 수단의 결여다. 사람들은 타인의 존엄을 짓밟아선 안 된다는 걸 몰라서 그런 짓을 하는 게 아니다. "그래 왔으니까", "그래도 되니까" 기꺼이 그런 짓을 하는 것이다. 법과 제도가 제법 그럴듯하게 갖춰져 있음에도 그것이 전혀 공평하게 적용되지 않는다는 것을 한국인 누구나 알고 있다. 재벌은 아무리 큰 죄를 저질러도 감옥에 가지 않고, 가더라도 금방 특별 사면되며, 만약 1등 재벌일 경우 구속조차 되지 않는다.

명시된 법도 지킬 생각 없는 이들에게 "타인의 존엄을 지켜주세요."라고 부탁하면 그들이 '아 그랬구나, 우리가 잘못했구나.' 눈물 쏟으며 회개할까? 그럴 거였으면 애당초 문제가 생기지도 않았을 테다. 사태가 별반 개선되지 않는 이유는 개별 해법 말고는 대처 수단이 거의 없기 때문이다. 한국은 혈연·지연·학연 공동체, 종교 공동체는 넘쳐나지만, 오랜 반공주의 등의 영향으로 정당과 노동조합 같은 결사체가 여전히 뿌리내리지 못한 사회다. 이런 결사체는 정부와 자본 권력을 견제하고 감시할 뿐 아니라 시민 각자의 이해관계를 공적 관심사로 번역하는 중요한 기능을 한다. 우리의 일터와 우리의 삶을 실질적으로 바꿀 수 있는 건, 5년짜리 대통령이 아니라 체제와 개인을 일상적으로 매개하는 이런 조직들이다. 혼자 존엄할 수는 없다. 오직 같이 존엄해질 수 있을 뿐이다.

'태극성조기'의 의미

며칠 전 종로를 걷다가 이른바 "태극기 집회"를 목격했다. 간간이 청년들도 있었지만, "탄핵 무효"를 외치는 사람 대부분은 노인이었다. 가까이 다가서자 생경하고 섬뜩한 언어가 육박해온다. 정치 구호라기보다 욕설과 협박에 가깝다. 듣자 하니 2월 25일 집회에서는 헌법재판관을 겨냥해 "당신들 안위를 누구도 보장해주지 못한다."는 발언이 나왔다고 했다. 대개의 시민은 눈길을 주지 않고 총총 스쳐 간다. 마뜩잖은 눈으로 시위대를 향해 손가락질하는 사람도 보인다. 갑자기 "잘한다!" 고함 소리에 깜짝 놀라 옆을 보니 말쑥하게 차려입은 노신사 둘이다. 시위 참여자는 아닌 듯 길가에 서서 집회를 구경하고 있다. 이들은 방백 하듯 큰 소리로 떠들기 시작했다. "하여간 빨갱이, 전라도 놈들 싹 다 북한 보내버려야 돼. 그놈들은 김대중이한테 '선생님' 소리 안 붙이면 귀싸대기부터 날린다면서?"

두 노인의 증오가 순식간에 나를 14년 전인 2003년 삼일절 시청 광장으로 데려갔다. 당시 나는 수습기자였고 집회 현장을 취재하고 있었다. 주최 측 추산 60만 인파가 모였다. 서울한복판에서 귀청이 떨어질 정도의 음량으로 미국 국가인 '성조기여 영원하라!'가 흘러나왔다. "좌경 세력 척결"을 위한 구국 기도회가 시작됐다. 금란교회 김홍도 목사가 연단에 섰다. "공산주의자들은 원숭이가 사람으로 진화했다고 합니다. 그렇다면 지금 이 세계 어느 곳에는 사람으로 진화하고 있는 원숭이가 있어야 합니다!" 이어진 삼일절 국민대회. 방송인 봉두완 씨가 이철승 자유민주민족회의 총재를 소개하며 호기롭게 외쳤다. "여러분, 이철승 씨는 전라도 사람입니다. 그런데 좋은 사람입니다!"

　해방 정국을 제외하면, 대규모 우익 집회는 아마 저 때가 처음이었을 것이다. "청년 우파"들이 우후죽순 인터넷 매체를 만들면서 넷우익 세력으로 가시화한 최초 시점도 그때였다. 돌아보면 지금 거리의 우익들이 보여주는 거의 모든 '스타일'이 생겨났다는 점에서 2003년 삼일절 우익 집회는 일종의 '티핑 포인트'라 할 수 있었다. 집회를 취재하며 가장 인상 깊었던 건 참가자들이 하나같이 손에 든 태극기와 성조기였다. 태극기는 늘 성조기와 한 쌍이었다. 2017년 우익 집회도 마찬가지다. 지금 벌어지는 시위를 많은 언론이 "태극기 집회"라고 부르지만 틀린 표현이다. 대한민국 우익의 깃발은 오래전부터 태극기가 아니라 '태극성조기'였다. 촛불 집회가 2002년의 '깃발 내려!' 논란에서 2017년 '천하제일 깃발대회'로 변해온 동안, 우익 집회는 한 치도 변하지 않았다.

　왜 거리의 우익들은 미국 국가를 틀어대고 '태극성조기'를 드는가? "친미"니 "숭미"니 하는 말은 아무것도 설명해주지 못한다. 그런 건 이미 노골적으로 드러나 있지 않은가. 문제는 그런 외설성 자체가 아니라 그것을 생산하는 사고의 양식, 즉 망탈리테^{mentalité}다. 이들이 공공연히 표방하는 이념을 살펴보자. 한국 우익을 특징짓는 이념은 크게 반공주의, 가부장적 권위주의, 그리고 호남차별주의다. '경쟁'을 늘 강조하긴 하지만 자유주의나 시장경제 옹호를 한국 우익의 대표 이념으로 꼽기는 어렵다. 공정 경쟁의 토대가 아니라 몇몇 재벌의 안위에만 관심이 있는 까닭이다. 민족주의 역시 저들을 설명해주지 못한다. 굳이 따지자면 오히려 반민족주의나 식민주의에 더 가까울 것이다. 뭐니 뭐니 해도 한국 우익의 핵심은 반공주의다. 이는 공산주의나 공산당에 대한 적대만을 가리키는 게 아니다. 한국 우익의 '반공'은 사실상 '평등에 대한 반대'다. 그들에게 '빨갱이'란 공산주의자나 사회주의자만이 아니라 더 많은 평등을 요구하는 사람들 전부다.

우익의 세계는 모든 것이 우열화돼 줄 세워져 있는 우주다. 또한 생존에 대한 공포가 행위의 유일한 동기인 정글이다. 여기서는 합리성이나 정당성이 평가 절하되고 힘에 대한 숭배가 판친다. '태극성조기'는 그런 정신 세계의 도상학적 표현이다. 그것의 기능은 공동체에 대한 경의나 구성원으로서의 명예 같은 추상적 가치를 드러내는 것이 아니다. '태극성조기'는 그저 이렇게 묻고 있을 뿐이다. "난 힘센 놈한테 붙었는데 넌 누구 편이지?" 이런 자들과 공동체를 함께 영위한다는 건 확

실히 고생스러운 노릇이다. 어쩌겠는가, 싸우고 설득하며 앞
으로 나아갈 수밖에.

꼰대에 관하여

"라면에 '좋았던 옛날'은 존재하지 않습니다." 일본 만화 〈라면요리왕〉의 한 장면이다. (여기서 라면은 인스턴트 라면이 아니라 일본식 '라멘'이다.) 해외에서 활약하던 유명 건축가가 30년 만에 귀국해 젊은 시절 먹던 추억의 라면을 먹고 싶어 한다. 라면 마니아인 주인공이 잘나가는 라면집들을 소개하지만, 그는 이 맛이 아니며 고개를 젓는다. 그러자 다음에는 손님 하나 없이 파리만 날리는 이른바 '끝장난 가게'로 간다. 라면을 먹자마자 건축가는 고함을 지른다. "바로 이 맛이야!" 하지만 표정은 일그러져 있다. "지금 먹자니 엄청나게 맛이 없군…."

한 세대의 시간 동안 라면이란 장르는 눈부시게 진화했다. 그 결과 옛날에 그토록 맛있게 느껴졌던 라면도 지금은 맛이 없어 못 먹을 정도로 '퇴물'이 돼버렸다. 때문에 주인공은 라면에 좋았던 옛날은 존재하지 않는다고 단언한 것이다. 건축가는 현실을 선선히 받아들인다. "오랜만에 고향에 오니 모든 게 낯설어 옛날이 더 좋았다고 느껴졌거든. 하지만 난 그저 과거의 노스탤지어로 도피하려던 것일 뿐이었어."

어디 라면뿐일까. 변화가 빠른 첨단의 분야일수록 저 말은 진실일 확률이 높다. 어제 멋지게 통했던 전략이 오늘 당치 않은 시대착오가 된다. 여기서는 기성세대의 잔소리 따위 도움이 되지 않는다. 특히 '난 이렇게 해서 성공했다.'는 기성세대의 성공담은 대개 쓸모없는 자기 자랑에 불과하다. 아니 쓸모없는 정도를 넘어 해로울 수도 있다. 이를테면 그 옛날 환경과 인권을 짓밟던 불도저식 경영을 '성공했다'는 이유로 2017년 한국 사회에서 재현해야 할까? 어불성설이다. 이 영역에서 공동체의 역할은 단순해진다. 젊은이의 혁신에 간섭하지 말 것. 넘어진 이에게 일어설 기회를 줄 것.

반면 과거나 지금이나 크게 달라지지 않은 영역이 있다. 자유, 평등, 평화, 존엄과 같은 윤리적 가치다. 그런 가치들은 학교에서 교육하지만, 피부에 와 닿지 않는다. 추상적이기 때문이다. 그런 가치의 소중함을 진정으로 깨닫는 계기는 구체적인 사건과 체험을 통해서다. 기성세대란 단적으로 말해 '사무치게 겪어본 이'다. 윤리적 가치를 가볍게 여기는 것이 얼마나 무서운 결과를 낳을 수 있는지 경험한 사람이다. 그렇기에 적어도 '더 낫게 실패하는 법'을 알려줄 수 있다. 기성세대의 경험, 특히 실패담은 다음 세대와 공동체 전체에 도움이 된다. 또한 가치에 대한 사유는 우리가 무엇을 위해 물질적 풍요를 달성해야 하는지 성찰하게 함으로써 공동체의 폭주를 제어할 수 있다.

그러나 옳고 그름을 말하는 기성세대는 '꼰대'라고 비난당하기 일쑤다. 이들을 편의상 '가치 지향 꼰대'라고 부르자. 반면 옳고 그름보다 물질적 성공에 초점을 두고 자신의 성공담을 설파하는 꼰대를 '물질 지향 꼰대'라고 부르자. 이 물질 지향 꼰대들의 경우 하는 짓은 전형적 꼰대임에도 종종 꼰대라는 비난을 피해간다. 그들만의 잘못은 아니다. 돈 좀 벌고 사회적 지위가 있다 하면 "멘토"니 "구루"로 불러주는 세태도 한몫했다. 이는 기이할 정도로 강한 한국인의 물질주의 성향과 관련이 있어 보인다. 그래서인지 이렇게 말하는 사람들도 넘쳐난다. "옳고 그름을 따지는 건 쉬운 일이다, 정말 어렵고 필요한 건 경쟁에서 살아남는 요령이다." 천만에. 옳고 그름을 제대로 깐깐하게 따지는 것이야말로 지극히 어려운 일이다. 오히려 편법과 요령이란 종목에서 한국은 언제나 타의 추종을 불허하는 나라였다. 그 결과가 무엇이었나? 세월호 참사였다.

한국 꼰대들의 문제는 지나치게 물질 지향적이면서 동시에 꼰대의 기개도 없다는 거다. '꼰대 부장이 되지 않는 법' 따위의 글을 공유하면서 '난 아직 꼰대 아님'을 전시하려는 기성세대가 최근 눈에 띄게 늘었다. 그러면서 후배들 평양냉면 사주며 '면스플레인'이나 하고 있다. 한심한 노릇이다.

자기 경험을 나누고자 하는 기성세대는 어느 시대든 '꼰대' 소리를 듣기 마련이다. 그럼에도 앞 세대의 경험은 후세대로 전수돼야 하고, 꼰대는 욕먹을지언정 '꼰대질'을 해야 한다. 물론 분야 나름이다. 나쁜 건 자기 경험과 노하우를 나누지도 않으면서 닦달하는 꼰대다. 이들은 그나마 낫다. 욕이라도 먹기 때문이다. 최악은 젊은이들 입속 혀처럼 굴며 격려와 응원의 말을 늘어놓으면서 실은 그들을 착취하는 자들이다.

반성은 셀프

　나는 1976년에 태어났다. 이른바 '엑스세대'다. 엑스세대와 1990년대에 관한 이야기를 해볼까 한다.

　1975년생 소설가 장강명은 「X세대의 빚」(『한국일보』2017년 3월 30일자)이라는 칼럼에서 엑스세대를 이렇게 규정한다. "우리는 촌스럽고 엄숙한 것이 지독히 싫었고, 세련됨과 자유로움을 열렬히 추구했다." 그러나 "우리의 에너지는 주로 우리 세대의 욕망을 해결하는 데 쓰였"고, "자유와 해방의 물결은 우리가 관심을 가진 영역에서만 좁게 일었"다. 장강명은 "원어민 선생님이 있는 영어 유치원에 아이를 보내기 위해 허덕이는 내 또래 부모들"을 보면서 엑스세대가 "생존보다 이익을 위해 싸웠"던 세대임을 고백한다. 후회는 자못 비장하다.

　"우리가 양성평등 같은 어젠다를 더 깊고 무겁게 제기했더라면 얼마나 좋았을까. 그랬더라면 지금 젊은이들이 남혐 여혐 군대 출산 어쩌고보다는 나은 논의를 펼치고 있지 않을까. 우리가 생활 현장의 민주화를 더 강하게 요구하고 실천했더라면 얼마나 좋았을까. 그랬더라면 넌더리 나는 야근과 회식

문화는 진즉 사라지지 않았을까."

이제는 철이 든 엑스세대의 반성문에, 그 '정치적 올바름'에 박수를 친 독자들도 적지 않았으리라. 난 그럴 수 없었다. "원어민 선생님이 있는 영어 유치원에 아이를 보내기 위해 허덕이는" 이가 엑스세대 중 대체 몇이나 될지, 장강명은 생각해 본 적 있을까? 그런 엑스세대는 그럴듯한 대학을 나와 대도시 사무직 또는 전문직으로 일하는 중산층일 가능성이 높다. 하지만 영어 유치원은커녕 일반 유치원에라도 보낼 수 있으면 다행인 사람들이 엑스세대에는 더 많다. 출산도 결혼도 하지 않은 이들 또한 적지 않다.

압권은 따로 있다. '엑스세대가 "양성 평등"과 "생활 현장의 민주화"를 더 강하게 요구하고 실천하지 않았다.'는 질타. 실제론 어땠는가. "양성 평등"과 "생활 현장의 민주화" 요구가 1990년대처럼 폭발적으로 분출되고 지속적으로 조직된 시기는 일찍이 없었다. 1990년대 "영 페미니스트"라 불린 이들의 치열한 싸움이 없었다면 운동권 내 성폭력 공론화도, 호주제 폐지도, 성매매방지법과 성매매처벌법 제정도, 직장 내 성희롱 방지 교육도 불가능했거나 한참 늦어졌을 것이다. 장강명이 "'김영삼 정권 타도' 따위의 게으른 구호"를 외쳤다고 이죽댄 엑스세대 운동권 일부는 아직도 현장에서 정권과 자본의 폭력에 맞서 싸우고 있다.

나는 엑스세대가 제일 가난하다고 말하려는 게 아니다. 또한 엑스세대가 제일 진보적이라고 말하는 것도 아니다. 내가 말하고 싶은 건 반성을 저렇게 하면 안 된다는 것이다. 자신과 다르게 살아온 또래의 존재를 깡그리 지우는 형태로 자신의 '깨어 있음'을 과시한다는 점에서, 장강명의 반성문은 천진난만이 얼마나 폭력적일 수 있는지 잘 보여준다.

『88만원세대』 출간 직후 이른바 86세대의 반성이 유행처럼 번진 적이 있다. 그때나 지금이나 내 생각은 같다. '선의는 이해합니다만, 아이고, 의미 없네요.' 두 가지 이유에서다. 첫째, 특정 세대가 문제의 '원인'이 아니기 때문이다. 지금 청년세대가 호황기를 살아온 기성세대보다 어려운 건 사실이지만, 그건 경기 변동이나 경제 구조 등 '운'이 나빠서이지 어떤 세대가 다른 어떤 세대를 의도적으로 차별한 결과가 아니다. 둘째, 그런 반성들이 '지금 여기에서' 불평등의 구조를 바꾸는 일로 이어지기 어렵거나 심지어 회피하는 면책부로 기능했기 때문이다. 세대 문제는 특정 세대에 대한 도덕적 비난이나 특정 세대의 윤리적 성찰 따위로는 해결될 수 없다.

'세대론적 반성'을 조심하라. 많은 경우 그건 나르시시즘이거나 엘리티즘이거나 혹은 그 둘의 끔찍한 혼종이다. 세대론적 반성은 꼰대가 과거를 회상하며 보이는 자기연민이기 십상이다. 즉 거짓 성찰이다. 진짜 반성은 세대를 들먹이지 않는다. 자신을 고백하고 참회할 따름이다. 1997년 무렵 내가 유행시키려다 실패한 구호로 글을 마무리한다. 투쟁은 투게더, 반성은 셀프.

혐한 세력의 급소

　과거 방탄소년단 멤버가 입은 '광복 티셔츠'에 원자폭탄이 터지는 이미지가 있었음이 알려지면서 일본 방송국은 방탄소년단의 출연을 잇달아 취소했다. 사태는 세계 언론의 뜨거운 관심사가 됐다. 2018년 11월 9일 『한겨레』가 발 빠르게 외신을 정리해 보도했다. 기사는 다음과 같은 문장으로 끝난다. "일본 방송사의 섣부른 판단이 일본의 전범 행위를 세계에 알리는 자충수가 됐다는 지적이 나온다."

　의문이 생겼다. 과연 일본의 전범 행위만 세계에 알려졌을까? 한국인의 애국심이 휴머니즘을 결여했다는 사실 또한 세계에 알려진 게 아닐까? 기사에 언급된 '세계'는, 핵 살상 행위를 옹호하는 한국인이 그토록 많다는 데에 더 놀라지 않았을까? 실제로 적지 않은 한국인은 여전히 히로시마와 나가사키에 떨어진 폭탄이 일제의 만행에 대한 "천벌"이자 "인과응보"라 주장한다. 또 일부 팬은 핵 폭발 장면이 "단순한 역사적 사실"일 뿐이라 강변하고 있다.

　히로시마와 나가사키에 가해진 핵 공격은 '민간인 학살'이었다. 희생자 절대 다수는 정치가도 군인도 아닌 평범한 사람, 여성, 어린이, 노인이었다. 그들이 끔찍한 고통 속에 죽어야 할 이유는 어디에도 없었다. 민간인 학살 장면을 "단순한 역사적 사실"로 말하는 것 자체가 희생자에 대한 능욕이다.

방탄소년단은 아이돌이기 이전에 시민이다. 정치적 의사 표현을 제한당할 이유는 없다. 페미니즘이든 코뮤니즘이든 일제의 만행이든 자유롭게 말할 수 있어야 한다. 단 그 발언이 소수자·약자를 향한 혐오이거나 반인도적 폭력에 대한 명시적·묵시적 긍정을 담았을 때 표현은 제재될 수 있다. 일본 방송국의 조치가 옳다는 뜻이 아니다. 분명 그들의 대응은 성마르고 옹졸했다. 방송국에 압력을 넣은 이 중에는 극우·혐한 세력도 있었을 테다. 하지만 정말로 중요한 것은 이 사건을 계기로 방탄소년단을 포함한 우리가 모두 더 낫게, 더 옳게 변할 수 있느냐다. 이제라도 소속사의 사과가 나온 건 다행스러운 일이다.

많은 한국인은 원폭을 언급하거나 희화화하는 것이 일본 내 극우·혐한 세력을 분노하게 만든다고 생각한다. 완전한 망상이다. 그런 말이 나올 때마다 일본의 극우파는 눈을 빛내며 기뻐한다. 혐한 논리에 산삼 같은 자양분이기 때문이다. "봐라. 한국인은 역시 일말의 도덕도 없는 놈들 아닌가!"

이기려면 급소를 때려야지 산삼이나 먹여선 곤란하다. 극우가 꺼리는 건 비난과 조롱이 아니다. 그들이 두려워하는 건 자신이 다수파가 아니라는 게 드러나는 것이다. 그렇기에 그들은 침묵하는 다수를 대변하는 양 허세를 부린다. 물론 공공연히 "혐한", "혐중"을 뱉지 않지만, 내심 동조하는 주류 엘리트들은 실재한다. 그러나 일본에는 이런 흐름에 단호히 반대해온 시민과 지식인도 있다. 또한 적극 나서진 않아도 극우파의 혐오 발언·차별 선동에 동의하지 않는 시민들은 그보다 훨씬 더 많다.

2015년부터 본격화된 안보법제 반대 시위, 실즈^{SEALDs} 등 새로운 사회 운동은 일본 시민의 이성이 아직 살아있음을 보였다. 거리에 선 이들의 구호는 "민주주의는 멈추지 않는다.^{民主主義は止まらない}"였다. 전쟁 없는 나라에 대한 열망은 세대를 초월해 공유되고 있었다. 극우파에게 치명적 타격은 이런 이들의 목소리가 커지는 것이다. 반면 일본 극우가 반기는 상황은 한국과 중국의 내셔널리즘이 과격해지는 것이다. 오늘날 한·중·일의 내셔널리즘은 서로의 저열성을 근거 삼아 자신의 폭력성을 강화하는 적대적 공모 관계다.

일본은 오랫동안 원폭 피해를 부각해 왔으면서도, 아시아 여러 나라에 가해자로 저지른 끔찍한 폭력을 제대로 속죄하지 않았다. 비판해 마땅한 일이지만, 그 방식이 원폭 희생자를 향한 무신경한 묘사여서는 안 된다. 과거를 반성하지 않는 자들을 가장 뼈아프게 비판하는 방법은 인간의 도리를 실천하는 것이다. 원폭 희생자의 사진을 보고, 이름을 부르며 진심으로 애도하는 것이다. 그 애도야말로 어떤 정교한 논리, 유려한 언설보다 강한 힘을 발휘한다. 애꿎은 죽음의 표정, 평범한 이름 하나하나가 국가 폭력의 끝에 무엇이 도사리고 있는지를 폭로하는 까닭이다.

한국의 시민들이 일본의 시민과 함께 목소리 낼 때, 원폭의 참상을 조국 광복이 아닌 반전 평화의 상징으로 삼을 때, 일본의 극우파는 위세를 잃을 수밖에 없다. 거기가 바로 혐한 세력의 급소다.

'만사법통'의 이유

2019년 9월에 『경향신문』이 의미 있는 기획을 시작했다. '만사법통에 기댄 사회' 연속 인터뷰다. 세상만사를 법을 통해 해결하려는 경향, 그게 바로 '만사법통'이다. 첫 회에서 표절 같은 문화예술 이슈를 법원에 맡기는 세태에 대해 남형두 연세대 로스쿨 교수가 이야기하고, 2회에서는 사회적 갈등을 검찰이 파헤치는 현상에 대해 금태섭 국회의원이 비판했다.

숙명여대 법학부 홍성수 교수도 평소 이 문제에 관심을 가져온 학자다. 그는 법사회학적 관점에서 "온갖 사회관계의 사법화" 특히 "형사범죄화"가 심각한 문제임을 지적한다. 사회 분쟁을 해결하는 다양한 기제가 있는데 이것을 제쳐두고 검찰이 문제 해결을 주도하게 해서는 안 된다는 것이다. 깊이 공감한다. '선출되지 않고 견제받지 않으며 책임 지지도 않는 권력'이 그렇게 팽창하는 일은 자체로 민주주의에 대한 중대한 위협이다.

이를 풀기 위해서는 현상 진단뿐 아니라 원인이나 배경을 두루 살필 필요가 있다. 사회 사법화의 이유로 종종 지목되는 건 사회 갈등 해결 시스템의 기능 부전이다. 한마디로 갈등을 해결할 다른 통로가 제 기능을 하지 못하기 때문에 모두가 "법대로"를 외치며 사법 권력에 최종 심판자의 역할을 맡기게 됐다는 것이다.

설득력 있는 이야기고 아마 사실일 게다. 하지만 사회가 과잉 사법화된 이유를 충분히 설명해주진 못하는 것 같다. 왜냐면 사법의 과잉은 곧, 다른 갈등 해결 시스템의 과소를 의미한다고 볼 수도 있기 때문이다. 즉 저 두 현상은 원인과 결과라기보다 동어 반복 또는 동전의 양면에 가깝다.

사법 과잉은 시민의 신뢰가 높아서 나타난 게 아니다. 매년 발표되는 각종 공공 기관 신뢰도 조사를 보면 맡아놓은 꼴찌는 국회의원이고, 검찰 역시 국회의원과 비슷한 정도로 최하위권이다. '기레기'라 욕먹는 언론의 순위가 의외로 검찰보다 제법 높다. 이 중 그나마 법원이 낫지만 어디까지나 상대적 우위일 뿐이다. 검찰과 법원 모두 매우 부정적 평가를 받고 있는 것만큼은 명백하다. 그런데 왜 사회의 사법화 경향은 날로 강해지는가.

나는 주리스토크라시^{juristocracy}, 즉 사법 지배가 이토록 강해진 배경에 크게 세 가지 요소가 작용한다고 생각한다. 첫째는 '사법 기관 자신의 강력한 권력 의지'다. 이는 양승태 대법원의 사법 농단 사태와 정치 검찰의 유구한 역사만 봐도 잘 알수 있다. 문재인 대통령이 임명한 윤석열 검찰총장은 "사람에게 충성하지 않는다."고 했지만, 이제 모든 사람이 안다. 그가 충성하는 대상이 어디인지를. 저들은 세상에서 '정치적 중립성'이란 말을 가장 정치적으로 잘 써먹는 정치 조직이다.

둘째는 '선출 권력을 유혹하는 정치적 쓸모'다. 이른바 '대권'을 잡은 정치 세력은 한정된 기간에 더 강한 권능을 갖기를 원한다. 검찰은 행정부 소속이다. 그렇기에 너나 할 것 없이 적극적으로 검찰을 이용한다. 전임 정권의 잔재를 쓸어버리고 새로운 권력 기반을 다지기에 검찰만큼 쓸모 있는 도구는 없기 때문이다. 조국 민정수석 시절 검찰 특수부의 성장 속도는 그야말로 엄청났다. 그 결과 지금 서울중앙지검 특수부 규모가 대검 중수부 시절의 세 배를 넘어섰다. 그러나 시간이 지나 휘황했던 권력에 황혼이 내리면, 권력의 개는 이리로 돌변해 자기를 부리던 자를 가차 없이 찢어발길 것이다.

셋째는 '메리토크라시', 즉 '능력주의'다. "경기고를 졸업해도 서울대에 붙지 못하면 소용이 없고, 같은 서울대라도 법학과를 졸업해야 한다. 이런 잣대의 최정점에 사법연수원 졸업성적이 있다."(이범준, 「노무현의 실패, 문재인의 위기」, 『조선일보』) '시험 성적이 곧 능력'이라는 믿음은 '법조인'만이 아니라 한국인 절대 다수에게 내면화된 신념이다. 예나 지금이나 한국은 시험 성적으로 인종 차별이나 다름없는 신분적 질서를 부여하는 사회다. '법조인'의 역량을 신화화함으로써, 그리고 동시에 중립화하고 객관화함으로써 능력주의는 한국사회의 사법화를 은밀하게 정당화해왔다고 할 수 있다.

세 가지 요소가 가리키는 바는 또렷하다. 사회를 사법화하는 힘은 강한데 이를 억제할 힘은 너무나 약하다는 것. 엘리트로서의 윤리, 절제, 책임감을 가져달라고 간청하면 이들이 바뀔까? 그럴 리 없다. 어떤 권력도 스스로 권력을 내려놓지 않는다. 민주주의 원칙에 따른 강력한 제도 개혁, 오직 그것만이 답이다.

휴거, 빌거, 이백충

2019년으로 기억한다. 어느 초등학교 옆을 걸어가다 들었다. "야, 걔 빌거잖아. 차도 엄청 구림.", "진짜?" 그 뒤로도 뭔가 재잘댔지만, 잘 기억나지 않는다. 다만 "빌거"란 말이 유리조각처럼 콕 박혀서 종일 관자놀이가 지끈거렸다.

"빌거" 또는 "빌거지"는 '빌라 사는 거지'다. "월거지"는 '월세 사는 거지'다. 오래전 "휴거"란 말이 중고생 사이에 유행한다는 뉴스도 화제였다. "휴거"는 주택공사의 임대 아파트 브랜드인 '휴먼시아에 사는 거지'다. "이백충"도 있다. 월수입 200만 원인 사람을 비하하는 말이다. 그래도 거지는 사람이기는 한데 이백충은 아예 '벌레'다.

"빌거"처럼 "이백충"과 "유족충(세월호 유가족을 비하하는 말)"이라는 말도 육성으로 직접 들은 경험이 있다. 웹에서 수백 번은 본 단어인데도 눈앞에서 인두겁을 쓴 자의 음성으로 들으니 글자 그대로 전율이 일었다. 이 경우 '백문이 불여일견'은 틀렸다. '백견이 불여일문'이다.

최근 국가인권위원회에서 중요한 보고서를 하나 냈다. 「혐오 표현^{hate speech} 리포트」라는 제목의 이 문서는, 한국에서 사실상 처음으로 혐오 표현 전문가들이 머리를 맞대고 숙의해 만들어낸 일종의 가이드라인이다. 전문가들이 외국 사례와 한국 현실을 두루 고려해 작성한 만큼 적어도 문제와 관련해 한국에서 지금까지 제출된 보고서 중 명징성과 접근성에서 가장 빼어난 성과라 해도 과언은 아니다. 특히 보고서 집필자들(이승현·이준일·정강자·조혜인·한상희·홍성수)께 지면을 빌어 깊이 감사드린다.

아쉬운 것은 각종 혐오 표현을 다루면서도 "빌거", "휴거", "이백충" 같은 계급 차별적 혐오 표현에 대해서는 거의 논하지 않았다는 점이다. 보고서가 외국 사례를 참고해 규정한 혐오 표현의 정의는 다음과 같다. "성별, 장애, 종교, 나이, 출신 지역, 인종, 성적 지향 등을 이유로 어떤 개인·집단에게 ①모욕 비하 멸시 위협 또는 ②차별·폭력의 선전과 선동을 함으로써 차별을 정당화·조장·강화하는 효과를 갖는 표현."

혐오 표현과 직결된 일곱 가지 이유들이 열거되지만, 사회 경제적 지위 또는 계급은 언급되지 않는다. 사실 나는 「혐오 표현 리포트」 발간 직전 검토 회의에 참석한 적이 있다. 그때도 같은 문제를 제기했다. 한국에서 "빌거"나 "이백충" 같은 계급 차별적 혐오 표현이 상당 기간 형태를 바꿔가며 이어지고 있다는 것. 이런 현상은 다른 나라에서 잘 관찰되지 않거나 문제시되지 않을지 몰라도 우리나라에서만큼은 혐오 표현 사례로 다룰 필요가 있다는 것. 그 발언 때문인지는 알 수 없지만, 최종 보고서에 두 문장이 들어갔다.

"혐오 표현의 대상 집단에 부여된 속성은 개인의 자발적 선택이 아니거나 인격적 훼손 없이 자신 의지로 바꿀 수 없는 특징을 가진다. 다만 최근 한국에서는 사회 경제적 지위나 경제적 상황 등에서 열등하다고 생각되는 집단을 멸시하고 사회에서 배제하는 식의 혐오가 문제 되고 있기도 하다."(13쪽)

이론적으로 사회 경제적 지위는 성별이나 인종 같은 정체성과 구별되는 속성이기는 하다. 그러나 계급 역시 "개인의 자발적 선택"이 아닌 경우가 많으며 "인격적 훼손 없이 자신의 의지로 바꾸"기도 어렵다. 요즘처럼 경제 자본과 문화 자본의 세습이 굳어진 사회에서 '노오력'만으로 계급 상승을 이루기는 거의 불가능하다. 개천용을 찾으니 유니콘을 발견하는 게 빠를 것이다.

한국 사회에서 계급은 신분을 넘어 인종적 표지가 됐다. 영화 〈기생충〉의 '반지하 냄새'는 그렇게 '자연화'된 계급 차별에 대한 하이퍼-리얼한 묘사였다. 가난한 이에 대한 차별과 모욕은 이미 인종 차별처럼 벌어지고 있다. 그 배경에 대해서 또 다른 분석이 필요하겠으나 가장 유력한 용의 선상에 올려놓을 만한 건 한국의 유별나게 높은 물질주의 성향이다. 여러 연구에 따르면 경제가 일정 정도 성장한 사회에서는 개인의 자유, 인권, 생태주의, 타인에 대한 개방성 같은 탈물질주의 가치 선호가 높아진다. 하지만 한국의 경우 이미 탈물질주의가 높이 측정돼야 할 경제 수준인데도 여전히 경제 성장, 안전, 타자에 대한 폐쇄성 등의 물질주의 경향이 너무나 강하게 나타난다고 한다. "휴거", "빌거", "이백충"은 그런 '과잉 물질주의 사회'의 치부다. 계급 차별적 혐오 표현이 진지하게 사회문제화 돼야 할 이유도 여기에 있다.

'세대 저격'의 역사

2009년 일이다. 미국발 경제 위기 여파가 들이닥치자 한국에도 긴장이 고조됐다. 이명박 대통령이 청와대 지하벙커에서 비상경제대책회의를 이끄는 '퍼포먼스'가 연일 언론 지면을 장식하고 있었다. 그는 1월 15일 "고통 분담 차원에서 임금을 안정해 실질적으로 고용을 늘리는 '잡 셰어링job sharing'에 대한 구체적 대안을 강구하라."고 지시한다. 그날 지하벙커 벽에 붙은 현수막에는 이렇게 쓰여 있었다. "위기를 기회로!"

'벙커 회의' 한 달 뒤, 30대 그룹 채용 담당 임원들이 모두 참석한 '고용 안정을 위한 재계대책회의'가 열렸다. 글로벌 경제 위기에서 우리나라가 결코 예외가 아님이 엄숙하게 선언됐다. 그들은 비장한 표정으로 청년들에게 "고통 분담"을 요구했다. 그 자리에서 대졸 신입 사원 임금을 최대 28% 삭감한다는 계획이 발표됐다. 그들은 이 계획을 두고 "인턴 직원을 더 뽑기 위한 일자리 나누기"라고 설명했다. 말은 좋지만, 잠깐 쓰다 버릴 인턴을 핑계로 정규직 신입 사원의 돈을 뜯어 가겠단 소리였다. 엄밀히 말해 이것은 노동 시간 단축 등을 통해 일자리를 나누는 '잡 셰어링'이 아니었다. 임금과 고

용안정성을 동시에 악화시키는 노동 유연화 기법, '일자리 쪼개기job splitting'일 뿐이었다.

재벌들이 먼저 나서자 공기업들도 질세라 대졸자 초임 삭감에 나섰다. 끔찍한 야바위가 벌어지는데도 사회적 저항은 미미했다. 노동조합에 가입할 기회조차 없었던 신입 사원들은 눈을 빤히 뜬 채 초임 3분의 1 가까이를 강탈당했다. 그들의 희생은 다른 청년의 일자리로 이어지지도 못했다. 2년 뒤 조사해보니 추가로 창출된 일자리는 대부분 6개월 단기 인턴이었고, 절대 다수가 정규직이 되지 못한 채 무참히 잘려나갔다. 결국 대졸 신입 사원에게서 빼앗은 돈은 전부 기업 뱃속으로 들어간 것이다. 이른바 '2009년 대졸 초임 삭감 사태'의 전말이다.

돌아보면 이 사건은 2015년 현재 '노동 개혁'이라는 이름으로 벌어지는 거대한 사기극의 전사前史이면서 평행 서사였다. 2009년에는 청년세대 신입 노동자가, 2015년에는 장년세대 정규직 노동자가 주된 표적이 됐다. 2009년 사태의 명분은 경제 위기와 인턴 일자리였고 2015년의 명분은 청년세대 일자리다. 최근 몇 년간 정부와 재벌이 '전가의 보도'처럼 휘두르는 전술은, 상대적 약자를 명분으로 동원해 특정 세대 노동자를 공격하는 '세대 저격'이다.

'노동 개혁'의 핵심 중 하나인 임금피크제 주장을 단순화하면, '고임금 받는 아버지가 그만두면 아들이 취직할 수 있다.'는 논리다. 이른바 세대 간 고용대체론이다. 효과만 있다면 한국 아버지들은 아들 세대를 위해 양보할 수도 있을 터다. 그러나 고용대체론은 오류로 밝혀진 지 오래다. 2005년 발표된 OECD의 '신 일자리 전략' 보고서는, 1980~1990년대 프랑스 등의 나라에서 고용대체론에 입각해 도입된 일자리 정책의 파산을 선언한 바 있다. 애초에는 고령층이 빠지면 그 자리를 청년층이 메울 거라 예상됐지만, 실제로는 그렇지 않았다. 오히려 장년층 조기 퇴직을 실시한 OECD 회원국들에서 청년 실업률이 높아지는 현상마저 관찰됐다.

2009년 대졸 초임 삭감이 발표되던 날, 사실 우리는 이미 재벌과 기득권의 민낯을 똑똑히 목격했다. 기업 구성원 중 가장 약자인 신입 사원에게 "고통분담"을 강요하던 30대 재벌 임원들과 정부의 고위 관료 중 어느 누구도 자신의 연봉을 같이 삭감하겠다고 말하지 않았다. 그야말로 외설적이라고밖에 표현할 수 없는, 적나라한 몰염치였다. 6년이 지난 지금도 그들은 여전하다. '세대 간 양보', '고통 분담' 운운하는 재벌과 정부의 말을 결코 믿을 수 없는 유물론적 이유다.

인공 지능, 인구 절벽, 잉여 인간

알파고가 이세돌을 이겼다. 대국이 몇 차례 남았는데도 사람들의 반응은 격렬하다. "씁쓸하지만 인간의 지력을 기계가 넘어섰음을 인정하자. 앞으로 인공 지능이 인간 업무 대부분을 대체할 것이다." 이런 입장들을 묶어 인공 지능 현실론이라 부를 수 있겠다. 현실을 인정하면서도 완전히 납득하지 못하는 사람도 많다. "감정과 체력 같은 변수 때문에 인간은 인공 지능을 이기기 어렵다. 그런데도 인간은 기계가 가지지 못한 가능성과 윤리를 지닌 존재다!" 냉소적 사람은 이런 주장을 '정신 승리'로 치부할지 모르나 대다수는 이 정도 휴머니즘에 동의하는 것 같다.

자율주행차의 윤리적 딜레마에서부터 '초지능superintelligence'과 '인간 향상human enhancement'의 존재론적 위험에 이르기까지, 인공 지능은 확실히 이야깃거리가 많은 주제다. 좀 엉뚱하게도 알파고의 승리를 보고 내가 떠올린 건 '인구 절벽'이다. 투자전략가 해리 덴트가 만든 개념인 인구 절벽은 '노동하고 소비하고 투자하는 사람이 사라진 세상'을 가리킨다. 생산에 종사하는 인구는 적고 부양할 인구는 많아서 경제가 활력을 잃고 침체하는 상황이다. 전문가들은 일본이 경험한 이 문제를 한국은 더 심각하게 겪을 거라 경고하면서 출산율을 높이는데 사활을 걸어야 한다고 말한다.

그런데 알파고의 경이로운 능력은 인구 절벽이라는 문제를 난센스로 느끼게 만든다. 앞으로 인공 지능은 어느 때보다 빠르게 발전할 텐데, 이건 미래에 태어날 인간들이 우리보다 더 '쓸모없는 존재'가 된다는 걸 의미한다. 출산율을 높여야 할 이유가 사회의 생산성 향상에 있다면 인구를 늘리는 것보다 인공 지능에 투자하는 것이 효율적이다. 물론 인구 절벽이 야기하는 문제가 그것만은 아니다. 소비 위축도 있다. 그러나 인공 지능에 일자리를 뺏긴 사람들은 가난할 테니까 소비를 진작하는 데 도움이 될 리 없다. 어떤 사람들은 '그렇기 때문에 기본 소득이 필요하다.'고 주장한다. 경청할 만한 이야기지만 맬서스가 현대에 살았다면 이렇게 되물었을지 모른다. "왜 굳이 출산율을 높이고 인공 지능을 개발하고 기본 소득까지 지급하는가? 애당초 인구를 적절히 조절하면 될 일이다. 이 해법은 자원 고갈과 환경 파괴를 최소화하는 메리트도 있다."

인공지능에서 휴머니즘을 거쳐 인구절벽론과 맬서스주의에 닿는 이 논의들은 얼핏 그럴듯해 보일지 몰라도 결정적 무언가가 빠져 있다. 호르크하이머식으로 말하면 '도구적 이성'만 있지 가치에 대한 성찰이 없다. '인간의 가능성과 윤리'를 말하는 휴머니즘조차 기계보다 인간이 우월한 면을 내세울 뿐,

'무엇을 위하여, 왜 기계보다 우월해야 하는지'에 대한 사유가 결락된 건 마찬가지다.

알파고가 인간을 쓸모없게 만들 거라 호들갑 떨기 전에 명확히 인식해야 할 게 있다. 우리가 알파고 등장 훨씬 전부터 잉여 인간 취급을 당하고 있었다는 사실 말이다. 오늘날 수억에 달하는 사람들이 사회로부터 내쳐진 존재로 살아간다. 만성적 실업자, 불안정 노동자, 슬럼가 빈민, 불법 이주자, 홈리스…. 그들은 큰 부가가치를 생산하지 못하고 내수시장을 활성화하지도 못하기에 2등 시민처럼 다뤄지고 '사회적 비용'으로 집계된다. 그들은 착취에 저항하기는커녕 착취의 대상조차 되지 못한 자신을 혐오하면서 주변부로 밀려난다. 한쪽의 사람들이 비만으로 죽어가는 동안 다른 한쪽에선 기아로 죽어간다. 세계의 비참이 지속되는 이유는 인류의 생산력이 낮아서 혹은 뛰어난 인공 지능이 없어서일까? 천만에. 누군가가 필요 이상으로 많은 걸 독점하고 있기 때문이다. 유토피아도 디스토피아도 모두 인간의 소행이다.

각성이냐 상실이냐

일본에서 회자되고 한국 언론에도 소개된 '사토리세대'라는 신조어가 있다. 사토리^{悟り}는 '깨달음'을 뜻하는데 1980년대 후반부터 1990년대에 일본에서 태어난 지금의 10~20대 중반의 청년들을 가리킨다. 사토리세대를 다룬 책『갖고 싶은 것 없는 젊은이들』에서 야마오카 다쿠^{山岡 拓}는 '브랜드 옷을 사지 않는다.', '술을 마시지 않는다.', '연애를 하지 않는다.' 등으로 이들의 특징적 생활 방식을 소개하면서 "현대 젊은이들의 목표는 느긋하고 평온한 삶"이라고 설명한다.

자본주의가 과시해온 생산력의 바탕에는 끝없이 소비가 늘어날 거라는 기대가 깔려 있다. 소비자들이 계속 새로운 걸 욕망해야 기업이 상품을 개발하고 판매할 수 있는 것이다. 별나게 금욕적인 청년세대의 등장은 지금까지 당연시되던 욕망의 사이클에 심각한 위협일 수밖에 없다. 이는 수치로도 확인된다. 일본 교통 공사에 따르면 20대 해외 여행자는 2000년 417만 명에서 지난해 294만 명으로 줄었다. 또 일본 자동차 공업회가 18~24세 면허 취득자 중 실제로 운전하는 비율은 1999년 74.5%였으나 2007년 62.5%로 감소했다.

장기 불황의 터널에 들어선 한국은 어떨까. 이미 사토리세대와 유사한 삶을 사는 젊은이들이 존재할 것이다. 멀지 않은 미래에 일본처럼 금욕적 세대가 등장할 가능성도 적지 않다. 그러나 아직 '세대'라 부를 정도의 흐름은 보이지 않는다. "'3포세대(연애, 결혼, 출산을 포기한 세대)'와 자신을 '잉여'라 부르기 시작한 젊은이들이 바로 한국판 사토리세대 아니냐"고 반문할 수도 있겠다. 그러나 가지고 싶은데 어쩔 수 없이 포기하는 것과 처음부터 갖고 싶어 하지 않는 것은 완전히 다른 태도다. 자신을 '잉여'라 자조하는 젊은이들이 많다고는 하지만 자신을 잉여라고 느끼는 그 감각 또는 기준은 기성세대가 누렸던 물질적 풍요에 정확히 맞춰져 있다. 요컨대 '욕망하니까 잉여다.' 욕망하는 것이 없다면 자신을 잉여라 느끼지도 못한다.

사토리세대의 면면은 확실히 근본주의적인 데가 있다. 급진 생태주의자들의 '자발적 가난'을 연상하기도 한다. 그렇다면 이들은 '68세대'보다 훨씬 더 반자본주의적 주체라 할 수 있지 않을까? 혹시 그들은 쩨쩨하게 공장 몇 개를 멈추는 정도가 아니라 아예 소비를 멈춰 자본주의라는 '악마의 맷돌'을 파괴할 수 있는 해방의 주체는 아닐까? 그럴 수 있지만 아닐 수도 있다.

예를 들어 '평등'이란 가치를 떠올려보자. 한국 사회의 평등주의는 어딘가 뒤틀려 있다. 전체 사회구성원 간의 불평등을 문제 삼는 게 아니라 부자와 나 사이의 불평등만 문제 삼는 평등주의이기 때문이다. 말하자면 '왜곡된 평등주의'인데 그럼에도 거기에는 불평등한 상태에 대한 최소한의 정의감과 대자적 인식이 존재한다. 그런데 사토리세대의 사고 방식을 끝까지 밀어붙이다 보면 어떻게 될까. 개인 차원에서 욕망을 소거하다 보면 결국 그것은 소승 불교적 개인주의에 가까워진다. 물적 분배에 대한 사회적 관심은 희미해지기 마련이다. 대개의 동물은 자신이 먹을 만큼 사냥할 뿐 소유하고 축적하고 과시하지 않는다는 점에서 사토리세대화를 일종의 '동물화'라 부를 수도 있을 것이다.

사토리세대를 반자본주의적 각성으로 볼지, 욕망의 상실로 볼지를 결정하기란 난감하다. 다만 사회학자 잉글하트의 탈물질주의 개념을 활용한 여러 연구에 따르면 일정한 경제적 풍요를 달성한 뒤에는 한 사회의 탈물질주의 경향이 강해지지만, 그런 성향을 지닌 사람들의 비율이 다수파가 될 정도로 계속 높아지는 건 아니라고 한다. 사토리세대에 대한 과도한 의미 부여를 경계해야 하는 이유다.

달관이냐 체념이냐

사토리는 '깨달음', '득도'를 의미한다. 소비를 극단적으로 줄이면서 안분지족하는 일본의 젊은 세대를 가리키는 신조어다. 사토리족 담론이 한국에서 본격으로 '뜨면서' 현실을 기묘한 방식으로 왜곡하고 있다.

얼마 전『조선일보』는「'달관세대'가 사는 법」이라는 특집 기사를 쏟아내기 시작했다. '달관세대'란 사토리족의『조선일보』식 표현이다. 이 시리즈의 문제는 너무 많아 '빨간펜 첨삭'이 필요할 지경인데 가장 심각한 오류를 두 가지 꼽을 수 있다. 첫 번째는 '침소봉대'다.「"월 100만 원 벌어도 괜찮아" 덜 쓰고 잘 논다」기사는 어떤 젊은이의 일과를 시간대별로 쪼개 어디에 얼마나 돈을 썼는지를 보여준다. 읽어보니 확실히 돈을 거의 쓰지 않고도 나름 행복하게 살아가는 젊은이들이었다. 그런데 가장 큰돈이 들어가는 항목들, 즉 주거비, (외식 아닌) 식비, 광열비, 각종 세금과 보험료 등을 누구 돈으로 충당하는지는 전혀 언급되지 않는다. 게다가 이 젊은이 대부분이 "서울대"와 "서울의 명문대"를 나왔다고 한다. 과연『조선일보』가 말하는 "적게 벌고 느긋하게 살아도 괜찮은"

사람들은 전체 젊은이 중 몇 퍼센트나 될까.

또 하나 문제는 '맥락 절단'이다. 『조선일보』는 두 나라에 엄연히 존재하는 사회적 조건들의 차이를 태연히 무시한다. 일본도 불황이고 한국도 불황이지만, 그 불황 속에서 살아가는 사람들이 처한 환경은 사뭇 다르다. 우선 두 나라의 최저임금부터 살펴보면 2015년 한국 최저임금은 5,580원이고 2014년 10월부터 적용된 일본 최저임금은 780엔(7,250원)이다. 일본은 물가가 비싸니 당연히 최저임금도 높은 게 아니냐고 반문할 수 있겠다. 물론 일본 물가는 비싸다. 하지만 의외로 생필품과 중저가형 상품의 체감 물가는 한국보다 싸다.

양국 젊은이들이 적은 돈으로 끼니를 해결하는 대표적 프랜차이즈 식당의 메뉴 가격을 비교해보자. 한국에서 가장 유명한 김밥 프랜차이즈에서 파는 제육덮밥 가격은 2015년 2월 현재 4,500원이다. 일본에서 가장 유명한 덮밥 프랜차이즈에서 파는 소고기덮밥 가격은 380엔, 우리 돈으로 3,500원이다(작년 연말 300엔에서 380엔으로 인상). 쉽게 말해 일본 젊은이들이 한 시간 아르바이트해서 두 끼를 해결하는 반면, 한국 젊은이들이 두 끼를 먹으려면 그 두 배를 일해야 한다.

한국과 일본의 차이는 여기서 끝나지 않는다. 한국의 고용주는 매우 높은 확률로 임금을 주지 않는다. 2014년 연말 기준으로 한국의 임금 체불액은 1조 3천억 여원이었고 임금이 체불된 노동자 수는 무려 29만 3천여 명이었다. 반면 한국보다 훨씬 경제 규모가 큰 나라인 일본의 임금 체불액은 3천억 원 선에 그치고 있다. 한마디로 한국에서 노동한다는 것은 받는 돈은 적고, 물가는 비싼데 그나마 그 돈을 높은 확률로 떼인다는 것을 의미한다. 당신, 이래도 '달관'할 수 있는가?

한국의 젊은이들이 달관한 것처럼 보인다면, 그것은 필시 '체념'이거나 '포기'일 게다. 아무리 발버둥 치고 악을 써도 수렁에서 빠져나올 수 없어서, 그래서 눈을 감고 한숨을 쉬며 움직임을 끝내 멈춘 이들을 향해 "깨달음을 얻으셨네요."라고 말하는 건 얼마나 가학적인가.『조선일보』는 자족적 삶을 사는 젊은이 몇몇을 앞세워 이 끔찍한 사회를 만든 일말의 책임마저 벗어던지려 한다. 이미 기성세대에 진입한 사람으로서 참담하고 부끄러울 뿐이다.

노동이란 두 글자

2011년 연말 통합진보당 출범을 앞두고 당명이 논의되던 시기였다. 참여당 당원들이 부산시당사에 찍은 한 장의 사진이 SNS를 통해 순식간에 퍼져나갔다. 사진 속 그들은 사뭇 결연한 표정으로 어떤 문장을 적은 종이를 들고 있었다. "'노동'이란 단어로 통합당에 재 뿌리지 마라!" 나는 그 사진을, 정확히 말해 사진 속 인물들의 얼굴을 한참이나 들여다봤다. 그들의 인상은 평범했다. 어딜 뜯어봐도 자신의 견실한 노동으로 삶을 꾸려가는 한국의 보통 사람들이다. 그런데 대체 무엇이 저토록 노동이란 두 글자를 혐오하게 만들었을까? 무엇이 자기 삶의 지평이자 수단을 저리도 경멸하게 만들었을까?

사실 이런 질문은 순진한 물음이다. 이유는 명백했다. 당명에 들어가는 '노동'이란 단어가 한국 사회에서 어떻게 받아들여지는지 저들은 이미 정치적으로 판단하고 있었기 때문이다. 이른바 "깨어 있는 시민들"에게 '진보'는 허용할 수 있는 단어이지만, '노동'은 안 될 말이었다. '노동'은 과격하고 독선적인 운동권의 언어였고, 극소수 '빨갱이'들이 특히 선호하는 단어다. 그래서 그것은 "통합에 재를 뿌리는" 말이 된다.

조직된 노동자의 힘이 약해지고, 노동 이슈를 전면에 내건 진보정당이 게토화되면서 노동자적 관점은 물론이고 '노동'이란 단어를 기피하는 현상이 심해지는 것 같다. 과거 '노동'이 점유했던 자리를 차지한 것은 "20 대 80 사회"나 "1% 대 99%" 같은 새로운 레토릭이다. 특히 월스트리트 점거 시위 이후 이런 표현은 '대세'가 됐다. 하지만 그 '99%'에는 부동산과 금융 거품에 편승해 불로 소득을 챙긴 고소득 정규직 노동자와 생활 임금조차 못 버는 비정규직 노동자가 공히 포함된다. 이런 질문으로 바꿔 보자. 8억 원짜리 아파트를 사느라 빚을 진 '하우스 푸어'와 비닐하우스에 사는 '비닐 하우스 푸어'를 싸잡아 '빈민 (푸어)'이라 부르는 것이 온당한가?

트위터에서 유행한 '출판사 옆 대나무숲' 등의 계정은 악질적인 '갑'들에 착취당하는 '을'의 비명을 생생하게 전하며 공감을 샀지만, 막상 그들 개개인의 불평이 노동자의 각성으로 이어지는 경우는 드물다. 대나무숲의 많은 '을'은 자신이 약자라서 착취당하는 것이라 생각하고 '억울하면 출세하라.'는 냉소주의를 다시 되새길 뿐이다. 노동을 소거하고 계급 분석을 생략한 자본주의 비판은 복잡하고 첨예한 계급 적대의 동학을 단순한 마니교적 신화로 만들고 만다. "저들 상위 1%의 비도덕이 모든 악의 근원이다!"

이번 대선 최대의 정책 의제가 경제 민주화라고 한다. 유력한 세 후보 모두 경제 민주화를 이야기하지만, 정작 내용은 하나같이 두루뭉수리고 실체가 불분명하다. 당연하다. 노동

의제에 대한 구체적 고민이 없기 때문이다. 정동영 민주당 상임고문이 일갈했듯 "경제 민주화의 핵심은 노동"이다. 경제 민주화가 종종 재벌 개혁과 등치되곤 하지만, 단언컨대 노동권 강화 없는 재벌 개혁은 실현될 수 없는 환상이다. "권력은 시장으로 넘어갔다."라는 노무현 전 대통령의 말은, 선출된 권력이 재벌 앞에 무력해진 참담한 현실에 대한 고백이었다. 삼성과 이건희에 대해 유력 대선주자들이 입도 뻥끗하지 못하는 이런 나라에서 5년짜리 정치 권력이 재벌 지배 구조를 개혁할 수 있을 리 없다.

스웨덴이 재벌과 사회적 대타협을 이뤄낼 수 있었던 건 스웨덴 재벌이 유별나게 착해서가 아니다. 여차하면 자본에 막대한 타격을 가할 수 있는 강대한 조직 노동자들이 있었기 때문이다. 동일 노동 동일 임금 원칙이 당연시될 정도로 노동자의 힘이 강해지면 재벌 개혁은 그제야 실현 가능한 프로젝트가 될 것이다. 노동이란 두 글자를 사회적으로 복권해야 하는 이유 중 하나다.

○ 세계없음^{Worldlessness}

서사 과잉: 조기숙 씨의 경우

"구좌파와 보수는 적대적 공생 관계입니다. 2007년 대선 민노당 지지자 다수가 권영길이 아닌 이명박을 지지한 것이 바로 그 증거입니다!" 조기숙 씨의 5월 5일 트위터 글이다. 이 글은 2천 번 가까이 리트위트 됐다. 조 씨는 잘 알려진 정치학자다. 이화여대 국제대학원 교수이고 노무현 정부 홍보수석 비서관을 역임했다. 저런 주장을 했을 땐 근거가 있을 터였다.

정작 그는 해당 글타래에서 근거를 제시하지 않았다. 조 씨가 펴낸 『왕따의 정치학』이라는 책을 사고 인터넷 검색도 해 봤다. 검색에 걸린 관련 자료는 하나였다. 2007년 『한겨레 21』 기사 「민노당은 또 사표론에 삐끗하는가」. 여기에 '민노당 지지 및 호감층' 501명 여론 조사 결과가 나온다. '대선에서 누구를 가장 지지하는가'라는 질문에 34.8%가 '이명박'이라고 답했다. 다른 후보들은 한 자리 수였고, 민노당 후보인 '권영길'이라고 답한 비율은 14.8%였다. 얼핏 조기숙 씨 주장이 그럴듯해 보이기도 한다. 어쨌든 민노당 지지자 다수가 권영길보다 이명박을 더 많이 지지한 게 아닌가?

전혀 그렇지 않다. '민노당 지지 및 호감층'에는 막연히 호감을 지닌 사람, 민주당·한나라당 지지자 일부, 지지 정당 없는 무당층까지 다 포함돼 있었다. 기사에도 명시됐지만 501명 중 자신을 민노당 지지자라고 밝힌 사람은 불과 63명(12.5%)이다. 즉 애초 표본집단 내에 이명박 지지자들이 상당히 많은 수를 점하고 있었다고 봐야 한다. 이명박을 지지하지만 민노당도 싫지는 않은, 그 정도 성향의 시민이다. 만약 조기숙 씨가 저 조사를 근거로 민노당 지지자 다수가 이명박을 지지했다고 주장한 것이라면, 말 그대로 억측이다. 그 억측이 민주노동당 지지자들에게 큰 모욕과 상처가 될 수 있다는 점은 말할 나위가 없을 테다. (혹 다른 근거를 갖고 있다면 제시해주기를 바란다.)

조기숙 씨가 쓴 『왕따의 정치학』에는 '구좌파'와 진보 언론을 향한 울분이 300여 쪽에 걸쳐 토로되고 있다. 요사이 온라인에서 일부 문재인 대통령 지지자들이 "구좌파", "신좌파" 운운해서 의아했던 적이 있는데 책을 읽자 단박에 의문이 풀렸다. 비유하건대 이 텍스트는 이른바 '구좌파라는 악'을 타도하기 위한 '신좌파의 사도신경'이었다. 대략 이런 이야기다. '구좌파는 권위주의와 물질주의에 사로잡힌 구태의연한 집단인 반면, 신좌파는 탈권위주의와 탈물질주의로 무장한 진정한 21세기 진보 세력이다.' '최초의 신좌파는 노무현 정부와 지지자다. 그러나 구좌파-진보 언론은 수구 세력과 합세해 노무현을 왕따하고 박해했다.'

오해를 막기 위해 명확히 밝혀둔다. 조기숙 씨가 비판받아야 하는 이유는 당파성이 아니다. 조 씨가 공론장에서 명확히 자신의 정치적 입장을 드러내는 것은 학자나 정치평론가 이전에 한 사람의 시민으로서 당연한 권리다. 오히려 지식인이 정치적 사안에 관해 불편부당한 심판 노릇을 해야 한다는 관념이야말로 위선과 정치 혐오를 부추기는 악습이라 할 수 있다. 문제는 특정한 정치적 입장 자체가 아니라 그걸 드러내는 방식이다. 흔히 혼동되곤 하지만 당파성과 진영 논리는 엄연히 다르다. 둘 다 어느 쪽을 명확히 편드는 행위여도 결정적 차이가 있다. 당파성은 합목적적이다. 추구하는 가치에 따라 판단하기 때문에 종종 혹독한 내부 비판이 일어난다. 반면 진영 논리는 판단 기준이 오직 '우리편'의 유불리다. 때문에 이른바 '내로남불(내가 하면 로맨스, 남이 하면 불륜)'이란 말로 상징되는 비일관적 행태가 일상적으로 벌어진다.

『왕따의 정치학』을 읽고 절감했다. 조기숙이라는 사람은 드라마틱한 서사를 만들어내고 그 서사에 사실이 부합하지 않으면 사실을 바꾸거나 삭제해버린다. 사실에 바탕해 서사를 엮어내는 게 아니라 서사를 만들어놓고 거기에 사실을 욱여넣는다. 이게 바로 전형적 '서사 과잉' 증상이다. 그렇게 만들어진 서사는 오류투성이인데도 동조자들의 확증편향과 정치적 효능감을 강화하기에 계속해서 살아남는다. '친노'를 일베(일간베스트저장소)에 비유했다는 이유로 허지웅 씨를 '시민 징계 리스트'에 올려 정치 발언을 제한해야 한다는 주장에 이르면 모골이 송연할 지경이다(『왕따의 정치학』, 186쪽). 조기숙 씨는 어느 순간 민주주의자의 한계선을 넘어간 것이다. 그냥 넘길 일이 아니다. 말려야 한다.

서사 과잉: 김어준 씨의 경우

서사 과잉의 대표 사례는 음모론이다. 그리고 우리 시대의 음모론자 딱 한 명만 대라면 바로 이분, 김어준 씨다. '썰'과 음모론은 별처럼 많았지만, 이 분야에서 그만큼 화려한 커리어를 쌓은 사람은 단언컨대 전무했다. 2005년 황우석 사태부터 2017년 개봉한 〈더 플랜〉에 이르기까지 무려 12년간 그는 '조선제일 음모론자' 타이틀을 놓치지 않았다.

〈더 플랜〉은 김어준 씨가 기획과 제작을 주도하고 최진성 씨가 감독한 다큐멘터리로, 누군가가 18대 대선(2012년) 개표를 조작했다는 가공할 음모를 담고 있다. 이 영화는 분류표에서 후보 간 득표율과 미분류표에서 후보 간 득표율이 같아야 한다고 주장한다. 이른바 'K값'이라고 부른 이 비율이 1이 나와야 정상이란 것. 18대 대선에서 박근혜 후보와 문재인 후보 간 K값 평균은 1.5였다. 그런데 19대(2016년) 대선 직후 발표된 수치를 보니 문재인-홍준표 사이 K값은 1.60이 나왔고, 문재인-안철수 사이 K값은 1.24가 나왔다. 그렇다면 19대 대선도 조작일까? 전문가들은 K값이 1.5나 1.6이 나오는 것이 이상한 일이 아니라고 말한다. 후보마다 미분류율 차이가 있으므로 당연하다는 것이다. 보수 지지가 많은 곳일수록, 고령층 투표자가 많은 곳일수록 박근혜 후보와 문재인 후보의 미분류표 차이가 커지는 것으로 나타났다.

고령층에서 상대적으로 미분류표 발생 확률이 높다는 주장에 대해 '김어준의 파파이스' 측은 개표소별 고령층 비중과 K값이 상관 없는 걸로 나타난다고 반박했다. 하지만 그건 전혀 반박이 되지 못한다. 정의상 K값은 '비율의 상대 비율'이므로 분모와 분자가 동시에 변할 수 있고, 그렇기에 단순히 고령층 비율에 따라 K값이 종속적으로 변하는 게 아니다. 고령층이 적은 지역에서 높은 K값이 나올 수 있고 고령층이 많은 지역에서 낮은 K값이 나올 수도 있다. 애초 'K값이 1이어야 정상이다.'라는 전제부터가 치명적 오류였다. 전제가 오류이기 때문에 결론도 당연히 오류다.

굳이 이렇게 글을 쓰는 건 문제가 '집에 누워 있는 김 씨의 은밀한 취미 생활'에 그치지 않기 때문이다. "큰 힘에는 큰 책임이 따른다." 스파이더맨의 삼촌 벤 파커 씨가 남긴 불멸의 명언이다. '거대 미디어에 비하면 김어준이 무슨 대단한 권력이냐'고 반문할 사람이 많겠지만 김어준 씨, 권력 맞다. 그의 한마디에 여론이 출렁이고 수십억 현금이 순식간에 모금된다. 이명박 정권 당시 팟캐스트 〈나는 꼼수다〉가 인기를 얻으면서 김 씨의 발언은 어지간한 군소 매체를 능가하는 영향력을 지니게 됐다. 사회적 평가 또는 공적 비판의 대상이란 거다. 물론 큰 범죄를 저지르고도 일말의 반성조차 없는 악마들이 세상에는 참 많다. 그러나 그들이 내 타락의 핑계일 수 없음도 자명하다.

오해하지 말자. 이건 음모론자를 법적으로 처벌해야 한단 소리가 아니다. 발언에 대한 최소한의 책임을 묻자는 소리다. 음모론이 설득력을 잃었을 경우 적어도 성실한 해명 또는 사과가 있어야 한다. 김어준 씨의 주요 음모론 중 다수는 논파됐거나 사실과 다른 것으로 밝혀졌다. 그가 이에 대해 공식적으로 사과한 적은 내가 알기로 없다. 학자였다면 이미 학계서 퇴출됐어야 할 상황이다. 그는 여전히 승승장구하고 있다. '흥행'이 되기 때문일까, 이른바 진보 언론도 제대로 비판하지 않고 심지어 편승하기 일쑤다. 좋지도, 옳지도 않다. 비이성적인 흐름에 누군가는 강하게 브레이크를 걸어야 한다. 혹자는 이렇게도 말할 것이다. 김어준 씨가 잘한 게 있지 않느냐고, 폭로의 '순기능'도 봐야 한다고. 동의한다. 이명박 씨에게도 대중교통 환승제도 같은 좋은 업적이 있었다. 아마 나름의 선의도 있었을 게다. 하지만 그게 이명박 씨를 비판하지 말아야 하는 이유일 수는 없다.

2005년에 김어준 씨가 황우석을 비판하는 언론을 향해 일갈한 적이 있다. "잘, 모르겠거든, 제발, 닥치고 있자." 나는 이 말에 동의하지 않는다. 잘 몰라도 떠들 수 있다. 그게 민주주의다. 다만 뱉은 말이 틀렸다고 밝혀지면 인정해야 한다. 그건 건강한 민주주의의 필수 조건이다. 서사는 쾌락적이지만, 과하면 마약이 되고 심하면 흉기가 된다. 한국 사회의 서사

과잉은 이미 한계 수위를 넘은 지 오래다. 우리에게 지금 절실히 필요한 건 섹시한 서사가 아니라 담백한 지성이다. 그 지성의 증거는 학력 따위가 아니라 자기객관화 능력이다.

탈-진실: 유시민 씨의 경우

'탈-진실post-truth.' 옥스퍼드 사전이 선정한 '2016년의 단어' 다. "객관적 사실이 공중의 의견을 형성하는데 개인적 신념과 감정에 호소하는 것보다 영향력을 덜 끼치는" 시대 상황을 가리킨다. 즉 사실을 날조·왜곡해 선동하는 짓이 '대세'라는 것이다. 이 분야에서 세계에 내놔도 빠지지 않을 인물이 있으니, 바로 유시민 씨다.

'유시민의 탈-진실' 시리즈 최신작은 연초 TV 토론회서 방영됐다. 그는 참여정부 시기 한나라당이 국회를 완전히 점거해 국가보안법 폐지, 신문법, 사학법 등 개혁 입법에 실패했다고 주장했다. 몇 시간도 되지 않아 반박이 나왔다. 당시 열린우리당 의장이던 이부영 전 의원은 "유시민의 거짓 주장은 바로 잡아야"한다면서, 한나라당의 점거 때문이 아니라 유시민 의원 때문에 개혁 입법에 실패했다고 밝혔다. 실제 모든 기록과 보도가 이부영 전 의원의 반박이 '팩트'임을 증명한다. 당시 유시민 의원 등은 국가보안법 폐지를 고집하며 부분 개정을 반대했고, 결국 한나라당과의 협상이 엎어지면서 국가보안법은 일점일획도 바뀌지 않은 채 그대로 남게 됐다.

유시민 씨는 '탈-진실'이란 말이 나오기도 전부터 '탈-진실'의 선구자였다. 황우석 사태가 한창이던 2005년 12월, 그는 한 강연에서 이렇게 주장한 바 있다. "〈피디수첩〉 프로듀서가 황우석 교수를 검증하겠다는 것은 터무니없는 것이다. 내가 검증하는 것과 마찬가지 아닌가? 기자나 나나 생명공학에 대해서 모르기는 마찬가지다. 그래도 나는 보건복지위원을 2년이나 했기 때문에 좀 안다. 그 분야를 (〈피디수첩〉이) 무모하게 덤볐다. 부당한 방법으로 과학자를 못살게 구니까 방송국이 흔들흔들하고 광고 끊어지고 난리 아니냐." 역시 황우석 사태는 지식인을 검증하는 최고의 리트머스 시험지다.

이렇게 말하면 전통의 '탈-진실' 매체 『조선일보』, 황당무계한 거짓말이 판치는 극우 유튜브 방송부터 비판해야 하지 않느냐고 반문하는 이들이 꼭 나온다. 물론 『조선일보』는 '나쁜 언론'이다. 지적하는 게 새삼스러울 정도다. 오죽하면 시민들이 특정 언론사를 반대하는 운동('안티조선운동')을 벌였을까. 그게 벌써 20년 전이다. 필자 역시 공적 글쓰기를 '안티조선' 운동으로 시작했고 지금도 『조선일보』 기사는 링크조차 걸지 않는다. 『조선일보』는 여전히 '1등'이지만, 시민들 시선은 20년 전과 다르다. 『시사IN』의 '2019 대한민국 신뢰도 조사'에 따르면 '가장 불신하는 매체' 1위가 『조선일보』였다. 반면 지금까지 '언론인 유시민'의 문제는 거의 지적되지 않았다. 『조선일보』 비판과 유시민 비판은 논리적으로 충돌하지 않으며 얼마든지 병행할 수 있다.

극우 성향 유튜브 방송은 어떨까. 앞서 언급한 조사에 따르면 '가장 신뢰하는 언론인' 부문에서 유시민 씨는 손석희 씨에 이어 2위다. 김어준 씨가 3위, 극우 유튜버로 분류할 수 있는 김동길·정규재 씨가 4·5위다. 유시민 씨 신뢰도(5.2%)는 김동길 씨(1.0%), 정규재 씨(0.9%) 각각의 5배를 넘어선다.

거짓말의 절대량을 따지면 유시민 씨보다 극우 유튜버가 더 많을 것이다. 그러나 중요한 건 총량이 아니라 효과다. '양치기 소년'은 세상 어디에나 있지만, 다들 '양치기 소년'임을 알기 때문에 큰 문제가 아니다. 문제는 9의 사실에 1의 치명적 거짓말을 섞는 사람이 거대한 공신력을 얻은 경우다. 이 상황이 가장 위험하다. 본질은 '양치기 소년'임에도 많은 사람이 알아채지 못하거나 심지어 '네덜란드 소년'으로 착각하기 때문이다.

급기야 사람들은 거짓말이 밝혀져도 신뢰를 거두기는커녕 두둔하기까지 한다. "사람이 틀릴 수도 있는 거지. 하지만 우린 유시민을 믿고 지지한다. 왜냐면 유시민은 틀릴 수는 있지만, 절대 속이지는 않는다는 걸 우리는 아니까." 최근 유시민 씨의 거짓말을 지적한 어느 기사에 달린 베스트 댓글이다. '탈-진실'의 시대정신이 이 댓글 하나에 모두 담겨 있다.

'언론인 유시민'을 둘러싼 이 모든 풍경은 공론장의 신뢰, 나아가 민주주의 자체가 근간부터 위협받고 있음을 보여준다. 유시민 씨는 새해 벽두부터 이틀 연속으로 TV에 나와 세상 모든 문제 전문가 행세를 하며 사실 왜곡을 일삼았다. 그에게 과한 발언권을 주는 언론 역시 깊이 반성해야 한다.

'네오 라이트'의 귀환

1천 명 가까운 시민들이 "가짜 난민"을 추방하라며 촛불을 들었다. 예멘 난민을 반대하는 청와대 청원 수가 61만 명을 넘었다(2018년 7월 5일 기준). 국민주권론의 외피를 두른 인종주의 담론이 끓어 넘치고 있다. 거대한 배타주의 집단의 출현에 많은 사람이 경악했다. 그러나 이것은 새로운 현상이 아니다. 억압된 것의 귀환이다. 징후는 또렷했고 논리는 완성돼 있었다.

9년 전, '다문화 정책 반대 카페'라는 인터넷 커뮤니티의 담론을 분석한 적이 있다. '반(反)다문화주의'를 표방한 그곳은 외국인 노동자, 특히 이슬람권 외국인에 대한 혐오가 노골적으로 분출되던 공간이었다. 그들은 이른바 산업화 세력 대 민주화 세력이라는 전통적 이념 대립을 낡아빠진 것으로 치부했다. 중요하고 심각한 진실은 따로 있었다. 진보 세력과 보수 세력 모두 다문화주의로 한통속이라는 것. 과거 가장 위협적인 적은 북한과 '빨갱이'였지만, 현재 가장 치명적인 적은 외국인 노동자, 무슬림이라는 것. 국가의 급선무는 수상한 타자의 침입을 철저히 통제해 안전을 확보하는 일이라는 것.

몇 년 후 등장한 일베와 구분되는 지점이 바로 이것이다. 국정원의 여론 조작 수단이기도 했던 일베가 이른바 민주화 세력을 주된 타격 대상으로 삼은 반면, 다문화정책 반대 카페는 민주화 세력뿐 아니라 산업화 세력도 일관되게 비판했다. 전라도 혐오나 여성 혐오 발언들이 나오기도 했지만, 내부에서 제지되거나 순화됐다. "여러분, 지금 우리끼리 싸울 때가 아닙니다!" 당시 나는 이 흐름을 전통적 우파도 아니고, 뉴라이트도 아닌 새로운 우파의 출현이라고 생각해서 '네오 라이트Neo-Right'라 명명했다.(『우파의 불만』참고)

이번 사태는 노골적 인종주의가 주류 담론으로 부상했음을 보여준다. 또한 그것은 20년 가까이 이어져온 다문화주의 캠페인의 실패를 상징한다. 한국의 다문화주의는 표면상 인종주의의 대립물이었지만, 위선적 관제 이념이란 인식을 끝내 넘지 못했다. 반면 반다문화주의 담론은 정부가 숨기고 있는 '진짜 현실'을 폭로하는 대항담론으로 자리 잡았다. 결과적으로 다문화주의가 인종주의의 숙주가 돼버린 것이다.

역설적으로 보이지만 실은 당연한 귀결이다. 다문화주의는 평등과 연대를 목표 삼는 게 아니라 타자를 그저 참고 견디도록 가르친다. 그 핵심 요소는 '관용tolerance'이다. 관용은 강자가 약자에게 베푸는 아량이다. 즉 언제든 철회될 수 있다. 철회의 핑계는 다양한데 가장 흔한 게 '안전'이다. 내 안전이 위협받는다고 주장하는 순간 강자와 약자의 구조적 권력 관계는 흐려지고, 때로 강자가 피해자로 변하는 마술적 변성이 일어난다. 실제로 지금 한국에서 벌어지는 일이 정확히 그것이다. 난민 5백여 명에게 시민권도 아니고 단지 입국을 허가한 정도로 "특혜" 운운하는 사람들을 보라. 자신의 안온한 특권을 인식하지도 못한 채 살아오다 자그마한 여성 차별 시정조치에 "역차별"이라며 '천하제일 피해자 대회'를 열던 어떤 남자들이 떠오르지 않는가.

자본이 위기를 기회로 삼을 때마다 삶은 기회를 잃고 위기로 내몰렸다. 기존 정치가 위기를 해결하기는커녕 제대로 설명하지도 못한다고 판단한 대중은 자신의 불안과 고통을 해명해줄 논리를 재구성하게 된다. 물론 위기를 만들고 심화한 건 초국적 자본, 재벌, 관료, 정치가 등 자본-권력 시스템이다. 하지만 현실적으로 이들에게 책임을 물을 수 있는 수단은 별로 없다. 게다가 오늘날 많은 이에게 글로벌 엘리트들은 적대의 대상이 아니라 선망과 동일시의 대상이다. 저항의 동기조차 형성되지 못하는 것이다. 그에 비해 이주 노동자·이슬람 난민 혐오 같은 배타주의는 쉽고 명쾌한 '해결책'이다. 위기를 해결해줄 수는 없지만, 즉각적이며 강한 효능감을 줄 수 있기에 그 '해결책'은 빠르게 수용되고 확산했다.

평등과 연대가 강한 사회에서는 차별과 억압이 약해지기 마련이다. 역으로 차별과 억압이 강해졌다는 건 평등과 연대를 추구하는 힘이 약해졌다는 뜻이다. 다문화주의라는 자유주의 기획의 앙상한 거죽을 걷어내고 나면, 결국 우리는 진정한 과제를 직시하게 된다. 적대를 정확히 파악하고 투쟁의 무기를 제공할 수 있는 좌파-평등주의적 기획의 필요성 말이다.

혼수상태의 사랑

놀라웠던 글은 조한혜정 연세대 명예교수의 칼럼 「푹 쉰 후 슬슬 재난학교를 만들자」였다. 그는 코로나 19 사태로 "어수선한 석 달 정도는 푹 쉬자."고 한 뒤 기본 소득, 봉준호, 포스트 휴먼 등을 현란하게 오가다가 "서울에 재난학교를 만들"어 "세계에서 가장 역동적이고 매력적인 도시"로 만들자고 제안한다.

저 글이 경이로운 이유는 표층 수준에서 온갖 진보적 개념을 남발하며 사회적 연대를 말하지만, 심층 수준에서는 정확히 그 반대를, 즉 각자도생을 가리킨다는 점에 있다. "어수선한 석 달 정도는 푹 쉬자."라는 말에서부터 적나라하게 드러난다. 대한민국에 석 달간 푹 쉬어도 지장 없는 이가 몇이나 될까? 누군가에게 푹 쉴 수 있는 석 달이 누군가에겐 벼랑 끝에 매달린 석 달이다. 쉬고 싶어도 못 쉬는 자영업자들, 코로나 19로 졸지에 일자리를 잃은 노동자들은 애초 저 글의 독자로 상정되지 않은 것이다. "재난학교를 슬슬" 만들어 서울을 세계에서 가장 역동적이고 매력적인 도시로 만들자는 말 역시 지독한 서울중심주의 또는 '변방'에 대한 무관심을 방증할 따름이다.

 한마디로 그것은 '우리, 먹고살 만한 사람들의 진보'다. 생각해보면 저런 사고방식은 만연해 있었다. '조국 전 장관 수호'를 위한 촛불 시위도 이를 염두에 두면 많은 부분이 해명된다. 대리 시험, 표창장 위조, 공직자 사모펀드 같은 불법적·비도덕적 행위가 이미 그들끼리의 일상이기에 용인해준 면도 있지만, 동시에 그런 '사생활'이 검찰 개혁이나 수구 척결 같은 '진보적 과제'와 무관하다고 진심으로 믿기 때문이기도 하다. 많은 이가 그런 행태를 "위선"이라 비난한다. 나는 생각이 좀 다르다. 위선은 글자 그대로 선을 위장한다는 것이며 스스로 옳지 않음을 인지하고 있다는 뜻이다. 과연 저들이 그런가? 되레 저들은 자신만이 '진짜 진보'라 확신하지 않을까. 조기숙 교수는 언젠가 "신좌파"를 자임한 바 있고 조국 전 장관은 심지어 "사회주의자"라 당당히 선언하지 않았던가. 앞의 칼럼은 소셜 미디어 등에서 회자된 이후 인터넷판에서 수정됐는데 평소 지론에 비춰보면 저 글이 아마 필자의 진심일 것이다.

 따라서 문제를 참과 거짓 또는 진보와 보수 같은 개념으로 풀어낼 수 없다. 이것은 이념이라기보다 사랑, 정확히는 '나르시시즘'이기 때문이다. 나르시스는 물에 비친 자신의 모습을 다른 사람으로 착각해 사랑에 빠진다. 나르시스는 그리스어 나르코시스^{narcosis}에서 파생한 말로 감각 마비, 즉 혼수상태를 뜻한다. 숲의 요정 에코가 나르시스의 목소리를 메아리로 만들어 그의 사랑을 얻으려 했지만, 지각이 마비된 나르시스는 자기 모습에 몰두하며 그 소리를 듣지 못한다.

찰스 테일러가 '자기 진실성의 시대'라 부르고 이졸데 카림이 '2세대 개인주의'라 명명한 사회적 경향은 모두 이러한 나르시시즘과 밀접히 관련된다. 1960년대 이후 서구 사회에서는 다양한 개인이 민족이나 계급 같은 집단적 범주가 아닌 개인의 정체성을 통해 정상성을 인정받으려는 싸움을 벌였고, 그것이 오늘날 정치적 주체의 보편 양식 중 하나가 됐다. '말이 통하는' 상대들끼리 만나다 보니 결과적으로 중간 계급의 정치처럼 보이기도 하지만, 사실 자기 진실성의 추구는 용의주도한 계급 전략이라기보다 '정의로운 능력자'가 되려는 자기애적 열망에 더 가깝다.

그래서 나르시시즘의 정치는 늘 동일성과 정상성을 향한 투쟁이 된다. 이 정치에는 논리적으로 '타자'가 존재할 수 없다. 타자가 미약하고 추레한 존재일 때 나르시시스트들은 그들을 자신과 같은 인간으로 인식하지 않는다. 반면 타자가 강하고 세련된 존재일 때 그들은 이미 타자가 아니라 동일시의 대상이 된다.

나르시시즘으로는 결코 정의로운 사회를 만들 수 없다. 감각 마비 때문에 나르시스가 자신을 타인으로 착각하듯 나르시시즘 정치는 인터넷에 활발히 의견을 개진할 지식과 여유가 있는 사람들의 주장을 '우리 시대 가장 절박한 요구'로 오인하게 만든다. 코로나 19 경제 대책으로 나온 '착한 건물주' 세금 감면 정책은 이런 나르시시즘 정치의 적나라한 사례다. 헬기로 돈을 뿌려서라도 빈곤한 취약 계층을 도와야 할 이 시기에 정부는 세금으로 건물주를 지원하고, 시민들은 잘한다며 박수를 보내고 있다. 이런 혼수상태의 사랑과 어찌 이별할 것인가.

국개론과 정치소비자론

　정치와 관련된 오랜 통념들이 있다. 여기서 통념이란 일상 대화에서 항상-이미 전제되곤 하지만 별로 의문시되지 않는 생각들이다. 크게 두 가지를 꼽을 수 있다.

　첫째, 이른바 '국개론'이다. '국개'는 '국민이 개새끼'라는 말을 줄인 것이다. 진보적 정책의 수혜 집단이면서 보수 또는 극우 정치 세력을 지지하거나 혹은 부동산 투기 조장, 환경 파괴적 토건 정책 등을 경제적 이익을 이유로 찬성하는 행태 등이 국개론이 비판하는 대상이다. 국개론은 계급 배반 투표와 관련이 깊지만, 단지 그것만을 의미하진 않는다. 자기 계급 이익에 부합하는 투표임에도 공동체에 해가 되는 경우도 종종 있기 때문이다.

　국개론이라는 말은 이명박 대통령 당선 직후 2007년 무렵부터 본격적으로 회자됐다. 주로 민주당 지지 성향의 시민들 사이에서였다. 그리고 이 말은 이른바 '보수 정권' 10년 동안 끝없이 공론장에서 반복됐다. 물론 2016년 탄핵 촛불 이후 반전이 일어난다. 이제 국민은 '개새끼'에서 '위대한 촛불 시민'으로 환골탈태한다. 그러나 동시에 국개론을 이른바 '보수 세력'이 전유하게 된다. 국개론은 여전히 유효한 걸까, 아니면 폐기된 걸까?

국개론이란 말 자체는 2000년대 중반에 유행했지만, 국개론적 인식은 오래전부터 존재했다. 그 인식이란 결국 일부 엘리트가 대중을 '개돼지'로 보듯이 일부 대중이 자신과 비슷한 처지의 다른 대중을 '개돼지'로 보는 것이다. 그렇게 비하하는 데에 국개론자들 나름의 이유들은 있다. 현실에서는 진영 논리에 기댄 '내로남불' 버전 국개론이 대다수지만, 지구 환경을 돌이킬 수 없이 파괴하는 정치가와 정책에 동조하는 동료 시민에게 절망해 비난을 퍼붓는 국개론의 경우 꽤 정당해 보이기도 한다. 이렇게 내용을 따져서 좀 더 설득력 있는 국개론을 분류하는 일도 나름대로 의미는 있을 것이다.

그러나 그보다 중요한 건 국개론이라는 '형식'이다. 어떤 국개론이든 그것은 모종의 초월적·목적론적 정당성을 지배의 제1원리로 놓는다. 그렇기에 필연적으로 인민의 지배demos+kratos=democracy라는 원칙, 즉 민주주의 자체는 후순위로 밀린다. 대한민국 독재자 박정희의 "한국적 민주주의"나 싱가포르 독재자 리콴유의 "아시아적 가치" 같은 주장이 모두 그 변종들이다. 민주주의라는 원칙을 어떤 목적을 달성하기 위한 수단으로 보는 모든 관점은 언제든 국개론의 함정에 빠질 수 있다.

둘째, 국개론에 대비되는 것으로 '정치소비자'론이 있다. 쉽게 말해 유권자-시민을 시장의 소비자로 보는 관점이다. 적어도 국개론보다는 성숙한 관점이라 할 수 있다. 유권자가 모순적이고 다양한 욕망을 지니고 있다는 사실을 일단 인정하기 때문이다. 거칠게 도식화하면 국개론은 경제적 이해관계가 있는데도 '공공선'을 택해야 한다는 것이고, 정치소비자론은 소비자의 선택은 절대적이므로 우열을 가를 수 없다는 것이다.

정치소비자론은 국개론보다 현실 정합적이지만 그럼에도 근본적 한계를 지니고 있다. 우선 유권자를 합리적 소비자로 보는 관점이 과연 이론적 설명력을 지니는지를 따져봐야 한다. 앨버트 허시먼은 『떠날 것인가 남을 것인가』에서 정당을 경쟁시장의 기업과 대응하고 유권자를 합리적 소비자와 대응한 앤서니 다운스 류의 가설이 왜 현실에서 종종 작동하지 않는지를 분석한다. 호텔링-다운스 이론[1]에서 갈 곳 없는 소비자, 즉 유권자는 그저 무기력하게 행동하지만, 허시먼에 따르면 갈 곳이 없는 사람들은 오히려 그렇기 때문에 더 적극적이고 과격한 항의를 통해 자신이 속한 정당에 적극적으로 압력을 행사한다. 현실 정치에는 이른바 '비탄력적 고객'이 상당히 존재한다는 것이다.

정치소비자론의 또 한 가지 문제는 유권자를 철저히 정치과정의 객체로 고정한다는 점이다. 달리 표현하면 정치소비

---

1) 1929년 해럴드 호텔링은 두 기업이 경쟁적으로 동일 상품을 공급하는 시장 상황에서의 선택 문제를 다룬 연구를 발표했고, 곧 이 연구는 양당체제의 역학을 분석하는 수많은 후속 연구를 불러오게 된다. 앤서니 다운스는 유권자가 좌우 이념 스펙트럼에서 정규분포를 이룬다는 가정이 수요가 탄력적이라는 가정과 균형을 이루게 함으로써 호텔링 이론을 부활시켰다. 『떠날 것인가 남을 것인가』, 앨버트 O. 허시먼, 강명구 옮김, 나무연필, 2016, 131~147쪽.

자론은 '정치상품'을 개발하고 생산하는 쪽은 따로 있고, 유권자는 '스마트한 소비자'이면 족하다는 태도다. 이는 우리 시대의 정치와 관련해서 생각보다 훨씬 심각하고 핵심적인 지점을 건드리고 있다. 현대 정치가 갈수록 역동성과 소구력을 잃어가는 이유 역시 정치 생산과 소비의 간극, 다시 말해 정치 주체의 소외에 있기 때문이다. 또한 이것은 흔히 말하는 '정치 효능감'의 문제와도 무관하지 않다.

위임주의 또는 전문가주의라는 문제도 있다. 정치에 대해 습관적으로 욕을 하면서도 어쨌든 현실 정치는 법률 전문가들, 직업 정치인들에게 맡겨두고 유권자들은 자기 먹고사는 일에 전념하는 것이 '정상적'이고 '건강한' 민주주의라는 식의 사고가 만연해 있다. 과연 그럴까? 오히려 지금껏 그런 수동적 소비자의 태도였기 때문에 요컨대 급진적 대안들은 모두 몽상적이고 비현실적이라고 조롱하며 철저히 무시해왔기 때문에 지금의 '헬조선'이 돼버린 게 아닐까?

우리는 국개론과 정치소비자론 사이에서 방황하고 있다. 이 둘을 모두 지양해야 출구가 열린다. 어떻게 할 것인가.

앎으로부터의 도피

미국 국방 장관이었던 도널드 럼스펠드는 이라크 전쟁을 정당화하기 위해 기상천외한 수사적 곡예를 구사하곤 했다. 그중에서 10여 년이 지난 지금까지 심심찮게 인용되는 표현이 있다. "알려지지 않은 무지unknown unknowns"가 그것이다. 먼저 럼스펠드는 앎의 세 유형을 제시한다. 첫째는 "알려진 앎known knowns"이다. 글자 그대로 우리가 잘 아는 지식이다. 둘째는 "알려진 무지known unknowns"다. 이는 우리가 어떤 문제에 무지하다는 사실을 아는 것이다. 셋째가 바로 "알려지지 않은 무지"다. 이 무지는 자신이 무엇을 모르는지조차 모르는 무지다. 또는 어떤 문제에 대해 안다고 착각하지만 실은 모르고 있는 상태를 가리킨다.

'알려지지 않은 무지'는 세 유형 중 제일 위험하다. 문제를 의식조차 하지 못 할 경우 잠재된 문제가 불거지는 것을 예측할 수 없을 뿐 아니라 이미 발생한 뒤에도 적절히 대응할 수 없기 때문이다. 미국 50개 주 대선 결과 예측을 모두 적중하며 스타가 된 통계 전문가 네이트 실버가 『신호와 소음』에서 강조한 위험도 "알려지지 않은 무지"였다. 그는 2008년 금융

위기에 관해 설명하면서 "신용평가 회사들의 그릇된 자신감이 금융권 전체를 물들였다."고 비판한다. 또한 "어떤 것을 통제하고 있다고 생각하지만, 사실은 전혀 그렇지 않은 상황"이 사태를 일파만파 키웠다고 지적했다.

이야기는 여기서 끝이 아니다. 럼스펠드가 말한 '앎의 유형론'에는 기이한 공백이 있다. 굳이 매트릭스를 그려보지 않더라도 한 가지 경우가 빠져 있다는 걸 금방 알 수 있다. '알려지지 않은 앎unknown knowns', 즉 '알지만 알지 못하는 것' 말이다. 형식 논리로 보면 분명 모순이다. 럼스펠드가 그래서 생략한 건지도 모르지만 실은 이것이야말로 가장 문제적 유형이라 할 수 있다. '누락'을 간파한 사람들이 물론 없지 않았다. 다큐멘터리 〈언노운 노운〉을 만든 영화감독 에롤 모리스, 철학자 슬라보예 지젝 등은 '럼스펠드가 말하지 않은 것'을 끄집어내 분석했던 이들이다.

'알지만 알지 못하는' 사람은 우리가 살아가는 세계 도처에 존재한다. 처음에 그는 현실주의자였다. "뭐가 옳은지는 알지만 어쩔 수 없잖아, 현실이 그런 걸." 이런 태도가 지속되다 보면, 시시비비에 대한 앎 자체가 점점 불편해진다. 그리하여 현실주의자는 불가지론자가 된다. "이 복잡한 세상에서 뭐가 옳고 뭐가 그른지 누가 확신할 수 있겠어?" 조금 편해지긴 했지만 이내 불가지론자는 더 안온한 자리가 있음을 깨닫는다. '백치'다. 세계의 비참이 주는 불안과 공포를 피하기 위해, 개인은 급기야 자기 자신을 향해 "가만히 있으라!" 명령한다.

의도적 무지를 택한 그는 비로소 충만한 행복을 느낀다. 웃자고 하는 이야기에 죽자고 달려드는 이들에게 "진지충"이니 "선비질"이니 놀려먹는 것도 즐겁다. 이 백치에게 사회의 구조적 모순이나 윤리적 가치를 가르치고 역설하는 건 무망한 노릇이다. 그는 계몽되지 못한 자가 아니라 계몽되지 않으려는 자, '계몽 이후의 백치'인 까닭이다.

그는 세상이 고통받는 사람들로 가득 차 있음을 알면서도 그런 사실을 모르는 양 태연하다. 자신이 비정규직으로 착취당하고 있음을 알면서도 실제 비정규직을 양산한 주체인 국가와 자본에 저항하지 않는다. 대신 엉뚱한 대상, 이를테면 "김치녀", 정규직 노조, 전라도 사람, 이자스민 의원을 공격한다. 계몽 이후의 백치들이 앎으로부터 도피해 다다른 곳은 누구에게도 선동되지 않고 누구도 선동할 수 없는 고요한 바닷가다. 곧 알게 될 것이다. 거기가 각자의 세월호라는 것을.

우리를 지배하는 정체성

"1등 신문" 부장님의 칼럼으로 사회관계망서비스가 순식간에 끓어오른 적이 있다. 드레퓌스의 무죄를 확신한 에밀 졸라처럼 그는 어느 중국집을 준열히 고발했다. 탕수육을 시켰는데 간장을 1인당 하나씩 주지 않고 2인당 하나를 줬다는 이유에서다. 칼럼은 이렇게 끝난다. "그 식당이 어딘지는 밝힐 수 없다. '중화', '동영관', '루이'는 아니다."

"간장 두 종지를 주지 않았다는 그 옹졸한 이유"라고 썼을 정도니까 글쓴이도 자신의 옹졸함을 알고 있었던 게 틀림없다. "그 옹졸한 이유"가 공적 지면에 올라가는 순간 사회 문제가 된다는 것을 몰랐거나 무시한 게 결정적 문제지만 말이다. 그의 의도가 칼럼으로 중국집을 '조져서' 심대한 타격을 주려고 한 것은 아니었을 게다. 그보다는 비록 "옹졸한 이유"이기는 하지만 자신에게 어떤 정당성 또는 합리성이 있다고 생각했을 가능성이 높다. 다음 문장은 그래서 의미심장하다. "설렁탕을 주문했고 설렁탕이 나왔는데도 '감사합니다.'라고 말해야 한다. 먹은 만큼 돈을 냈는데도 '고맙습니다.'라고 말한다. 그게 이 이상한 도시에서 살아가는 방식이다."

많은 사람이 일상적 거래에서 인사를 주고받는다. '감사합니다.', '수고하세요.' 같은 거의 습관적으로 튀어나오는 말들이다. 습관적이지만은 않을 때도 있다. 악천후를 뚫고 집 앞까지 온 택배기사님께 우린 "고맙습니다. 고생하셨죠."라며 시원한 물 한 잔을 건네기도 한다. 부장님이 보기에 이건 이상한 일이다. 그의 위화감은 어떤 지고한 원칙의 위반에서 비롯한다. 요컨대 '등가교환의 원칙'이다. 탕수육 가격을 제대로 지급했는데 왜 사람 수에 맞춰 간장 종지를 주지 않는가. 왜 내가 돈을 내고서 거저 얻은 것처럼 감사해야 하는가. 돈과 재화가 시세에 맞게 오가면 그만이지 왜 쓸데없는 말을 보태야 하나.

　고맙다는 한마디로 뭐 그리 '오버'하나 싶지만, 부장님의 사고방식은 그리 놀랍거나 생경한 것이 아니다. 그는 모종의 사고방식을 끝까지 밀어붙인 결과 저런 이야기를 하게 된 것이다. 이것을 '소비자-피해자 정체성'이라 부르고 싶다. 이 소비자-피해자 정체성의 정동적 표현은 '억울함'이다. 우리 세계는 "말도 안 되는", "상식 밖의", "어처구니없는" 피해를 입었다고 호소하는 사람들로 발 디딜 틈이 없다.

　소비자라는 정체성, 피해자라는 정체성은 우리 존재에 중첩된 많은 정체성 중 일부로서, 자체로 문제는 아니다. 다만 한정된 맥락과 상황을 벗어나 다른 정체성 영역을 침범할 때, 즉 '지배 정체성'으로 결합·확장했을 때 역기능이 나타난다. 과거 개발 독재 시기에는 '국민'이라는 강요된 정체성이 다른 정체성을 압도했다. 지금 그 자리를 소비자-피해자 정체성이 꿰찬 것처럼 보인다. 예컨대 학교의 비리를 공익 제보한 교사에게 학부모들이 퍼붓는 격렬한 비난을 보라. "정의라는 가면을 쓴 위선적 행동이 아이들에게 피해가 된다.", "내 딸이 힘들어하니 나쁜 교사다."

이를 탐욕과 이기심으로 치부해버릴 수만은 없다. 소비자-피해자 정체성은, 악다구니 쓰며 '피해자성'을 입증하지 않으면 아무도 누군가를 돌보지 않는 세계에서 살아남기 위한 생존 전략이기도 한 까닭이다. 억압과 착취를 시정하라는 정치적 요구가 매번 좌절되고 묵살되기에, 그 반동으로 시장의 명령(소비자)과 도덕적·사법적 명령(피해자)이 끝없이 소환되는 것이다. 그러나 소비자-피해자 정체성은 각자의 고통을 절대시하는 불행 경쟁으로 귀결하고, 그 과정에서 약자와 강자의 실질적 불평등은 '평평해져서' 쉽게 은폐되고 만다. 평등의 과정으로서 정치가 어느 때보다 절실한 이유다.

세월호 이후의 삶

 기뻤던 뉴스는 '세월호 변호사' 중 한 명인 박주민 변호사가
총선에 출마해 국회의원이 됐다는 소식이다. 집권여당과 별
반 다르지 않은 정당 소속임을 알고 있지만, 그래도 기뻤다.
그가 국회의원이 되지 못하는 것보다는 되는 게 낫다고 생각
하기 때문이다. 슬펐던 뉴스는 선거 기간에 세월호 유가족이
도라에몽 인형탈을 쓰고 박 후보를 도왔다는 보도였다. 박주
민 선거 캠프의 최일곤 씨는 페이스북에 이렇게 적었다.

 "유가족들은 자신들이 선거에 악영향을 미칠까 봐 묵묵히
주어진 일만을 하며 지냈다. 영석이 엄마는 아침 일찍 나와 밀
걸레질하며 청소했다. 그리고 전화기 앞에 앉아 전화를 걸어
종일 박주민을 지지해달라고 호소했다. 영석이 아버지는 투
표 독려 운동을 하기 위해 아침부터 길거리에 서 있었다. 그리
고 또 해가 질 때까지 인형탈을 쓰고 온몸이 땀에 젖도록 춤
을 췄다. 그들은 그렇게 고된 하루를 보내고 말없이 근처 모
텔로 돌아갔다가 다음날 다시 나왔다. 박주민은 자신을 위
해 인형탈을 쓰고 춤을 추는 영석이 아버지를 보면서 가슴 아
파했다. 2년 전 4월 16일 이후, 춤을 출 만큼 즐거운 일이라곤

없었던 영석이 아버지가 자신을 위해 그것도 인형 탈을 쓰고 춤을 추는 것이 그에게는 견딜 수 없는 일이었을 것이다."

세월호 참사를 받아들이는 마음은 사람마다 다를 것이다. 당연하다. 모두가 유가족이 느끼는 정도로 절실하게 아파할 수는 없다. 하지만 많은 이가 여전히 세월호를 상징하는 노란 리본을 옷이나 가방에 달거나 진상규명을 위해 노력하고 있다. 왜인가? 세월호 참사는 지진, 해일, 화산폭발 같은 자연 재난이 아니었다. 인간의 탐욕과 국가의 무책임이 제도적 공백에 요철처럼 딱딱 끼워지며 벌어진 인재였다. 배가 전복한 경위만이 문제는 아니었다. 이후 구조 과정에서 수많은 부조리가 속속 드러났고, 사람들은 글자 그대로 경악할 수밖에 없었다. 그렇다. 세월호 참사는 체제가 만들어낸 비극이었다.

지식인들은 세월호 참사의 원인으로 신자유주의를 지목하기를 좋아했다. 철학자 한병철은 "세월호는 신자유주의의 소우주"라고 일갈한 적이 있다. 그럴듯하게 들리지만 이른바 신자유주의 시대 이전에도 이런 사고는 있었다. 140명이 사망한 1963년 목포 연호 사고, 319명이 사망한 1970년 제주 남영호 사고, 아파트 한 동이 통째 무너져 내려 33명이 사망한 1970년 와우아파트 사고, 32명이 사망한 1994년 성수대교 붕괴사고 등이 모두 신자유주의 때문인가? 물론 신자유주의를 비판해야 할 맥락도 있지만, 모든 악의 근원을 신자유주의로 수렴하는 저런 관성적 비판은 이제 지양해야 한다.

한편 신자유주의가 아닌 '천민자본주의'를 세월호 참사의 원인으로 꼽는 사람도 적지 않았다. 세월호 참사 이후 돈 때문에 생명을 희생한 것에 사람들이 분노하자 천민자본주의 혹은 한국 자본주의의 '미개함'과 '후진성'을 원인으로 지목하는 '착한 자본주의자'들이 대거 등장한다. 한국 사회는 합리적·선진적 자본주의에 미달하기 때문에 세월호 참사 같은 사건이 벌어졌다는 논리였다. 이들의 가장 큰 착각은 룰을 제대로 지키지 않는 업자에게 강한 페널티가 주어지고, 룰을 제대로 지키는 게 실질적 이익이 되는 시스템이 '자본주의의 합리성'에서 비롯된다고 여긴다는 점이다. 전혀 그렇지 않다. '보이지 않는 손'에는 눈이 달려 있지 않아서 인간의 생명 따위는 아랑곳하지 않는다. 자본 자체의 무한한 축적을 위해 운동할 뿐이다. 우리가 선진국이나 복지국가라 부르는 곳들은 자본주의를 극단까지 밀어붙인 사회가 아니라 자본의 본성을 여러 사회적 장치로 제어하는 사회다.

'세월호 체제'의 뿌리는 자본주의의 '단계'보다는 '성격'과 관련이 있어 보인다. 건국 이후 지금까지 지속된 한국 자본주의 체제의 본질을 건조하게 서술하면 요소 동원형 경제라 할 수 있다. 부존 자원이나 혁신적 기술이 없으니 인간의 노동을 물리적 극한까지 뽑아내야 하고, 국가와 재벌의 유착을 통해 '선택과 집중' 전략을 구사해야 한다. 그것을 쉽게 표현하면 '인간을 갈아 넣는 자본주의'다. 이건 단순히 비유가 아니라 사실의 진술이다. 노동자가 3시간에 한 명씩 죽고 5분에 한 명씩 다치는 대한민국은 경제협력개발기구OECD 산재 사망률

부동의 1위다. 이렇게 한국의 자본주의는 (물질적 성장이라는) 목표를 빨리 달성하기 위해서 뒤처지고 약한 인간을 희생시키는 게 일상이 된 체제다. 이 강렬한 물질주의 혹은 '먹고 사니즘'이야말로 세월호 참사의 근본적 배경을 해명하는 열쇠다.

독일의 사회철학자 악셀 호네트는 "공감과 인정이 인식에 선행한다."고 했다. 그냥 "인정이 선행한다."로 요약되기도 한다. 따지고 분석하는 것보다 타자와 자신을 동일시하고 흉내 내는 행동이 먼저라는 것이다. 이것은 당위나 행위 윤리로서 주장되는 게 아니다. 실제로 인간이 그렇게 행동한다는 것이 핵심이다. 테제의 타당성을 떠나서 저 주장이 우리에게 어떤 휴머니즘적 위로를 주는 것은 사실이다. 그럼에도 잊지 말아야 할 것은 공감과 인정 이후에 인식이 '후행'한다는 사실이다. 호네트에 따르면 '인정 없는 인식'은 불가능하다. 그럼 '인식 없는 인정'은? '인식이 과부족한 인정'은 얼마든지 가능하며 무척 일반적인 현상이다. 사유 없는 공감과 동질성의 강조. 이것이 바로 정치의 도덕화, 이분법적 진영 투쟁, 극단적 피해자 중심주의의 휴머니즘적 기반이다.

세월호 참사 얼마 지나지 않아서 많은 평범한 시민이 "이제 그만하자. 경기도 안 좋은데 언제까지 슬퍼하고만 있어야 하나."라고 했을 때, 이들 전부 공감 능력이 결여된 소시오패스라서 그리 말한 것일까. 그 시민들 역시 처음에는 모두 참사의 희생자들과 유가족에게 공감했을 것이다. 즉 '공감과 인정이 선행'했다. 그러나 이후에 따라온 인식, 그게 문제였다. 특정한 인식 체계가 다른 인식들을 집어 삼켜버렸기 때문에 저런 말을 할 수 있었던 것이다. 그 특정한 인식이란 경제 성장과 효율성을 지상 과제로 삼는 물질주의, 먹고사니즘 같은 것이다. 이 또한 '인식이 과부족한 인정'의 일종이다.

사건의 인과를 추적하고, 책임져야 할 자에게 책임을 지게 만드는 것은 단기적으로 우리가 해나가야 하는 일이다. 그것만으로도 충분히 벅차겠지만, 거기에 머무르면 제2, 제3의 세월호 참사는 또 일어난다. 세월호 참사를 기억하고 희생자를 애도하는 행위가 진정으로 의미 있으려면 우리 사회가 지금껏 고수해온 삶의 태도를 전환해야 한다. 인간을 갈아 넣는 체제에서 인간을 위하는 체제로 옮겨가는 것, 그것이 세월호 참사라는 트라우마를 극복하는 최종 단계다.

황우석을 다시 생각한다

황우석 사태를 다룬 영화 『제보자』가 개봉했다. 9년 전의 엄청난 소동, 그 전모를 영화 한 편이 전부 담아낼 순 없었을 게다. 그래도 다시금 황우석이라는 이름을, 황우석 사태가 우리에게 남긴 것들을 돌아보는 계기는 될 수 있으리라 생각한다. 그때 나는 20대 후반의 기자였다. 황우석의 거짓말이 드러나기 시작할 무렵부터 취재에 뛰어들었다. 기자뿐 아니라 많은 시민이 의도치 않게 줄기세포 공부를 해야 했다. 극소수를 제외하고는 지식과 정보의 벽에 막혀 실체적 진실에 접근하기는 어려웠지만, 그것만이 문제는 아니었다. 황우석 사태는 그야말로 총체적 사건이었기 때문에 그동안 가려져 있던 한국 사회의 어떤 치부를 적나라하게 드러냈다. 논문 조작이 학문적으로, 그리고 법률적으로 명확해진 2014년에도 그 치부는 여전히 존재했다. 황우석 사태를 다시 생각하는 것은 그래서 절박한 사안이 된다. 이건 바로 우리를 지배하는 어떤 이데올로기에 관한 것이다.

황우석을 마치 신처럼 떠받들던 당시 사회 분위기를 국가주의나 민족주의로 재단할 수도 있겠지만, 나는 그것을 '성장지상주의'라는 말로 정리하고 싶다. 그것은 박정희 시대가 남긴 유산이며 '민주화 이후' 시대인 지금까지도 우리를 지배하는 주인 기표다. 황우석의 치부를 보려고 하지 않았던 사람들, 사태 초기 연구 과정의 석연치 않은 부분을 지적하던 과학자와 저널리스트를 협박하고 비난하던 사람들의 내면에 도사리고 있던 것은 무엇이었을까? 그것은 과학 기술의 성과가 단숨에 한국을 일등 국가의 반열에 올려놓을 수 있다는 민족 판타지였다. 그 판타지는 사회·문화적 성숙을 통해 좋은 사회, 훌륭한 민족 공동체를 만드는 따위가 아니라 과학 기술의 우월성을 통해 신흥 시장을 독점하고, 그 이윤으로 선진국이 되겠다는 욕망이었다. 이 열정의 특징은 과실이 누구에게 주로 떨어질지는 결코 묻지 않는다는 점이다.

이런 이데올로기가 가장 절묘하게 드러난 게 바로 의학전문기자 홍혜걸의 글이다. 그는 2005년 11월 24일자 『중앙일보』 칼럼 「연구는 계속되어야 한다」에서 이렇게 썼다. "지난해 기자는 영국 학술잡지 『네이처』로부터 인터뷰 요청을 받았다. (…) 의도는 명확했다. 그들은 황우석 교수의 업적보다 난자의 출처가 궁금했던 것이다. 겉으로는 생명윤리를 내세우지만, 속으로는 연구진에 대한 흠집 내기 의도가 역력해 보였다. (…) 우리가 뿌린 씨앗인데 남들에게 열매를 빼앗길 수 없다. 먼저 분열된 국론을 통일해야 한다."

이른바 진보·개혁 세력도 여기에서 예외가 아니었다. 〈오마이뉴스〉의 정치평론가로 활동하던 유창선 씨는 2005년 12

월 5일 「황우석 몰아세운 일그러진 진보주의」라는 글에서 황우석의 연구에 의문을 제기하는 진보 세력에게 호통을 친다. "황 교수 지키기에 나서는 것은 주류 언론이고, 황우석이라는 '우상'을 '이성'으로 깨트리는 것은 비주류 언론이라는 식의 발상. 그 같은 발상이 지속하는 한 주류 언론과 비주류 언론의 위치가 바뀌는 일은 없을 것이라는 비감한 예감마저 들었다."

유시민 씨는 2005년 12월 7일 전남대 특강에서 이렇게 말한 적이 있다. "〈피디수첩〉 프로듀서가 황우석 교수를 검증하겠다는 것은 터무니없는 짓이다. 내가 가서 검증하는 것과 똑같다. 기자나 나나 생명공학에 대해 모르는 것은 마찬가지다. 그래도 나는 보건복지위원을 2년이나 했기 때문에 좀 안다. 〈피디수첩〉이 부당한 방식으로 과학자를 조지니까 방송국이 흔들흔들하고, 광고 끊어지고 난리 아니냐."(유 씨는 사태가 명백해진 다음 이 발언에 대해 사과한 바 있다.) 〈피디수첩〉의 강압 취재 문제가 나온 직후 진보 정당인 민주노동당 인터넷 매체 판갈이넷에 올라온 기사의 제목은 더 충격적이었다. 'MBC 사태, 취재 윤리가 아니라 숭미간첩죄가 본질', '숭미-친유대금융자본 반국가 매판 세력을 일망타진하라.'

김어준 씨는 황우석의 조작이 이미 드러난 시점에서도 집요하게 '썰'을 유포했다. "새튼의 특허와 그로 인한 어마어마한 이권, 그리고 그 이권을 새튼에게 돌아가게 하고 그 반대 급부로 이권의 일부를 공유하거나 관련 이익을 보장받기 위해

동조, 협조한 세력이 존재한다."(「새튼의 특허에는 음모가 있다」, 〈딴지일보〉, 2006.2.28.

황우석 사태는 공익 제보자의 결정적 제보, 과학자들의 검증, 몇몇 저널리스트의 취재로 끝내 실상이 밝혀졌다. 국민적 영웅은 희대의 사기꾼으로 전락했다. 그것으로 끝이었을까? 2010년 황우석의 수암생명공학연구원 기공식에 국회의원 등 수천 명이 몰려들어 성황을 이뤘다고 한다. 정부 기관의 특수 목적견 사업에도 정식으로 참여한다고 한다. 아직 황우석의 이야기는 끝나지 않았다. 한국 사회의 성장지상주의가 건재하기 때문이다.

가짜 뉴스를 대하는 세 가지 원칙

동시대 기술은 문자와 사진 정도가 아니라 존재하지도 않는 동영상을 만들어내기에 이르렀다. '딥페이크deep fake'다. 이는 인공지능, 딥러닝, 페이스 매핑 기술을 이용해 특정인의 얼굴, 표정, 말투를 그대로 흉내 낸 영상을 뜻한다. 2018년에는 "트럼프는 완벽한 멍청이"라고 말하는 오바마의 영상이 화제가 된 적이 있다. 딥페이크의 위험을 경고하는 취지에서 만들어진 영상이지만, 알고 봐도 가짜라는 생각이 별로 들지 않을 정도로 잘 만들어졌다.

딥페이크까지 갈 것도 없이 이미 대한민국은 가짜 뉴스fake news가 넘쳐나고 있다. 이 때문에 너무나 많은 사람의 인지 자원이 낭비됐고, 지금도 낭비되고 있다. 게다가 가짜 뉴스 자체가 큰 사회적 갈등과 비용을 발생시킨다. "1980년 광주항쟁 당시 북한 특수군이 내려왔다.", "세월호 유가족·피해자만 과도한 보상을 받는다." 등이 대표 사례다.

가짜 뉴스는 그 정의부터 해결책까지 온통 '지뢰밭'이다. 가짜 뉴스가 대체 무엇인지에 대해 학계와 업계에서도 논란이 분분하다. 먼저 언론사 아닌 주체가 생산한 뉴스가 가짜 뉴스라는 주장이 있다. 그게 아니라 거짓 정보, 루머, 오보까지 모두 포함하는 것이라는 주장도 제기됐다. 오보 같은 실수가 아니라 명백한 의도가 들어간 허위 정보만을 가짜 뉴스라 불러야 한다는 의견도 있다. 가짜 뉴스라는 용어 자체가 오해를 부를 수 있기 때문에 "페이크 뉴스"라고 부르든가 아니면 "허위 조작 정보"라는 말을 쓰자는 제안도 나왔다.

이렇게 '가짜 뉴스'의 정의 자체가 모호한데도 워낙 사회적 악영향이 크다 보니 당장 해결책을 요구하는 목소리가 높다. 가장 쉽게 튀어나오는 건 '규제 강화'다. 하지만 규제를 하려고 해도 기준이 있어야 한다. 뭘 기준으로 규제할 것인가?

가짜 뉴스를 전부 규제하는 것은 가능하지도 않거니와 바람직하지도 않다. 그런 생각 자체를 버려야 한다. 또한 규제 범위는 되도록 좁히는 게 좋다. 가짜 뉴스가 이른바 '공공선'을 가장 해치는 경우는 언제일까. 그것이 약자와 소수자를 향한 차별 선동·혐오 발언으로 기능할 때다. 이런 큰 방향을 전제한 뒤 가짜 뉴스 대응 원칙 세 가지를 제안하고 싶다.

첫째, 국가의 직접적이고 자발적인 개입은 최대한 회피돼야 한다. 둘째, 공인과 권력 기관을 향한 가짜 뉴스의 규제는 헐거워야 한다. 셋째, 비공인, 특히 사회약자와 소수자에게 피해를 주는 가짜 뉴스는 엄격히 규제돼야 한다.

가짜 뉴스에 대한 국가의 직접 개입이 얼마나 위험한지는 역사를 돌아보면 잘 알 수 있다. 당장 미국 트럼프 대통령이 하는 행동들만 봐도 그 폐해가 드러난다. 가짜 뉴스를 빌미로 불편한 언론과 항의하는 시민의 입에 재갈을 물리려는 정부와 권력자들은 언제든 나타날 수 있다. 가짜 뉴스의 폐해가 아무리 크다 해도 국가의 무차별적 개입과 규제보다는 덜 해롭다. 이는 첫 번째로 중요한 원칙이어야 한다.

또한 공인과 권력 기관(권력자)을 향한 가짜 뉴스는 특별한 예외를 제하고는 처벌돼선 안 된다. 이런 종류의 가짜 뉴스를 처벌하기 시작하면 기본적 권리인 언론의 자유가 심대하게 침해될 수밖에 없다. 여기서 말하는 '공인'은 관료, 국회의원 같은 이들을 가리킨다. (단언컨대 연예인은 공인이 아니다. 그들은 그저 유명인일 뿐이다.) 공인은 현격한 권한과 큰 책임을 지고 있기에 비판을 피할 수 없고 그래서도 안 되는 사람들, 즉 공적 직위에 있는 사람이다. 이들에 대한 비판은 그것이 공적 활동과 관계있는 한 그야말로 '최대 한도'로 보장될 필요가 있다. 물론 부정확하거나 날조된 정보로 공인과 권력자를 비방하는 시민들이 있을 수 있다. 하지만 이 시민들은 어디까지나 거기에 동의하지 않는 동료 시민에 의해 반박돼야 한다.

가장 결정적 원칙은 세 번째다. 세 번째 원칙을 논의하기 전에 가짜 뉴스가 규제돼야 하는 근본 이유가 무엇일지 생각해 보자. 그것이 진실이 아니어서? 사람들의 인식에 혼란을 주기 때문에? 그렇지 않다. 만약 가짜 뉴스가 규제돼야 한다면, 그 궁극적 이유는 거짓 정보가 만들어낸 평판과 비판 등이 무고한 인간에게 고통을 줄 수 있기 때문이다.

그런데 같은 '무고한 인간'이라고 해서 모두에게 일률적 기준을 적용할 수는 없다. 강자와 권력자를 향한 가짜 뉴스와 약자와 소수자를 향한 가짜 뉴스는 동일하게 취급될 수 없는 것이다. 많은 경우 기계적 균등 또는 기계적 공정성은 큰 차별과 불평등을 만들어내면서도 그것을 도덕적으로 정당화해 문제 자체를 은폐하는 결과를 낳는다. 사회의 약자와 소수자는 일반적으로 더 많은 보호를 받아야 하며, 가짜 뉴스에 있어서도 마찬가지다. 약자·소수자는 강자·권력자와 달리 자신을 보호할 사회적 자원이 매우 적기에 쉽게 피해자가 되고 그 고통 역시 크고 오래 지속되기 쉽다.

가짜 뉴스 문제의 핵심에 미디어 리터러시가 있으며 따라서 시민의 미디어 리터러시를 강화해 해결하자는 주장은 원론적으로 타당해 보이지만, 공허하다. 미디어 리터러시란 쉽게 말해 매체에 대한 문해력, 이해력, 또는 활용능력이다. 그러나 한국인의 미디어 리터러시 수준은 결코 낮지 않다. 특히 촛불 집회 같은 국면에서 활약한 '표현 대중(정보의 능동적 소비자이자 유통자인 시민들)'의 미디어 리터러시는 다른 나라와 비교해도 매우 높은 수준이었다. 한국에서는 미디어를 무턱대고 믿어버리거나 제대로 읽어내지 못하는 게 문제라기보다 가뜩이나 낮았던 미디어에 대한 신뢰가 점점 더 낮아지고 있다는 게 훨씬 더 심각한 문제다. 대다수 미디어가 철저히 부패했다고 판단하기에 최소한 게이트 키핑조차 없는 루머의 진정성을 믿는 역설적 상황, 그것이 오히려 현실에 더 부합하는 설명이 아닐까? 혹자는 '좋은 뉴스'가 가짜 뉴스에 대한 진정한 대안이라고 말하지만, 미디어 환경의 급변으로 생존이 위태로운 와중에 기존 매체와 기자들의 공적 의무감이 얼마나 견고하게 유지될 수 있을지에 대해선 매우 회의적이다.

　미디어 이론, 정보 이론적 접근도 도움이 되긴 하지만 결국 핵심은 가짜 뉴스 때문에 사회적 차별이 실제로 발생하는가 여부다. 요컨대 가짜 뉴스 문제는 '미디어' 의제보다는 '차별' 의제로 접근해야 한다. 가짜 뉴스로 존재 자체를 위협받는 이들에 대한 제도적 보호 조치가 시급하다는 것이다. 논의는 좀 더 이 부분에 집중될 필요가 있다.

가짜 뉴스 뿌리의 뿌리

가짜 뉴스의 뿌리에 개신교 신극우주의 세력이 있음이 『한겨레』 단독 보도로 밝혀졌다. 저들 행태는 심각했다. 유튜브 등을 통해 사실무근의 이야기가 확대 재생산되고, 이런 가짜 뉴스들이 다시 언론들에 인용되며 파급력이 극대화됐다. 기획 기사가 잇따라 올라오자 "이 정도일 줄 몰랐다."는 시민들의 경악과 탄식이 이어졌다.

사람들의 반응만 보면 마치 가짜 뉴스가 요 몇 년 사이 생겨난 새로운 사회 문제처럼 보인다. 하지만 꼭 그렇게 보긴 어렵다. '가짜 뉴스'라는 말은 최근에 생겨난 단어가 맞지만, 가짜 뉴스라는 현상 자체는 최근에 생겨난 사건이 아니다. 과거 정권이 직접 기획하고 실행한 사건들, 이를테면 금강산댐 괴담, 북풍, 총풍, 간첩단 조작 사건, 민간 차원에서 횡행하던 각종 유언비어를 떠올려보자. 요즘 말로는 전부 '가짜 뉴스'다.

가짜 뉴스를 '적의 전력을 깎아내고 자신의 승리에 유리한 여건을 조성하기 위한 정보 조작'이라고 정의한다면, 심지어 고대 문헌에서도 이를 발견할 수 있다. 예컨대 『손자병법』「용간用間」 편에는 허위 사실을 외부에 유포해 아군의 명령을 탐문한 적의 간첩이 이를 적장에게 잘못 전달하게 하는 전술이 나온다. 전쟁이라는 비상 상황에서만이 아니라 일상에서 가짜 사실을 흘리거나 확산해 자신의 의도를 관철하려 했던 집단은 예나 지금이나 숱하게 많았다. 즉 가짜 뉴스란 사실 인류의 역사와 함께 존재해왔던 셈이다.

그렇다면 문제는 조금 더 명료해진다. 다음 질문들로 정식화해볼 수 있겠다. 최근의 가짜 뉴스 현상들은 과거의 가짜 뉴스 현상과 정말로 '동일한' 현상인가? 차이는 없는가? 차이가 있다면 어떤 점에서 다른가? 왜 하필 지금 가짜 뉴스가 마치 새로운 문제처럼 부각되는가?

엄밀히 말해 최근의 가짜 뉴스들은 과거의 그것과는 다르다. 물론 레거시 미디어에서 뉴 미디어로의 다변화로 여론의 유통 경로가 양적으로 비교할 수 없이 증가한 것도 중요한 측면이다. 하지만 그보다 중요한 것은 초점focus이다. 과거에 적이 누군지는 명확했다. 적은 유태인이거나 히틀러이거나 소비에트이거나 김일성이었다. 가짜 뉴스의 내용은 그래서 그 적이 우리에게 무슨 짓을 했는지 혹은 무슨 짓을 꾸미는지에 집중됐다. 그러나 지금 가짜 뉴스는 '적이 대체 누구인가'에서부터 시작한다. 요컨대 과거 가짜 뉴스의 내용이 '숙적의 새로운 음모'라면, 오늘 가짜 뉴스의 주요 내용은 '새로운 적의 출현' 혹은 '적대의 발명'이다. 이 차이는 결코 작지 않다.

마지막 질문, '왜 하필 지금, 가짜 뉴스가 마치 새로운 문제처럼 부각되는가'와 관련해 철학자 지젝은 『한겨레』 기고문

(「가짜 뉴스에서 거짓말까지」, 『한겨레』, 2018.9.27.)에서 이렇게 주장한다. "지금 우리는 포퓰리즘의 물결로 기존 정치제도가 불안정해지는 와중에, 이 제도를 이데올로기적으로 떠받들던 '진실 대 거짓'이라는 구도가 무너지고 있는 현상을 보고 있다. 이러한 붕괴가 일어나는 이유는 포스트모더니즘적 상대주의 때문이 아니라 지배 체제가 이제는 이전처럼 이데올로기적 헤게모니를 유지할 수 없게 되었기 때문이다."

지젝이 주로 비판하는 이들은 극우파 및 급진좌파와 구별되는 리버럴-자유주의자들이다. 그들은 "팩트, 사실이란 것이 존재하고 '의견의 자유'와 '사실의 자유'는 구분돼야 한다고 말"하는 사람들이다. 이들은 트럼프 같은 우파와 이상주의적 급진 좌파가 함께 "진실의 죽음"을 가져왔다고 탄식한다. 그러나 지젝은 "진실의 죽음"을 탄식하는 이들이 진실의 수호자가 아니라 그저 안정적인 질서를 선호했을 뿐임을 상기하면서, 그들이야말로 진실의 "죽음과 관련된 가장 진정하고도 근본적인 행위자"라고 일갈한다. 한마디로 오늘날 가짜 뉴스에 대한 과민 반응은 헤게모니 위기에 직면한 자유주의 지배 세력의 비명이라는 것이다.

지젝의 글을 참고해 다시 한국 사회를 보자. 가짜 뉴스나 극우·혐오 세력은 말하자면 '증상'이지 '원인'이 아니다. 당장 여기의 증상을 없앤다고 해도 좀 지나 저기서 또 증상이 발생한다. 원인을 건드리지 않으면 해결은 난망하다. 오히려 모든 사회악을 가짜 뉴스나 극우·혐오 세력 탓으로 돌리는 태도야말로 진짜 문제다. 사태의 본질을 은폐하는 까닭이다. 가짜 뉴스를 만드는 사람 혹은 단체를 밝혀내는 것은 물론 중요하지만, 거기서 멈추면 곤란하다. '그들은 왜 그런 짓을 하는가?' 이 질문이야말로 핵심이다. 우리는 가짜 뉴스 '뿌리의 뿌리', 즉 심층근深層根을 찾아야 한다.

   가짜 뉴스의 진정한 원인은 무엇일까? 사람들이 겪는 현재의 고통과 미래의 불안이 해명되지도 해소되지도 못하는 상황, 그 상황이 바로 가짜 뉴스 뿌리의 뿌리다. 극우·혐오 세력이 점점 득세하게 된 것은 '유튜브로 진출했기 때문'이 아니다. 난민, 이주노동자, 무슬림, 동성애자, '맘충' 등 쉽게 차별하고 배제할 수 있는 대상을 지목할 수 있었기 때문이다. 기득권 집단에 저항해 그들 몫을 재분배하는 것은 위험하고 지난하지만, 사회적 약자를 차별하고 배제하는 것은 안전하고 쉽다. 그런 짓은 사회 문제를 전혀 해결해 줄 수 없음에도 적어도 강렬한 정치적 효능감은 줄 수 있다. 대안 부재 상황이 지속하는 한, 가짜 뉴스는 번성할 수밖에 없다. 이런 국면에서 진보 좌파를 표방하는 세력이 무엇에 집중해야 하는지는 명백하다. 불평등에 대한 정밀한 분석을 통해 가장 설득력 있는 설명 모델과 대안을 제시하고, 다양한 배경의 시민들이 참여할 수 있는 유연한 정치 조직을 구성하는 일이다.

주목 노동과 관종 경제

2019년 4월 초, 일본의 어느 여성이 주먹밥 한입에 먹기 영상을 인터넷으로 생중계하던 도중 질식해서 사망하는 사건이 벌어졌다. 그가 괴로워하며 쓰러지고 구급대원이 현장에 도착하는 충격적 상황이 실시간으로 중계됐다. 3월에는 유튜브 영상을 찍기 위해 한강으로 들어간 한국의 남성이 익사한 사고도 있었다. 한국과 일본만의 문제가 아니다. 죽음에 이르는 건 극단적 경우지만 소셜 미디어 등에서 위험한 짓을 벌이는 사람이 너무 많아졌다.

고소득 유튜버들이 언론에 부각되면서 이를 유망 직종으로 오해하는 이도 적지 않다. 유튜브에서 활동해본 사람이라면 잘 안다. 거기서 돈 만 원 벌기가 '하늘에 별 따기'란 것을. 그런데도 그들은 열정적으로 영상을 올린다. 순전히 돈이 목적이 아니란 이야기다. 소셜 미디어에 먹방 사진 올리는 사람들도 마찬가지다. 대체 왜 그런 짓을 하는가. 원하는 건 하나, 타인의 관심이다. 아담 스미스는 『도덕감정론』에서 이렇게 쓴 적이 있다.

"인간이 힘들게 노력하고 탐욕과 야망을 품고, 부를 추구하고, 권력과 명성을 얻으려는 목적은 무엇인가? 생활 필수품을 얻으려는 것인가? 그거라면 노동자의 최저임금으로도 얻을 수 있다. 그렇다면 인간 삶의 위대한 목적이라고 하는 이른바 삶 조건의 개선에서 얻는 것은 무엇인가? 다른 사람들이 주목하고, 관심을 쏟고, 아는 척해주는 것. 그것이 우리가 거기서 얻을 수 있는 모든 것이라 할 수 있다."

아담 스미스가 이미 알고 있었던 진실은, 고도 정보 사회인 오늘날에 와서 더욱 밀도 높은 진실이 됐다. 노벨경제학상 수상자 허버트 사이먼은 퍼스널 컴퓨터가 보급되기 훨씬 전인 1971년에 이미 이런 상황을 예견했다. 그는 "정보가 풍족한 세계information-rich world에서 가장 희소한 자원은 바로 주목attention"임을 간명하게 밝히면서 정보가 넘쳐날수록 타인의 주목을 쟁취하는 행위가 최우선이 될 것이라 단언했다.

사이먼이 옳았다. 지금 우리는 매일매일 관심과 주목을 받기 위해 치열하게 분투한다. 우리는 인스타그램에 부지런히 사진을 찍어 올리거나 브이로그에 하루도 빠짐없이 일상을 기록하기도 하고, 남들이 올린 이미지와 텍스트에 '좋아요'를 누르거나 욕설과 조롱 댓글을 다는 데 엄청난 시간을 쏟는다. 과거에 타인의 관심을 얻는 거의 유일한 방법은 높은 사회적 지위를 획득하는 것이었다. 하지만 지금은 그 경로가 제법 다양해졌다. 소셜 미디어 같은 매체의 발전은 옛날에는 극소수 부자나 예술가만 받을 수 있던 주목을, 이제는 노력 여부에 따라 보통 사람도 획득할 수 있게 만들었다. 주목 경쟁은 허

세나 허영이기는커녕 그야말로 '가성비 갑'의 합리적 선택이
된 것이다.

이제 주목 경쟁을 넘어 주목이 노동이 되는, 즉 주목 노동
attention labor의 시대가 됐다. 그런 짓들이 무슨 노동씩이나 되냐
고 할 사람이 있겠지만, 실제로 구글, 유튜브 같은 플랫폼은
우리의 그런 행위 하나하나를 수집하고 분류해서 어마어마
한 부를 추출하고 있다. 기업은 돈을 벌고 개인은 관심을 버
니 누이도 좋고 매부도 좋은 거 아닐까. 이런 게 바로 '관종
(관심 종자)'이 승리하는 관종 경제일 게다.

물론 세상일이 다 그렇듯 알고 보면 아름답지만은 않다. 주
목 노동과 관종 경제에도 일종의 네트워크 효과 같은 게 있을
수 있다. 달리 말하면 '주목의 승자독식' 현상이다. 이미 매력
자본을 많이 가진 개인은 과거 같으면 주변 사람 몇몇에게서
받을 수 있었던 관심을 지금은 훨씬 넓은 영역에서 빨아들일
수 있게 됐다. 반면 그렇지 못한 사람들은 그만큼 손해를 볼
수밖에 없다. 다른 대다수 자원처럼 주목이라는 자원 역시 무
한하지 않기 때문이다.

이보다 심각한 문제는 사회 전체의 인지 자원이 주목도 기
준으로 편중되면서 다양한 사회적·윤리적 가치가 상대적으
로 약화되기 쉽다는 점이다. 진위 여부나 긍정적 평판보다 선
정성이 지나치게 우위를 점하는 상황은 그 자체로 민주주의
의 토대를 흔들 수 있다. 또한 많은 사람이 참여한 주목 노동
의 과실을 소수 플랫폼 기업이 독식하는 것 역시 큰 문제다.

우리는 예전에도 '관종'이었지만 오늘날 점점 더 '관종'이 되어가고 있다. 이제 관심은 존재의 이유가 됐다. 그러나 더 좋은 사회는 존재가 관심의 이유가 되는 사회다.

'표현 대중'의 민낯

지난 10여 년간 한국 사회를 들썩이게 만든 여러 사건의 공통점을 하나만 꼽으라고 한다면 '표현 대중expressive crowd의 출현'이라 할 수 있다. 표현 대중은 대중매체의 정보를 수동적으로 소비하는 대중이 아니라 정보를 가공해서 확산하거나 아예 스스로 뉴스와 정보를 생산하는 대중을 가리킨다. 이 말을 떠올리게 된 건 일본의 IT 비평가 우메다 모치오의 '총 표현 사회'라는 말을 처음 들었을 때였다.

총 표현 사회는 매체 환경이 일방통행에서 커뮤니케이션 지향으로 변하면서 정보의 수신자가 동시에 발신자가 되는 사회다. 우메다는 "인터넷을 하는 불특정 다수는 어리석은 대중"이라는 비난을 강하게 반박하면서 '엘리트 대 대중'이라는 복층 구조가 아닌 3층 구조로 총 표현 사회를 봐야 한다고 주장한다. 그는 총인구 1억 명일 때 엘리트가 1만 명이라 친다면 블로그 등을 통해 표현 사회에 데뷔한 인구는 5백만~2천만 명이라고 어림잡는다. 이들은 우중愚衆이키는커녕 10명 당 1명 또는 20명 당 1명꼴로 존재하는 영민하고 창조적인 집단이라는 것이다.

그러나 총 표현 사회의 실제 모습은 이른바 '뉴 미디어 전도사'들이 포장하는 것처럼 아름답고 스마트하지만은 않다. 지금 이 순간에도 수많은 표현 대중이 각자의 이야기를 각종 사이트와 블로그, 트위터, 페이스북에 쏟아내고 있다. 그런 이야기 대부분이 실은 별 의미 없는 잡담, 와전된 소문, 날조된 미담이다. 사람들은 술에 취한 채 트위터에 욕을 남기거나 대면해선 결코 하지 않았을 민망하고 내밀한 이야기를 인터넷에 늘어놓는다. 감정을 과장하거나 극단적 방식으로 표현하기도 한다. 거의 연극성 인격 장애로 의심되는 이런 자기노출은 표현 대중의 '보편 증상'이라 할 수 있을 정도로 흔하게 목격된다. 이른바 사회 지도층, 유명인, 비유명인 모두가 평등하고 투명하게 망가진다.

총 표현 사회가 되면서 관심과 주목을 받기 위해, '튀기 위해' 무엇을 어떻게 할 것인가가 더 중요해졌다. 사회학자 찰스 더버는 『주목의 추구The Pursuit of Attention』에서 소비 자본주의와 정보 사회가 개인들로 하여금 주목에 대한 강한 욕망을 갖게 했으며, 그 결과 사람들은 오직 자기 자신에 대해서만 말하고 싶어 하게 됐다고 설명한다. "매체 환경이 일방통행에서 커뮤니케이션 지향으로 변화했다."고 말하면 언뜻 바람직하게 들리지만, 개인의 입장에서 보자면 소통의 기준과 우선순위를 정하기 어려운 혼란일 수 있다. 게다가 '소통과 숙의'라는 건 원래 '과시와 경쟁'에 비하면 지루하고 답답한 일이다. 총 표현 사회의 실제 모습은, 최소한 한국을 보자면 '자기전시의 동물원'에 훨씬 가까워 보인다.

  결국 '인터넷의 대중은 우중'이란 소리 아니냐고? 그렇지 않다. 문제는 '대중은 옳다/그르다'라는 관념 자체다. 진리를 체현하는(혹은 체현 불가능한) 주체에 대한 이런 환상은 매우 뿌리 깊은데 현실의 모순을 해결해줄 타자의 도래를 기다린다는 점에서 그것은 일종의 메시아주의이며 미륵 사상이다. 민주주의가 애초부터 대중에 대한 신뢰를 토대로 한 것이라 오해하는 사람이 많지만, 아테네의 민주정은 시민의 능력에 대한 신뢰와 권력을 탐하는 본성에 대한 불신에 공히 기반하며 바로 그러므로 그들은 제비뽑기라는 우연성을 도입해 국가의 관리직을 뽑았다. 2002년부터 시작된 촛불 시위도, 민주주의를 통째 부정하는 일베도 모두 한국의 표현 대중이 지닌 모습인 것이다. 좋은 면이든 나쁜 면이든, 표현 대중의 민낯을 있는 그대로 이해할 때 비로소 진영 논리와 관념적 당위를 벗어난 진짜 소통도 가능하지 않을까.

주목 경쟁의 시대

백과전서파의 대표적 문필가였던 디드로가 활약한 시기는 18세기다. 당시는 파리와 런던에서 카페가 융성하던 때로, 지식인들은 파리의 카페 '르 프로코프le procope'와 '카페 드 라 레장스café de la régence' 같은 곳에서 혁명과 정치와 예술에 대해 열정적으로 대화했다. 금전적 대가도 없는 일에 그토록 많은 사람이 자신의 시간과 노력을 송두리째 바치는 것을 본 디드로는 이런 말을 남긴다. "카페는 신뢰를 얻는 게 보상인 극장이다."

그럼 웹과 모바일을 통해 수다를 떠는 21세기 한국은 무엇이 보상인 극장일까? 그것은 '주목'과 '관심'이 아닐까 한다. 사회를 더 낫게 바꾸려는 토론보다는 주목과 관심을 받기 위한 주목 경쟁attention struggle이 훨씬 치열해 보인다. 물론 타인의 관심을 요청하는 건 나쁜 일도 희귀한 일도 아니다. 우리는 종종 "여러분 주목해 주세요!"라고 말한다. 일단 사람들의 이목을 획득한 다음 비로소 본론에 들어간다. 즉 주목 추구는 일반적으로 어떤 목적을 위한 수단이다. 이 당연한 사실을 재확인하기 위해 굳이 주목 경쟁 개념을 발명할 까닭은 없다.

문제는 과거의 주목 추구 양상과 지금의 그것이 현저히 달라졌다는 데 있다.

오늘날 주목을 추구하는 행위, 특히 웹에서 타인의 관심을 끄는 행위는 상당수가 그 자체로 목적이다. 심지어 주목받는다는 사실이 일종의 물신fetish이 되는 경향마저 관찰된다. 자신의 일상을 불특정 다수에게 전시하거나 선정적 언동 또는 일탈적 행동을 보이면서 타인의 시선에 점차 중독되어가는 사람들이 크게 늘어났다. 동시에 그런 사람들을 "관심 병자"나 "관심 종자"라 부르며 경멸하는 사람도 많아졌다.

몇몇 경영학자와 사회학자는 정보화 사회의 주목 경제attention economy를 연구해왔다. 주목받는 것이 기업의 생존이나 수익 창출, 나아가서 사회생활 전반에서 핵심적인 변수가 됐다는 것이 이들의 주장이다. 본래 주목 경제는 노벨 경제학상을 수상한 인지심리학자 허버트 사이먼이 1970년대에 발표한 '정보 풍요' 착상에서 영감을 받은 개념이었다. 그는 이렇게 말한다. "정보를 소비한다는 것은 너무나 분명하게도 수용자의 관심을 소비하는 것이다. 정보가 넘쳐날수록 관심은 부족해진다." 요컨대 정보 과잉 사회로 갈수록 주목이라는 판돈stakes을 차지하기 위한 경쟁은 격화될 수밖에 없다.

주목 경쟁이란 말에서 헤겔의 '인정 투쟁'을 떠올릴 수도 있겠다. 인정 투쟁은 주체로 인정받으려는 욕구를 충족하려는 투쟁이자 상호 인정 상태에 이르기 위한 투쟁이다. 그러나 인정 투쟁과 주목 경쟁은 다르며, 주목 경쟁을 인정 투쟁의 변종 혹은 사회적 인정의 예비 단계로 규정할 수도 없다. 획득한 관심이 경멸이나 혐오가 아니라 인정과 호감이면 좋겠지만 그건 부차적이다. 중요한 건 내가 가져올 수 있는 '트래픽'이 어느 정도냐다. 인정 투쟁이 질적 경쟁이라면, 주목 경쟁은 양적 경쟁이라 할 수 있다.

주목 경쟁은 일베를 표층에서 부추긴 동기이기도 했다. 우파가 아닌 좌파를 공격하는 것은 좌파가 실제로 더 부정의하고 비도덕해서가 아니었다. 단지 그쪽이 더 많은 관심, 더 많은 효능감을 가져다주기 때문이다. 일베는 이념을 위해 주목을 추구하는 게 아니라 주목을 위해 이념을 추구한다. 그들은 이념 갈등이 빚은 정치범이 아니라 주목 경쟁이 낳은 쾌락범이다. 정치의 과잉으로 보이는 우리 시대가 실은 한없이 '반정치'에 가까운 이유도 여기서 멀지 않다.

소비자-피해자 정체성이 지배하는 세계

재화의 생산보다 소비의 생산이 더 중요해지고 있다.[1]

두 개의 함정

프랑스 철학자 알랭 바디우는 우리가 더 '세계없음worldless'으로 경험되는 사회적 공간에 살고 있다고 주장해왔다. 이러한 공간에서 저항이 취할 수 있는 유일한 형식은 의미 없는 폭력뿐이다. 하물며 나치의 반유대주의도 아무리 끔찍할지언정 하나의 세계를 열었다. 유대인 음모론으로 적을 설정함으로써 상황을 규정하고, 그에 따른 목표와 달성 방법을 지정했다. 나치즘은 그 주체들이 전 세계적인 인식적 지도를 획득하고, 그 안에서 스스로 개입할 의미 있는 공간을 찾을 수 있도록 현실을 제시했던 것이다.[2]

슬라보예 지젝이 알랭 바디우의 '세계없음' 개념을 빌어 말하고자 하는 것은 오늘날의 자본주의 세계가 인간에게 의미를 제시하는 측면에서 나치즘보다 더 무능하다는 사실이다.

1) John Lukacs, 『At the End of an Age』, Yale University Press, 2002, p19.
2) 슬라보예 지젝, 주성우 역, 『멈춰라 생각하라』, 2012, 와이즈베리, 109쪽.

지젝은 자본주의가 세계를 포괄하는 것처럼 보이지만, 그것은 사실 "의미를 탈전체화de-totlaize한 최초의 사회 경제적 질서"이므로 "의미의 차원에서는 전혀 세계적이지 않다."고 말한다. 물론 여기서 나치즘은 '세계없음'의 대안이 아니다. 늘 그러하듯 지젝이 겨누는 타격 대상은 자유주의자-다양성과 차이를 옹호하고 민주주의를 물신화하는 데 몰입해 어떤 실질적 변화도 만들어내지 못하는 이들이다. '하물며 나치즘조차' 인민에게 인식적 지도cognitive map를 제공한다는 면에서는 이들보다 나았음을 말하면서 지젝은 오늘날 횡행하는 자본주의 비판과 민주주의에 대한 요구가 얼마나 공허한지 강조하고 있는 것이다. 김민하는 한국 사회를 열등감과 냉소라는 키워드로 풀어낸 저서에서 "소비가 저항을 대체하는 시대는 모든 문제의 정치적 맥락을 제거해 대안 모색을 불가능하게 만든다."고 말했다.[3] 소비 행위가 단지 개인의 욕구를 충족하는 차원을 넘어서 정치적 실천이라는 별개의 영역을 식민화하고 무력화하고 있음을 지적하고 있다는 점에서 김민하의 지적은 지젝의 인식과 공명하고 있다.

이 글의 목적은 세계없음 개념에 대한 철학적 고찰이 아니다. 그보다 필자는 여기서 한국 사회의 소비자-피해자 정체성이 무엇이고 그것이 정치적 주체화를 어떻게 방해하는지를 스케치하고자 한다. 우선 우리는 소비자 사회라는 익숙한 주제를 다룰 때 빠지기 쉬운 함정들에서부터 논의를 시작해야 한다.

3) 김민하, 『냉소사회』, 현암사, 2016, 295쪽.

지그문트 바우만이 '소비자 사회'를 언급할 때[4], 그 말은 단지 어떤 재화를 소비하는 사람들이 존재함을 가리키는 것이 아니었다. 그에 따르면 소비자 사회는 그 이전에 존재했던 '생산자 사회'에 대비되는 개념으로서 의미를 지닌다. 생산자 사회는 그 구성원을 일차적으로 생산자로 만드는 사회다. 반면 후기 근대, 2차 근대, 포스트모던 단계에서 사회는 그 구성원들을 일차적으로 소비자로 만들어낸다. 물론 바우만이 바로 이어서 말하는 것처럼 소비자 사회는 생산자가 없고 소비자만 존재하는 사회가 아니다. "두 사회 모두는 소비를 한다. 차이가 있다면 무엇을 강조하느냐다. 하지만 그 강조점의 변화가 사실상 사회의 모든 면과 문화, 그리고 개인의 삶에서 어마어마한 차이를 가져온다."

소비는 사치, 낭비, 무절제, 쾌락 등과 같은 '악덕'과 결부돼 오랫동안 죄악시됐다. 동전의 뒷면에는 노동과 생산에 대한 신성시가 새겨져 있다. 오늘날 생산자 사회에서 소비자 사회로의 "강조점 변화"는 바우만의 지적처럼 개인의 삶에서 어마어마한 차이를 가져온 것이 사실이다. 하지만 또 하나 중요한 사실이 동시에 인지돼야 한다. 생산자 사회와 소비자 사회 양자 모두 강력한 물질주의materialism의 표현 양태-들이라는 점이다. 이러한 인지가 중요한 이유는 소비자 사회 '비판'이 많은 경우 생산의 중요성을 다시 강조하는 형태로, 요컨대 소비의 불모성不毛性에 대한 도덕적 비난이라는 형태로 회귀해버리기 때문이다.

4) 지그문트 바우만, 이수영 역, 『새로운 빈곤』, 천지인, 2010, 46~48쪽.

또한 우리는 장 보드리야르처럼 소비의 문제를 사용 가치가 아닌 교환 가치-기호 차원으로 환원하는 시도[5]에도 비판적 거리를 둬야 한다. 그에 따르면 '소비 사회'에서 소비란 욕구의 충족이 아니라 기호에 내재한 요구의 끝없는 실행이다. 소비의 목적은 타자와의 차이를 드러내는 것이며 무소비無消費와 반소비反消費라는 행동은 저항이 아니라 가장 높은 수준의 소비 행위가 된다.

보드리야르의 소비사회이론은 소비가 끝없이 재생산되는 메커니즘을 탁월하게 설명하고 있다. 그러나 생산자 사회에서 소비자 사회로의 이행 등의 역사적 변화를 설명하는 데 있어 결정적 한계를 노출한다. 보드리야르는 시뮬라시옹이 재현을 대신하게 되는 현대 세계의 현상을 설명하기 위해 르네상스에서 산업혁명 이전을 '모방'의 시대, 산업혁명 이후 시대를 '생산'의 시대, 현대를 '시뮬라시옹'의 시대로 구분한다. 그런데 보드리야르의 『기호의 정치경제학』에 따르면 시뮬라시옹은 실재와 아무런 관련이 없는 것이다. 그럼에도 시뮬라시옹에 이르는 역사적 변천은 실재, 물적 토대를 이미 전제하지 않으면 논리적으로 존재할 수 없다. 즉 보드리야르는 역사적 경로를 규정할 때에는 실재(물적 토대의 반영)를 전제하면서, 그에 근거해 시뮬라시옹 개념을 정의할 때가 되자 실재를 자의적으로 거세해버리고 있는 것이다.

소비자 사회의 문제를 비판하는 과정에서 우리는 두 개 함정에 빠지지 않도록 주의해야 한다. 우선 그 비판은 소비를

5) 장 보드리야르, 이상률 역, 『소비의 사회』, 문예출판사, 1992; 장 보드리야르, 이규현 역, 『기호의 정치경제학 비판』, 문학과 지성사, 1992.

비생산적 악덕으로 비난함으로써 생산력주의에 대한 경도 혹은 생산자 사회에 대한 향수로 귀결하는 일이어선 안 된다. 또 한편으로 그 비판은, 소비자 사회를 어떤 저항도 무화해 그 자신 속으로 포섭하는 권능적 체제이자 출구 없는 기호의 그물망으로 평가하는 허무주의에 빠져서도 곤란하다.

소비자-피해자라는 '디폴트 아이덴티티'

 '소비자-피해자 정체성consumer-victim identity'은 '세계없음'의 표현 양상이다. '소비자-피해자 정체성'은 '소비자이거나 피해자인 정체성' 혹은 '소비자이면서 피해자인 정체성'을 의미한다. 물론 현대 사회에서 누구나 피해자가 되고 소비자가 될 수 있다. 하지만 '소비자-피해자 정체성'이라는 개념을 특정하는 이유는 일시적·상황적으로 부여된 소비자라는 정체성과 피해자라는 정체성을 문제 삼기 위해서가 아니다. 우리가 특별히 '소비자-피해자 정체성'이라는 개념을 사용하는 맥락은 그 정체성이 다른 공적 정체성, 이를테면 '시민市民'이나 '공민公民'보다 선행하거나 우위에 있는 상황이다. 달리 말해 소비자-피해자 정체성이 다수 사회 구성원 정체성의 초기값, 즉 '디폴트 아이덴티티default identity'로 작동할 때, 우리는 그 사회를 '소비자-피해자 사회'라고 부를 수 있다. 최근 서울의 '명문 사립대'에서 일어난 사건이 적절한 예다.

개강 첫날이었던 지난달 2일 서울의 한 명문 사립대 강의실. 휠체어를 탄 장애인 학생 A(여·20)씨가 강의실의 '높은 문턱'에 고개를 떨궜다. 입구에 계단이 있어 A씨 혼자서는 강의실로 들어갈 수 없었기 때문이다. 수강생 두 명에게 휠체어를 들어 올려달라고 부탁해 간신히 강의실로 들어갔지만 상황은 더 난감했다. 강의실 좌석이 계단식으로 배치돼 있었기 때문이다. A씨는 교수가 서 있는 강단 한 귀퉁이에 자리를 잡고 수업을 들었다.

이 대학은 '장애인 접근이 어려운 강의실 리스트'를 만들어 배포하고 있다. A씨는 이 리스트를 보고 수강 신청을 했다. 그런데 이 강의실이 리스트에 빠져 있었던 것이다. A씨가 학교 장애학생지원센터에 강의실 변경을 요청하자 학교 측은 실수를 인정하고 이곳에서 350m 떨어진 다른 강의실을 배정하려 했다. 하지만 이 계획은 일부 수강생이 "동선動線을 고려해 수업 시간표를 짰는데 강의실 거리가 멀어지면 곤란하다."고 반대해 무산됐다. 대신 담당 교수가 "장애 학생이 이동 시간 때문에 수업 앞뒤로 빼먹는 부분에 대해 따로 보충 수업해주겠다."는 절충안을 내놓았다.

그러나 며칠 뒤 A씨는 학교 온라인 커뮤니티에서 '비양심 민폐 장애인'이라는 오명汚名을 뒤집어썼다. '장애 학생 하나가 미리 알아보지도 않고 수강 신청해놓고 강의실 변경 요구했다가 무산됐다. 걔만 따로 일대일 수업 받는다는데 이거 어디다 항의하냐'는 글과 함께 '특혜' 논란이 벌어진 것이다. '교수님의 한마디 한마디가 중요한데 1:1로 보충수업을 해주는 것은 불공평하다', '양심이 있으면 장애 학생이 수업을 포기해야지'라는 글도 올라왔다.

이번 사태를 두고 학내에선 의견이 갈렸다. 재학생 최모(21) 씨는 "장애인을 배려하지 않는 일부 학생의 편협한 시각에 놀랐다."고 말했다. 그러나 본지가 4일 이 대학 재학생 20명에게 물어보니 60%가 '보충수업은 특혜'라고 답했다. 재학생 박모(21) 씨는 "학점을 상대 평가로 주는데 일대일로 개별 수업을 하다 보면 중요한 부분만 이야기해줄 것 아니겠느냐"고 했다. '강의실 변경을 해줘선 안 된다'는 답변도 40%였다.(하략)[6]

이 기사를 두고 많은 기성세대가 이렇게 평했다. "요즘 대학생들 왜 이렇게 이기적인가?", "청년들 배려심이 너무 없다." 그러나 계단 강의실을 고집한 학생들에게 저 문제는 배려의 문제가 결코 아니었을 것이다. 그들은 열심히 공부해서 높은 수능점수를 받고 명문대에 와서, 거기에 엄청난 등록금까지 내는 소비자인 자신들이야말로 이 사태의 진정한 피해자라고 확신하고 있을 가능성이 높다. 그들에게 저것은 정의justice와 공정함fairness의 문제다.

요즘 대학생들만 그런 것은 아니다. 소비자-피해자 정체성은 동시대적이며 전사회적이다. "제발 장애인학교를 짓게 해달라"며 무릎 꿇고 빈 학부모들을 외면한 지역 주민들의 논리 역시 계단 강의실을 고집한 청년들과 본질적으로 다르지 않았다.[7] 당시 언론 보도에서 장애인 부모들이 무릎을 꿇었다는

6) 김민정, 「휠체어 학생에… 계단강의실 고집한 대학생들」, 『조선일보』, 2017. 4.5.
7) 신지수, 「무릎 꿇은 장애인 학생 엄마들 "우리 아이는 혐오 시설이 아니다"」, 〈오마이뉴스〉, 2017.9.5.

사실이 주로 부각됐지만, 현장에서 학교 설립 반대 주민들도 "왜 우리 지역이 피해를 입어야 되냐"며 무릎을 꿇었다. 한국은 부동산이라는 불로소득으로 터무니없는 부를 쌓아올리는 게 오랫동안 용인된 사회였다. 그런 사회의 평균적 구성원에게, 한방병원 대신 들어온다는 장애인학교는 '억울한 피해'로 받아들여질 가능성이 높다. "배려", "관용" 같은 모호하고 말캉거리는 단어는 "왜 우리만 '호갱님'이 되어야 하느냐?"고 묻는 냉철하고 절박한 소비자-피해자들에게 위선으로 들리기 쉽다. 소비자-피해자 정체성 자체에 근본적 의문을 제기하지 않은 채 도덕적 설교만 하는 것은 결과적으로 구성원 개개인의 냉소만 강화할 뿐이다.

순수한 피해자, 불순한 외부 세력

소비자-피해자 정체성에서 '소비자'에 방점이 찍힐 때에는 이른바 "등가 교환적 정의Äquivalententausch innewohnende Gerechtigkeit"[8]가 핵심 원리로 작동한다. 위르겐 하버마스에 따르면 등가 교환적 정의는 시장제도에 근거하며, 이러한 정의가 관철되는 사회에서는 소유권 중심의 질서가 자연법처럼 정당화된다. 등가 교환적 정의가 소비자주의로 발현된다면, 아마도 이런 명제가 될 것이다. "나는 구매했다. 고로 내 마음대로 할 수 있다."

한국에서 이 명제는 소비자의 정당한 권리 행사를 넘어서

8) 위르겐 하버마스, 임재진 역, 『후기 자본주의 정당성 문제』, 종로서적, 1983, 28쪽.

'갑질'할 권리로 오도되곤 했다. 한국의 아르바이트 노동자가 "아메리카노 한 잔 나오셨습니다."라고 사물에 존칭을 붙일 수밖에 없는 이유는, 그렇게 하지 않으면 "손님 무시한다."며 '진상'을 부리는 소비자가 너무 많아서다. 그런데 아메리카노에 높임말을 썼다고 소비자의 '갑질'이 사라지는 것도 아니다. 아메리카노에 존칭을 붙이면 붙이는 대로, "한국어도 제대로 모르면서 커피를 파는 거냐"고 일장 훈계를 늘어놓는 소비자가 나타난다.

한편 소비자-피해자 정체성에서 '피해자'에 방점이 찍힐 때에는 '순수성'이 핵심 원리로 작동한다. 성폭력·성추행, 그리고 권력 기관의 개인 권리 침해 등 젠더 및 인권 이슈에서 이러한 경향이 두드러지게 나타난다. 절대 다수가 여성인 성폭력 피해자들은 폭로 이후 '평소 행실과 처신'이 입방아에 오르고, 만약 '평소 자유분방했다' 또는 '남자 관계가 복잡했다' 등의 이야기가 나오면 곧장 '꽃뱀'으로 의심받았다. 정숙하고 조신하며 순종적 여성이어야 완벽한 성폭력 피해자가 될 수 있었다. 사태에서 해명돼야 할 최우선 과제는 피해자 여성의 순결함과 순수성이 증명되는 것이다. 가해자로 지목된 남성을 비난하는 것은 그 다음이다.

세월호 유가족들의 집회에서, 성주 주민들의 사드 반대 집회에서, 2016년 박근혜 탄핵 촛불 집회에서, 이화여대의 '미래라이프대학' 철회 시위에서 공통적으로 나타난 현상도 이것이다. '순수한 피해자' 대 '불순한 외부 세력'이라는 프레임

속으로 모든 게 빨려 들어갔다. 가장 첨예한 전선은 사안 자체의 정당성을 다투며 형성된 게 아니라 투쟁 참여자의 '순수성'을 놓고 그어졌다. 2016년 이대 시위를 주도한 학생들은 타 대학의 연대투쟁 제의는 물론, 이대 내부의 운동권들도 철저히 차단했다. 그리고 결국 이겼다. "지도부 없는 '느린 민주주의'의 승리"라는 찬사가 쏟아졌다.

이대 투쟁은 예외적인 게 아니라 전형적인 것이며, 오랜 세월에 걸쳐 한국 역사에 축적된 '순수한 피해자' 강박의 가장 최근 사례라 할 수 있다. 피지배 집단 내부의 저항자들을 색출하기 위한 지배 집단의 시도는 수천 년 전부터 존재했으나 '순수'와 '불순' 같은 위생 감각을 결부해 공론장에서 호명하기 시작한 건 근대 이후부터다. 과거 군부 독재 시절에는 "불순 세력", "불온 세력", "좌경 용공 세력" 같은 말이 애용됐다. 단어 자체는 조금씩 다르지만 기능은 동일했다. 저항의 확산을 막고 분열하는 것이다. 설령 저항자들이 자신의 순수성을 증명해 국지전에서 이겨도 다른 세력과의 연계가 차단됨으로써 얻는 이익이 비할 바 없이 크기 때문에 순수와 불순 프레임은 지배 집단에게 필승의 전략이었다.

일제 강점기에 '불순한 외부 세력'의 원형과도 같은 말이 처음 나타났다. 바로 '불령선인'이다. 불령선인은 '일본에 저항하거나 범죄를 저지르는 불온한 조선인', 온건하고 선량한 조선인을 부추겨 소요와 폭동을 일으키는 자들을 가리키는 말이었다. 불령선인이 전부 독립 운동가는 아니었겠으나 독립 운동가들은 모두 불령선인이라 할 수 있었다. 불령선인이란 어휘가 신문에 등장한 것은 3.1 운동 직후인 1919년 4월 25일 『오사카마이니치』 신문이다. "불령선인이 오사카에 잠입해 조선인 노동자를 선동하고 있다는 증거가 나왔다."는 내용이었다. 이때부터 불령선인은 신문지상에 본격적으로 오르내리기 시작해 1920년대에는 누구나 쓰는 관용 표현이 된다. 1922년엔 좌익 활동가이자 소설가였던 나카니시 이노스케가 잡지 『카이조오改造』에 「불령선인」이라는 소설을 발표했다. 바로 다음해인 1923년 관동대지진이 일어난다. '재난을 틈타 불령선인이 약탈과 방화를 저지르고 다닌다.'는 유언비어가 돌며 많은 조선인이 일본인 자경단에 의해 잔혹하게 학살당했다. 오늘날 일본에서 불령선인은 차별어로 알려져 있지만 완전히 사라진 단어는 아니다. 재특회 등 극우 단체들은 거리시위에서 여전히 재일조선인을 불령선인이라 부르고 있다.

이대 투쟁의 예는 소비자-피해자 정체성이 왜 한국인의 디폴트 아이덴티티가 됐는지에 관해 중요한 실마리를 제공한다. 메시지'의 정당성을 다퉈 문제가 해결된 경우가 절망적으로 드물었다는 경험들이 차곡차곡 쌓여서 한국인들은 '메시지'보다 '메신저'의 순수성을 앞세우는 게 가장 효율적이라는 사실을 체화하게 된 것이다. 국가와 거대 권력에 맞선 저항에서 저항자는 "순수한 학생", "순수한 주민", "순수한 일반 시민"이어야 한다. 정치의 냄새, '꾐(운동권)'의 얼룩이 조금도 묻어선 안 됐다. 위안부는 꽃다운 소녀여야 하고, 노동자는 고액 연봉자여선 안 되며, 농민은 순진무구해야 한다. 이 강박적 자기검열의 바탕에는 권력의 낙인에 대한 공포, 정치인과 운동권, 나아가 동료 시민에 대한 불신이 놓여 있다.

수직적 직접 접속 사회

소비자-피해자 정체성이 세계없음의 한 양상이라는 주장의 요체는 무엇일까? 그것은 소비자-피해자 정체성이 어떤 적대도 불가능하게 만든다는 점이다. 소비자는 약관과 계약에 의해서 보호받으며, 피해자는 순수성의 강박적 증명에 의해서 보호받는다. 여기에 정치적 각성과 집단적 저항의 자리는 존재하지 않다. 소비자의 집단 소송은 원자적 개인들이 모여 법률 대리인을 통해 법익을 보호받으려는 활동이므로 집단적 주체화와 무관하다. 피해자 편에 서서 피해자의 순수성만을 강조하는 것은, 피해자를 가해자에 대한 단죄 수단으로 동원하는 타자화·대상화다. 우리가 소비자와 피해자에 머무는 한, 영원히 정치적 주체일 수 없다. 그 정의상 '보호돼야 하는 대상'이기 때문이다.

소비자-피해자 정체성은 발전한 산업 사회, 즉 소비자 사회에서 보편적으로 관찰되지만 그것이 '디폴트 아이덴티티'로서 유독 강하게 나타나는 것은 다분히 한국적 현상이다. 이 '한국적 세계없음'은 역사적으로 형성된 특유의 사회 조건에 기인하는 것처럼 보인다. 이를 찰스 테일러의 개념을 원용해 '수직적 직접 접속 사회'라는 말로 표현해볼 수도 있겠다. 테일러는 근대 사회가 전근대 사회와 구별되는 특징으로 매개 없이 전체에 수평적으로 닿아 있다는 사실을 든다. 즉 근대 서구 사회는 '수평적 직접 접속 사회'라는 것이다.

(전략) 초기의 위계적 사회들에는 권력-복속 관계를 인격화하는 경향이 있었다. 근대 수평 사회의 원칙은 근본적으로 다르다. 우리 각자는 중심으로부터 같은 거리에 있다. 그리고 우리는 전체에 [매개 없이] 직접 닿아 있다. 바로 이 때문에 우리는 직접 접속 사회라고 이름 붙일 수 있는 것이다. 우리는 인격화된 연계들의 위계적 질서로부터 비인격적 평등주의적 질서로, 매개된 접속의 수직적 세계로부터 수평적 직접 접속 사회로 이행해왔다.

어렵지 않게 짐작 가능하다. 테일러가 여기서 말하는 '수평성', '직접 접속'은 근대적 개인과 시민권 개념의 탄생에 맞닿아 있다. 근대 시민은 왕이라는 인격체, 성직자라는 대리인을 매개하지 않고 국가와 직접적인 관계를 맺는다. 이렇듯 수평적 직접 접속 사회는 권력 및 자원의 접근성과 커뮤니케이션의 양상을 동시에 표현하는 개념이다. 그러나 개인과 시민 개념이 서구 사회에서 수입됐을 뿐 아니라 그 형성 기간도 매우 짧았으며, 오랫동안 구성원을 시민이나 공민 대신 국민으로 호명해온 한국의 시민성citizenship이, 서구 사회의 그것과 동질적이라고 가정하는 것은 지나친 비약이다. 적어도 '수평성'이라는 면에서 한국은 서구 사회와 상당히 이질적일 수밖에 없다. 근대화 속도의 차이는 근대의 형태 차이 또한 수반했다.

시민 각자간의 평등이 투쟁과 혁명의 산물로 쟁취된 것이 아니라 위에서부터 주어진 당위로 외삽되었기 때문에 한국 사회의 개인들은 '평등'을 강하게 요구하면서도 실제로 그것을 '믿지'는 않았다. 중세 시대부터 존재했던 능력주의적 인재선발제도인 과거제도가 행정고시와 사법시험으로 현대 한국 사회까지 이어졌고, 개화기와 식민지 지배를 겪으면서 사회진화론과 입신출세주의 등 강자생존/우승열패 논리가 한국인이 공유하는 주된 사회적 상상으로 자리 잡았다. 해방 이후로도 아주 오랫동안 좌익 정치 운동은 철저히 탄압받았고 노동조합 등의 매개 조직을 통한 집단적 지위 상승 경로 역시 사실상 차단됐던 탓에 국민은 학력의 획득, 고시합격 등의 개인적 지위 상승 경로에 더욱 집착하게 됐다. 한국형 평등주의가 구성원 전체의 불평등을 문제 삼는 게 아니라 부자와 나 사이의 불평등만을 문제 삼는 형태인 것도 바로 그런 사회적 조건과 관련이 있다.

거의 천 년이 넘는 역사를 거치며 능력주의는 불평등을 정당화할 수 있는 금과옥조로 고착됐다. 능력을 재는 잣대는 대부분 시험이었다. 학력·학벌주의는 사실상 시험 성적에 따른 능력주의인데도 학벌주의와 능력주의를 대립 개념으로 보고 학벌주의를 일방적으로 비난하면서 능력주의는 무비판적으로 긍정하는 모순이 일상적으로 벌어졌다. 많은 사람이 능력주의를 추구하면 지위 세습이 완화되고 '개천의 용'이 많아질 거라 착각했다. 그러나 능력주의를 추구할수록 사회는 더욱 불평등해졌다. '능력'이 어떻게 정의되는지를 생각해보면 이는 당연한 귀결이다. 피에르 부르디외가 이미 탁월하게 보여준 것처럼 "능력이나 재능 자체가 시간과 문화자본이 투여된 산물"이며, 부자들은 화폐만이 아니라 능력까지도 상속한다. 그들은 때때로 어떤 사회의 능력과 성취가 무엇인지에 관한 기준과 정의마저도 그들 마음대로 바꾸곤 한다.

다시 대의가 필요하다

형식 민주주의가 완결된 지 30년이 넘은 사회인데도 개인들의 수평적 연대는 더욱 어려워지고 있다. 이는 여전히 많은 사람이 '개천용'이 나오는 사회를 평등한 사회라고 여기는 세태와 무관하지 않다. 한국이 '수직적 직접 접속 사회'라는 말은 이를테면, 그 사회 구성원들이 서열·우열에 극도로 집착하면서 단숨에 지위의 수직 상승을 노린다는 뜻이다. 그레고리 헨더슨의 '소용돌이vortex 사회'는 "개개인이 뿔뿔이 분산된 채 권력을 향해 위로 돌진하는" 한국 사회를 절묘한 형상화한 개념이었다. 그러나 소용돌이 사회, 개천용 사회는 심각한 불평등을 극소수 성공 사례로 미화하는 사회이지 평등한 사회가결코 아니다. 소비자-피해자 정체성은 그런 불평등 사회에서 평등주의적 욕망이 왜곡돼 나타난 현상이다.

한국 사회의 '세계없음'은 결국 공론의 불가능성을 재확인 시킨다. 소비자이거나 피해자가 아니면 자신의 '옳음'과 '억울함'을 효과적으로 전할 수 없다는 것. 같은 돈을 지급했음을 증명할 때(소비자) 혹은 열악하고 낮은 곳에 있음을 보여줄 때(피해자), 오직 그럴 때에만 우리는 비로소 타자에게 내 고통을 들려줄 수 있는 자격을 획득하게 된다는 것. 바로 그 사실이야말로 우리 세계가 얼마나 남루하며 참혹한지를 드러낸다.

소비자와 피해자라는 정체성을 소환할 수밖에 없는 이유는 우리가 어떤 대의도 믿지 않기 때문이다. 우리의 문제를 토론하기 위해서 무엇이 필요할까? 우리는 다시 대의를 주장하고, 그것을 글자 그대로 믿어야 한다. 그 대의는 새삼스럽게도 '평등'이다. 자크 랑시에르는 평등을 우리의 장기적 목표가 아니라 '지금, 여기, 우리'를 규율하는 원리로 곧바로 도입해야 한다고 주장했다. 평등을 목표가 아닌 출발점으로 삼을 때만 우리는 존재하지 않는 자들로 간주되는 이들의 목소리를 들을 수 있고, 몫 없는 이들의 몫을 설립할 수 있으며, 지배의 자연적 질서를 전복할 수 있다. 랑시에르는 인간의 지적 평등과 해방을 '증명'한 조제프 자코토의 삶을 통해 불평등을 전제한 뒤 평등을 지향하는 진보주의자의 프로젝트는 언제나 실패할 수밖에 없다고 단언한다.

평등의 관점에서 출발하고, 그것을 긍정하며, 그것의 전제로부터 작업을 하여 그것이 산출할 수 있는 모든 것을 보고, 자유와 평등으로부터 주어진 모든 것을 극대화하는 것이 열쇠다. 반대로 불신에서 출발한 자, 불평등에서 출발하여 그것을 축소할 것을 제안하는 자는 불평등을 위계화하고, 우선권들을 위계화하며, 지적 능력을 위계화하고 불평등을 무한정 재생산한다.

세계없음의 세계에서 우리의 좌표는 평등의 선언으로 만들어져야 한다. 그것은 능력과 자격을 따지는 능력주의 논리에 대한 근본적 문제 제기를 포함하며, 동시에 소비자-피해자가 아닌 정치적 주체로 서기 위해 서로가 서로에게 연결되는 외부 세력이 되는 일을 의미한다.

○ 능력주의Meritocracy

과잉능력주의

2013~2014년쯤 일이다. 일부 서울대 학생들이 지역·기회 균등선발제도로 입학한 동료들을 "지균충", "기균충"이라 일 상적으로 비하한다는 사실이 언론에 보도되면서 기성세대가 일제히 비분강개한 적이 있다. 이건 지성의 전당에 있어선 안 되는 일이고, 나라가 무너지고, 하늘이 무너지고…. 하늘 이야 기가 나와서 하는 말이지만, 이 문제에 관한 한 이른바 'SKY' 의 상황은 별반 다르지 않았다. 고백건대 당시 나는 전혀 다 른 이유로 큰 쇼크를 받았다. 저런 일을 난생 처음 알게 된 양 화들짝 놀라는 모습을 보이던 고매한 선생님들이야말로 진 정 충격이고 공포였다.

사회학자 오찬호는 『우리는 차별에 찬성합니다: 괴물이 된 이십 대의 자화상』에서 "지금 대학생들은 '수능 점수'의 차 이를 '모든 능력'의 차이로 확장하는 식의 사고를 갖고 있다." 라고 지적했다. 그런데 이런 경향은 '지금 대학생'만의 특징이 아니다. 가시화된 시점으로만 쳐도 거의 16년 전인 2000년 무 렵까지 거슬러 올라간다. 모 입시정보 사이트 게시판에서 시 작된 '대학 서열 매기기' 놀이는 각 대학 '훌리건'들을 양산했고, 이들은 '훌리건 천국'이라는 곳에 모여들었다. 세가 꺾인 지금도 회원 수가 8만 명에 이르는 대형 커뮤니티다. 훌리건들은 다른 대학 게시판으로 몰려가 자신들이 작성한 대학 서열표를 도배하는 짓을 지치지도 않고 계속했다. '듣보잡'이라는 인터넷 유행어도 여기서 만들어졌다(처음에 듣보잡은 '듣도 보도 못한 잡대학'이란 뜻이었다). 마흔을 넘긴 내가 아직 대학생이던 무렵에 훌리건들을 학교 게시판에서 목격했으니까 그야말로 '유구한 전통'을 자랑하는 온라인 문화였던 셈이다.

최근 발표된 김경근 고려대 교수의 논문 「중고등학생의 능력주의 태도 영향 요인에 대한 구조방정식 모형 분석」은 청소년 다수가 능력주의를 깊숙이 내면화하고 있음을 시사한다. '장학금을 줄 때 가정 형편보다 성적을 고려해야 한다.' 같은 문항에서 이들은 높은 수준의 능력주의 태도를 보였다. 흥미로운 부분은 이 성향이 본인의 계층이나 학업 성적과 크게 관계없이 고르게 나타났다는 점이다. 각자의 출발선이 아무리 달라도 객관적 지표나 성적에 따라 대우받아야 한다는 이런 생각은 아마도 약자·소수자에 대한 적극적 배려 정책 affirmative action에 대한 집단적 적대감의 원천일 수 있을 것이나.

능력주의meritocracy는 10대부터 30대 중후반에 이르는 청년세대에게 있어 세계를 이해하고 판단하는 결정적인 틀 중 하나다. 하지만 엄밀히 말해 능력주의는 봉건 신분제 사회와 구별되는 근대 사회의 운영 원리이고, 세대 고유의 특징이라 말하기는 어렵다. 청년세대의 능력주의가 구별되는 지점은 그 '농도 또는 강도'가 극단적으로 높다는 점이다. 편의상 그것을 '과잉능력주의hyper-meritocracy'라 부르기로 하자. 과잉능력주의는 능력자에 대한 우대를 넘어서 무능력자·저능력자에 대한 멸시와 차별을 정당화한다. 이 안경으로 바라본 세상은 온통 벌레투성이다. 지역균등제도로 대학을 가면 '지균충', 사시를 안 보고 로스쿨을 가면 '로퀴(벌레)', 월수입 200만 원 이하면 '이백충'이다. "억울하면 출세하라!"는 말도 따지고 보면 과잉능력주의의 일종이다. 부정의를 개선하고 교정하는 대신 (능력자가 되어) '초월'하라는 명령인 까닭이다. 능력은 이제 물신이 되고, 더 밀어붙이면 민주주의democracy를 부정하는 데까지 나아간다. 인민demos의 자리를 능력·공로meritum가 차지하기 때문이다.

능력주의의 위험을 말하면 많은 이가 갸웃거린다. "한국 사회에서는 연고주의와 정실주의 같은 전근대성 탓에 능력주의가 제대로 관철되지 못하는 게 더 문제 아닌가?" 맞다. 능력주의가 적용돼야 할 많은 영역에 여전히 구태와 구악이 도사리고 있다. 그러나 과잉능력주의라는 문제도 실재한다. 요컨대 한국에는 능력주의의 '과소'와 능력주의의 '과잉'이 공존한다. 얼핏 모순처럼 보이는 양자에는 중요한 공통점이 있다. 공히 '더 많은 불평등'을 생산하는 논리라는 점이다. 과잉능력주의, 그것은 '평등을 어떻게 달성할지'보다 '불평등을 어떻게 정당화할지'에 지나치게 몰두해온 사회의 산물이다. 그리고 이제 우리는 멸시와 혐오가 곳곳에 넘실대는 광경을 망연히 바라보고 있다.

영원 회귀하는 정유라

잠시 잊었던 이름, 정유라가 다시 돌아왔다. 법무부 장관 후보 조국 씨의 딸을 둘러싼 논란이 커지면서 정유라의 그 유명한 발언 "니네 부모를 원망해. 돈도 실력이야."도 다시 소환됐다. 조국 씨 딸이 부산대 의학전문대학원에서 유급 두 차례를 하고도 연속해 장학금을 받은 사실에 대해 "성적도 나쁜데 장학금을 계속 받는 게 말이 되냐."며 분개하는 목소리가 크다고 한다. 동의할 수 없다. 차라리 '가정 형편이 나쁘지도 않은데 왜 장학금을 받았느냐.'고 했다면 어느 정도 수긍했겠지만 말이다.

그러나 고교생이 2주 인턴십 후 병리학 논문 제1저자가 된일은 다른 문제다. 당시 단국대 의대 교수였던 같은 학교 학부형이 주관한 '인턴십 프로그램'은 이후 한 번도 운영되지 않았다고 한다. 교육부는 2017년 말부터 교수들이 자녀를 자기 논문 저자로 끼워 넣어온 실태를 조사하고 있다. 즉 오랫동안 이런 일이 비일비재했던 것이다. 논란이 일자 단국대는 사과하고 경위 조사에 들어갔다.

확실히 밝혀 둔다. 조국 씨 딸이 정유라 씨와 비슷한 부류라 생각하지 않는다. 그는 자신에게 주어진 기회를 성실히 활용한 사람에 가깝다. 모르긴 해도 정 씨처럼 불법적 특혜를 적극적으로 누리며 과시하는 사람은 아니었을 것이다. 조국 씨도 마찬가지다. 인품으로 보나 업적으로 보나 최순실 씨와 비교하는 일 자체가 실례인 인물이다. 현실 권력의 '핵인싸'이면서도 자기 행보를 '앙가주망(기득권을 내려놓고 사회 변혁에 투신하는 행위)'이라 표현한 최근 발언이 비록 실소를 자아내긴 했지만, 그의 삶이 부정부패로 얼룩진 기득권 스테레오 타입과 똑같다고 치부해버릴 수는 없다.

그런데도 이번 논란은 진지하게 논의될 필요가 있다. 조국 씨가 장관이 되느냐 여부는 차라리 부차적이다. 이른바 '강남좌파'의 위선이 문제인 것도 아니다. 이 사건은 기득권층과 다수 평범한 사람 사이에 놓인 벽이 단지 돈만이 아니라는 사실을 다시금 적나라하게 보여줬기에 문제적이다. 이를테면 대다수 부모가 자녀 학원비와 스펙 쌓기에 들어가는 돈을 벌기 위해 발버둥 치는 동안 어떤 학부모는 자기 자식만을 위한 최상급 스펙을 뚝딱 만들어줄 수 있었다는 사실. 물론 이건 새로운 이야기가 아니다. 기득권층은 경제 자본만이 아니라 교양·취향 등의 문화 자본, 인맥 등의 사회 자본에서 서민이 도저히 극복할 수 없는, 그야말로 '넘을 수 없는 4차원의 벽'을 만들어낸다.

사람들은 그런 부조리함에 분노한다. 그러면서 크게 두 가지 해결책을 제시한다. 하나는 사법고시 같은 일제시험으로

줄 세우는 게 역시 가장 "공정"하다면서 옛날로 돌아가는 것
이다. 다른 하나는 다양한 '스펙'으로 학생을 선발하는 방향
자체는 맞으니까 부모의 불법·편법적 개입만 잘 단속하면 된
다는 입장이다. 그러나 양자 모두 사태를 더 악화할 뿐이다.
지금까지 한국 공교육이 실패한 근본 이유도 여기에 있다.

　한국의 입시경쟁 체제 하에서 부모의 전략적 개입을 막는다
는 게 애당초 가능한가? 불가능하다. 일제고사 형식이든 수
시 형식이든 마찬가지다. 어느 쪽이든 부모의 상징자본이 풍
족한 쪽이 무조건 승리한다. 더 치명적인 건 설령 부모가 의
식적으로 개입하지 않아도 '스펙'이나 능력이라 부르는 요소
가 이미 경쟁이 무의미할 정도로 불평등하게 배분돼 있다는
점이다. 사회학자 피에르 부르디외의 말처럼 "능력이나 재능
자체는 시간과 문화 자본이 투여된 산물"인 까닭이다.

　어찌해야 할까. 한국 사회는 해결은 고사하고 아직 문제 파
악도 제대로 못한 것처럼 보인다. 다만 모든 사람이 금과옥조
처럼 입에 올리는 '공정성'이란 단어 자체를 문제화해보는 시
도가 도움이 될 것 같다. 예컨대 이런 질문을 던져보는 거다.
'흙수저들은 가정 형편 때문에 학업에 몰두하기 어렵다.'는
주장에 그토록 공감하는 사람들이 왜 장학금은 성적순으로
줘야 "공정"하다 여기는가? 형편이 가장 못한 이에게 가장
많은 기회와 자원을 제공하는 것은 "특혜"인가, "공정함"인
가? 이런 물음들을 통해 우리는 지금 '공정성'이란 기준이 얼
마나 모순적인지, 또 진정한 공정성은 무엇인지 숙고해볼 수

있다. 분명한 건 초기값의 차이가 너무 큰 결과값 차이로 이어지는 공동체에는 미래가 없다는 점이다. 정유라는 바로 그런 곳에 영원 회귀하며 냉소와 환멸만 전염한다.

고시 합격기의 사회사

　요즘 '고시 합격기' 독서에 빠졌다. 『다시 태어난다 해도 이 길을』, 『어머니 아직 촛불을 끌 때가 아닙니다』, 『정의의 월계관이 나를 기다리고』…. 사법고시는 역사 속으로 사라졌으나 내가 보기에 여전히 한국은 '고시의 나라'다. 읽을수록 확신이 든다. 근대 한국인의 정신적 동력을 이만큼 곡진한 민중 서사로 풀어낸 텍스트는 드물다.

　'사시폐인', '고시낭인' 같은 말이 보여주듯 고시를 준비하다 망가진 사람이 지나치게 많다. 왜 그렇게 많은 이가 위험 부담이 큰 길을 택했을까? 단순히 '입신출세욕' 같은 단어로 이를 모두 설명할 수는 없다. 고시광풍의 배경에는 그런 것보다 훨씬 음울한 무언가가 자리하고 있다. 합격기에는 모종의 공통된 정서와 인식이 드러난다. 바로 억울함^{resentment}과 몰사회성이다.

　가난했지만 방송통신대학을 다니며 학문의 즐거움을 비로소 알게 된 학생은 그러나 학문의 길 대신 고시의 길을 택하게 된다. "우리 학교를 밥통대라고 비유하던 얼치기 시사만화꾼에게 분통이 터져서 보란 듯이 고시에 붙고 싶었"기 때문이다. 한편 자신의 직업에 큰 불만이 없이 잘 살아가던 사람이 어느 날 사표를 던지고 고시생이 된다. "그녀로부터 '제 부모님이 초등교사는 싫대요.'라는 말을 들을 때 피가 역류하는 듯한 모멸감과 분노를 느꼈"기 때문이다.

대학에 가지 못한 사람은 "사회의 냉대와 뼈저린 차별 대우에 좌절하며 하루하루를 보내"다가 "고시는 대학 졸업생의 독점물이 아니"라는 자기 다짐 속에서 "목적 달성이 이뤄지는 날 난 죽어도 좋다는 극한 생각까지 동원해 사시에 대한 돌입을 채찍질"하기에 이른다. '번듯한' 대학에 간 사람도 별반 다르지 않다. "○○대 법대에 들어와서 1학년 내내 열등감 속에서 생활했다. 원하는 대학에 들어가지 못한 것이 원인이었다." 그래서 곧장 사법고시로 뛰어들기로 결심한다. "고시는 열등감·패배감으로 가득 찬 내 인생의 딜레마를 해결해줄 수 있"고 "이 과정의 승패에 내 인생의 승패가 걸려 있"는 까닭이다.

학벌 위계 최상위인 서울대 법대 출신의 합격기에서 억울함의 정서는 도드라지지 않았다. 하지만 역시 다른 글처럼 개인 차원에 매몰돼 있을 뿐 고시제도를 포함한 사회 모순에 대한 사고는 정지돼 있거나 괄호가 채워져 있다. '사회를 위해 봉사하는 훌륭한 법조인이 되겠다.'는 식의 천편일률적 다짐으로 사회적 인식을 대체하고 있을 뿐이다.

이런 수백 편의 합격기 중 첫 문단부터 위화감을 느낄 정도로 이질적인 글이 있었다. 1980년대 어느 사법고시 수석 합격자의 것이다. 글쓴이는 서울대 법대 출신이기도 했는데 그 집단 내에서만이 아니라 사시·행시·외시 등 모든 고시 합격자와 확연히 달랐다. "난 이렇게 합격할 수 있었다."라고 말하는 대신 그는 질문을 던진다. 예컨대 "고시의 길이 출세의 길로 여겨지는 것"에 대해서 "자신의 노력에 대한 당연한 보상으로서 아무런 문제 제기 없이 받아들여도 좋을까?"라고 묻는 것이다. 질문은 꼬리를 물고 확장된다.

"부조리와 부정부패를 뿌리 뽑기 위해서는 일단 자기 자신이 먼저 일정한 부와 권력을 장악하고 일정한 지위에 올라가야 한다고 생각하고 있는 것은 아닐까? 기성세대가 말하는 이른바 '먼저 열심히 공부해 힘을 기른 다음에 행동하라'는 논리는 바로 이런 의미가 아닐까?", "힘을 기른 후에 부조리와 부정부패가 어디에 있는가를 찾아봤을 때, 뿌리 뽑아야할 그 부조리와 부정부패의 한가운데에 자기 자신이 서 있는 것을 발견하게 되는 것은 아닐까?"

저 글의 주인공은 대법관 후보로 오르내리는 김선수 변호사다. 고시 합격기에서 독보적으로 빛나던 성찰적 지성은 늘 사회적 약자의 편에 섰던 그의 삶으로 오롯이 증명됐다. 하지만 이 대목에서 그를 영웅시하는 대신에 그를 본받아 질문을 던져야 한다. 왜 김선수 같은 개인은 그토록 예외적일까? 열심히 공부한 한국의 엘리트들은 어째서 그토록 천박할까?

답은 명료하다. 한국 사회가 오랫동안 '개천용' 타령을 하며 대다수의 존엄을 일상적으로 짓밟는 체제였기 때문이다. '개천용'이라는 말이 성행하는 사회는 극소수 '용'에게 특권을 몰아주는 사회이며, 노력의 동기가 탁월성의 추구에 있는 게 아니라 멸시의 공포에 있는 사회다. 그런 사회에서 인간은 대체로 함께 참담해져 버리는 것이다.

그 '공정성'의 의미

　아이스하키 남북단일팀에 대한 청년세대의 격한 반발을 두고 여러 이야기가 오갔다. 기성세대와 달리 청년세대가 통일에 부정적이기 때문이라는 분석, 청년세대가 '공정성'에 민감하기 때문이라는 주장 등이 많이 보였다. 유시민 씨는 JTBC 〈썰전〉에 출연해 "북한과 얽힌 것도 없고 자유롭게 자란 청년세대에게는 국가가 중요한 게 아니라 인간이 중요하다."라면서 "젊은 세대의 공정성에 대한 예민한 감각은 되게 좋은 것"이라고 찬사를 보냈다.

　10여 년 전 청년들에게 냉소적이던 그였기에 저 발언은 신선하게 다가왔다. 유 씨는 국회의원이던 2005년 이렇게 말한 바 있다. "대학생들의 정치 참여가 낮은 것에 대해 걱정하지 않는다. 각자 자기 인생인데 참여하지 않아서 10년 후에 사회에 발언권이 없으면 그 또한 정당한 것이고 참여를 많이 해서 이후에 사회를 주도하게 되면 그 또한 정당한 것이기 때문에 지금 참여하지 않으면 나중에 발언권이 없으니 알아서 하시기 바란다." 같은 자리에서 청년실업과 관련해 이런 발언도 했다. "내가 하는 정치는 되도록 원칙적으로 가치 실현을 위한 정치지, 누군가를 위한 정치는 안 한다. 취업에 관한 책임은 각자가 지는 거다."(「유시민 청년실업 발언 논란 확산」, 〈프레시안〉)

어쨌든 청년세대가 '공정성'에 특별히 예민하다는 지적은 흥미롭다. 그런데 왜 청년세대가 그런지에 관해 유시민 씨는 더 자세히 설명하지 않았다. 청년세대가 기성세대에 비해 '공정성'에 유독 예민하다는 것은 사실일까? 사실이라면 이유는 무엇일까? 그것은 유시민 씨가 말하듯 "되게 좋은 것"일까?

먼저 확실히 해두자. '공정성'에 예민한 집단은 청년세대만이 아니다. 모든 세대가 예민해졌다. 청년세대가 '공정성'에 우선순위를 두는 경향이 있는 반면, 기성세대는 다른 가치('평화' 등)에 좀 더 비중을 뒀을 따름이다. 인식의 차이는 '공정성'에 예민한가 여부보다 가치의 우선순위를 어디에 두는가에서 발생한 것이고, 그 차이가 딱히 엄청난 것도 아니다. 한편 과거 남북단일팀에 모두가 열광했지만, 지금은 남북단일팀에 부정적인 기성세대도 많아졌다. 이런 변화는 각종 여론 조사 결과로도 나타난다.

그보다 결정적 질문은 이것이다. 한국인들은 왜 오늘날 '공정성'에 예민해졌는가? 최근 남북단일팀 논란에 관해 20대 청년들이 쓴 글을 여러 편 읽을 기회가 있었다. 거기에 중요한 실마리가 담겨 있었다. 그들은 남북단일팀이 어째서 자신의 '역린'을 건드린 이슈인지를 치열하게 고민해 나름의 답을 내놓았다. 표현은 조금씩 달랐지만 다음과 같은 공통 인식이 추려졌다. "무한경쟁과 각자도생 사회에서는 작은 차이가 생존과 탈락을 가른다. 공정성에 극도로 민감해질 수밖에 없다. 우리는 아이스하키 선수들과 자신을 동일시했기에 분노한 것이다."

이들의 글을 읽으며 부끄러움과 참담함에 고개를 들 수 없었다. 요컨대 '공정성'에 대한 집착은 생존 불안과 탈락 공포에서 비롯한 것이다. 마흔을 넘은 나는 이 지옥을 만들어낸 책임, 막아내지 못한 책임에서 자유로울 수 없다. 그런데 유시민 씨는 어떨까. 그는 국회의원과 장관까지 역임했던 참여정부의 핵심 인사였다. 나 같은 무명소졸보다 작금의 사회가 만들어지는 데 훨씬 큰 역할을 한 사람이다. 나는 기억한다. 참여정부가 출범하자마자 대선 공약이던 '동일 가치 노동 동일 임금 원칙'을 송두리째 내팽개쳤던 것을. 비정규 노동은 폭발적으로 증가했고, 부동산 대책은 최악의 재앙이 됐으며, 부의 양극화는 돌이킬 수 없을 정도로 극심해졌던 것을 나는 똑똑히 기억한다.

"취업에 관한 책임은 각자가 지는" 각자도생 사회는 만인이 '공정성'을 부르짖는 사회가 됐다. 우리나라는 15년간 일해온 비정규직 노동자를 정규직화하려 하자 "무임승차 웬 말이냐!"라는 데모가 벌어지는 '공정사회'가 됐다(「공정함에 집착하는 불공정 사회」, 『경향신문』). 또한 우리나라는 계단강의실에 접근할 수 없는 장애인 학생이 강의실 변경을 요청하자 대학교 게시판에 "비양심 민폐장애인" 때문에 역차별을 당하고 있다는 고발이 줄줄이 걸리는 '공정사회'가 됐다(「휠체어 학생에… 계단강의실 고집한 대학생들」, 『조선일보』). 이 '공정성'에서 슬픔도 노여움도 느끼지 않는다면, 그는 조국을 사랑하고 있지 않다.

한국인의 대표 감정

오늘 한국인의 일상을 지배하는 감정 둘을 꼽는다면 뭐가 있을까? 하나는 '혐오', 또 하나는 '울분'이 아닐까 한다. 혐오는 많은 이가 어느 정도 알게 된 반면, 울분은 좀 생소할 수 있겠다. 물론 '답답하고 분한 마음'이라는, 울분의 사전적 의미를 모르는 이는 없다. 그런데 이것이 공중보건의 테마로 부상한 건 그리 오래지 않았다.

통일 후 동독 사람들이 겪은 심리 문제를 분석하는 과정에서 '울분embitterment'과 '외상 후 울분장애PTED' 등의 개념이 정립됐다. 이후 세월호 참사 직후 집중 상담을 진행한 고려대 한창수 교수, 2018년 '한국인의 울분' 조사를 기획한 서울대 유명순 교수 등의 연구를 통해 울분은 한국 사회에도 알려졌다. 유 교수의 조사에 따르면 한국인의 54%가 울분 상태에 있고, 중증도 이상의 울분을 겪는 이들이 독일보다 6배 정도 높다고 한다. 혐오 못지않게 울분 또한 심각한 상황이다.

울분은 단순한 분노와 다르다. 울분은 '이런 처사는 부당하다.' 혹은 '내 노력과 기여가 무시당했다.'는 생각이 지속되면서 감정적 고통이 격화한 상태다. 요컨대 공정성에 대한 인식과 밀접히 결부돼 있다. 반복되는 실직, 직장의 부당한 대우 등이 울분을 일으키는 흔한 사례다. 한창수 교수는 '울분을 통해 본 한국인의 정신건강 세미나'(유튜브 영상 링크)에서 "우울증은 약으로 상당한 효과를 보지만, 울분장애는 약으로 치료가 잘 안 된다."고 밝히고 있다.

혐오와 울분은 표출 양상이 다르지만, 사회적 배경은 같다. 비유하자면 '의자놀이'다. 엄청난 특권을 보장하는 '소파'가 있고, 최저한의 존엄을 보장하는 '의자'가 있다. 소파에 앉지 못하면 적어도 의자에라도 앉아야 한다. 그러지 않으면 오물을 뒤집어쓰며 평생 바닥을 기어 다녀야 한다. 문제는 소파와 의자의 수가 너무 적다는 점이다. 그래서 아무리 단속하고 감시해도 소파와 의자를 차지하기 위한 반칙은 필연적으로 양산된다. 시스템에 대한 신뢰는 바닥을 친다. 연대와 협력은 예외 상태가 된 반면, 각자도생의 지옥이 정상 상태가 된다. '성장'이나 '진보'는 한가한 소리로 치부됐다. 오직 생존이 지상 목표이기에 사람들은 남을 깎아내리거나 자신의 피해자성을 증명하는 데 몰두한다. 노동조합이나 정당의 대표성이 약하다 보니 시민들은 비슷한 처지의 사람들과 함께 세상을 바꿔나갈 희망을 품지 못한다. 자기계발에 몰두해 보기도 했지만 자기계발서가 설파하는 성공에서 나는 늘 예외다. 집단 해법도 개별 해법도 모두 실패하는 상황에서 사람들은 결국 내 몫을 위협할 수 있는 존재를 배제하거나(혐오), 내 노력을 '무효 처리'하는 세계에 좌절해 무력감에 빠지고 만다(울분).

한국은 오래전부터 '소용돌이' 사회라 불릴 정도로 중앙 쏠림 현상이 심했다. 위계 서열에 대한 집착과 우열 비교 문화도 그 어떤 나라보다 강했다. 설상가상으로 외환 위기 이후의 격변은 사회 전체의 경쟁 압력을 극한까지 끌어올렸다. 만연한 혐오와 울분은 그 과정이 오랜 기간 축적된 결과라 할 수 있다.

혐오와 울분에는 또 하나 중요한 공통점이 있다. 인지부조화, 쉽게 말해 기대와 현실의 괴리다. 이를테면 혐오는 '내가 저들보다 우월하다'는 기대와 '인간은 평등하다'는 근대적 상식 사이의 괴리에서 발생한다. 한편 울분은 '세상은 공정해야 한다'는 기대와 '실제 세상은 공정하지 않다'는 경험 사이의 괴리에서 발생한다.

인지부조화를 해소하는 하나의 방법은 기대를 현실에 부합하게 바꾸는 것이고, 다른 하나는 현실을 기대에 부합하게 바꾸는 것이다. 안타깝게도 이른바 '태극기부대'는 '박근혜 무죄'라는 기대와 '박근혜 탄핵 및 수감'이라는 현실 사이의 인지부조화를 엉뚱한 방식으로 해결했다. '박근혜 무죄'라는 기대에 맞춰 현실을 재구성했던 것이다. 그러다 보니 박근혜의 범죄는 모두 '촛불 든 빨갱이들의 사악한 음모'가 될 수밖에 없었다.

이런 오류를 범하지 않고 혐오와 울분이라는 인지부조화를 해결하려면 어찌해야 할까? 혐오의 경우, 기대를 바꿔야 한다. 즉 내가 우월하다는 근거 없는 기대를 버려야 한다. 울분의 경우, 기대에 부합하도록 현실을 바꿔야 한다. 즉 지금보다 더 공정한 세상으로 만들어가야 한다. 어디서부터 풀어가야 할지 막막하지만, 이제 미룰 수 없는 과제다.

〈조커〉, 그 불온한 무능력

(이 글은 스포일러투성이다.) 개봉 전부터 소셜 미디어에 비난이 폭주하고, 심지어 영화를 보지도 않은 평론가가 악평을 쏟아내기도 했다. 영화 〈조커〉를 둘러싼 논란이 격렬하다. 이 영화를 두고 "일베들이 날뛰는 세상을 보는 것 같은 기분"이라는 단평을 남긴 대중문화 매체 기자도 있었다.

예전부터 일베 유저들을 최하층 '루저'로 보고 싶어 하는 사람이 많았다. 게으른 착각이다. 일베는 초저임금 노동 시장에서 이주 노동자와 경쟁하다 다문화주의에 반감을 갖게 된 이른바 '기층우파' 집단과 다르다. 일베는 상징 자본을 제법 갖춘 집단이다. 이는 정당화 논리, 담론 전략, 어휘에서 숨길 수 없이 드러난다(『지금, 여기의 극우주의』).

일베의 일탈을 하나로 꿰는 것은 계급적 박탈감이나 분노가 아니라 극단적 능력주의다. 여성 혐오, 호남 혐오, 진보 혐오 등 모든 혐오가 능력주의 논리로 정당화된다. 한마디로 '자격과 능력이 안 되는 것들은 벌레 취급당해도 된다.'는 사고방식이다. 일베의 '학력 인증', '직장 인증' 사진은 상대적 우위자의 비열한 속성, 요컨대 강자 선망과 약자를 향한 폭력성을 투명하게 보여준다.

반면 영화 〈조커〉는 반영웅 서사이자 반능력주의 서사다. 배제되고 차별당하다 숨겨진 능력을 깨닫고 영웅으로 거듭나는 이야기가 전형적 영웅서사라면, 아서 플렉은 배제되고 모욕당하다 자신에게 숨겨진 능력 따위는 없음을 깨닫고, 아니 현실은 더 '시궁창'이라는 사실만 깨닫고 안티 히어로가 된다. 그리고 되묻는다. 능력이란 게 대체 뭐냐고.

조커, 이 '웃음의 무능력자'는 남을 웃기지 못할 뿐 아니라 웃기지 않은 상황에서 웃는다. 지하철에서 여성을 성희롱하는 세 명의 '금융맨'은 등장할 때부터 웃고 있었다. 웃지 못하는 이는 겁에 질린 여자와 눈치만 보던 아서다. 그런데 웃음병이 도지는 바람에 아서는 그만 폭소를 터뜨리고 만다. 세 남자는 순간 당황했지만, 곧 "뭐가 그렇게 웃기냐."며 아서를 폭행하기 시작한다. 이 장면이 윤리적인 이유는 결과적으로 여성을 구했기 때문만이 아니다. 아서의 돌발적 웃음이 웃음의 권력 효과를 폭로하기 때문이다.

웃음을 해명하는 많은 이론 중 가장 오래되고 잘 알려진 건 아리스토텔레스와 홉스로 대표되는 '우월 이론'이다. 남의 바보 같은 모습을 보면 자신이 우월하게 느껴지기에 웃는다는 것이다. '금융맨'들의 웃음은 우열과 방향이 이미 정해져 있는 홉스적 웃음이었다. 그 자리에서 웃을 수 있는 사람은 오직 강자들, 세 명의 남자여야 했다. 그런데 그 웃음의 권력을 아서가 침범해버린 것이다. 그렇게 아서의 무능력은 매끄럽고 공고한 기존 질서에 불길한 동요를 일으킨다. 영화 속 주차장 농담처럼 여성을 성적 대상화하는 '보편적 농담'에도 아서는 웃지 않는다. 권력 관계의 일시적 역전을 꾀하는 풍자적 웃음 이상으로, 웃음의 무능력이 불온할 수 있음을 영화 〈조커〉는 예리하게 포착한다. 무능력은 반능력이 되고 끝내 반권력이 된다.

영화 배경인 1981년 고담은 명백히 같은 시기 뉴욕을 가리킨다. 그 시절 뉴욕 또한 길가에 쥐가 들끓고 시장 후보가 테러를 당해도 이상하지 않은 곳이었다. 뉴욕을 먹여 살리던 의류산업이 몰락하며 일자리가 증발했고, 뉴욕시 부채는 눈덩이처럼 불었다. 1975년 말 결국 뉴욕시는 파산 직전까지 몰려 채무불이행을 선언하게 된다. 유명한 1975년 뉴욕시 재정 위기다. 레이건으로 대표되는 보수의 전성기가 막 열리던 때이고 금융규제 완화와 극심한 빈부 격차의 기원이 되는 시기이기도 하다.

조커라는 존재, 그리고 그 무능력은 이러한 지금 불능의 시대, 노동자가 일시에 잉여가 된 시대의 은유다. 복지센터 상담사인 흑인 여성과 백인 남성 아서가 결국 같은 계급적 이해관계로 묶여 있다는 점, 그리고 수많은 아서가 갑자기 부자를 공격하고 도시를 불태운다는 점에서 그것은 '좌익 소아병적 판타지'에 한없이 가까워진다. 동시에 그것은 민주당의 위선에 절망해 트럼프를 지지한, '흑화'한 노동 계급을 연상하기도 한다.

언젠가 푸코가 말했듯 "들고일어나는 사람들은 설명될 수 없다." 봉기revolt에 그치든, 혁명revolution으로 전화하든 그것을 기획하고 예측하는 일은 불가능하다. 영화 〈조커〉가 보여주는 풍경은 어쩌면 우리의 오래된 미래일지 모른다.

공정성의 세 층위

공정성公正性, fairness을 문제 삼는 것. 그것은 사회적 자원이 얼마나 정의롭게 배분되는가를 묻는 것이다. 불공정한 일에 분기탱천하는 일을 반복하면 공정한 사회가 '도둑처럼' 찾아올까? 그럴 리 없다. 분노의 유통기한은 짧고 소셜 미디어에서는 훨씬 더 짧다. 반면 불공정한 사회 구조에서 이득을 취하는 사람은 많다. 그들은 그 구조를 유지하는 데 모든 자원을 총동원한다. 그래서 세상은 쉽게 바뀌지 않는다.

무엇을 할 것인가? 먼저 대의를 세워야 한다. 공정한 사회를 만들기 위해서는 그 사회가 구체적으로 어떤 모습이어야 하는지를 그려봐야 한다. 여기서 질문은 필연적이다. 우리가 "공정성"이라는 단어를 언급할 때 그 공정성은 정확히 무엇을 의미하는가? 우리가 불공정한 일을 보고 분노할 때, 그것을 시정하는 기준이자 원칙이 되는 공정성의 '내용'은 무엇이 돼야 하는가? 이런 물음은, 석학이나 천재 몇몇이 정답을 내는 종류의 질문이 아니다. 구성원 모두가 숙고하며 토론해야 하는 물음이다. 이런 관점에서 공정성을 다시 생각해보자.

공정성은 세 층위로 구분될 수 있다. '불공정성', '형식적 공정성', '실질적 공정성'이 그것이다. 이는 이론적·학문적 구분이 아니라 어디까지나 실용적 구분이다. 불공정성은 글자 그대로 공정하지 않은 상태를 가리킨다. 현대 한국 사회에서 가장 흔하게 목격되는 불공정성의 사례는 얼마 전 은행권 취업비리 사건처럼 공정한 경쟁을 가장한 비리다. 어떤 상황을 떠올려보자. 세 꼬마가 각자의 키보다 높은 울타리 너머로 야구경기를 보려 한다. 그런데 오직 한 명에게만 올라설 받침대를주고 나머지 두 명에게는 주지 않는다면? 당장 "특혜"라는비난이 튀어나올 것이다. 그렇다. 이런 게 바로 노골적 불공정이다.

다음으로 형식적 공정성이 있다. 위의 세 꼬마 비유를 다시도입하면 형식적 공정성이란 야구 경기를 보고 싶은 세 꼬마모두에게 똑같은 받침대를 제공하는 것이다. 기회의 형식적평등이라고도 할 수 있다. 한국에서 흔히 언급되는 "공정성"이나 "공정한 경쟁"은 이 형식적 공정성에 가깝다. 최근 발표된「한국 사회 공정성 인식조사 보고서」는 "한국 사람 중 다수는 분배에 있어 산술적 평등보다는 개인의 능력과 노력에따라 차등적으로 분배하는 것이 공정하다고 생각"한다고 말한다. 보고서에 따르면 "개인 능력과 노력에 따라 보수의 차이가 클수록 좋다는 입장이 66%"였다. 차등 분배를 선호하는 응답은 전 계층 및 사회 집단 사이에서 공통으로 나타났다. 한마디로 능력주의를 공정성으로 생각한다는 뜻이다. 평창 올림픽 아이스하키 남북단일팀 결성이 '불공정하다'고 반대한 근거도 정확히 능력주의 원칙이었다. 왜 능력과 노력을 인정받은 선수가 아닌 '낙하산'이 와야 하냐는 것이다. 논란이 벌어졌을 당시 청년세대가 기성세대와 달리 공정성에 예민하기 때문에 강하게 반발했다는 식의 설명이 많았지만, 이 보고서는 기성세대 역시 크게 다르지 않다는 점을 보여준다.

세 꼬마 이야기로 돌아가 보자. 중요하지만 간과된 문제가 있었다. 꼬마들의 키가 달랐다. 한 명은 받침대 위에 올라가면 야구 경기를 볼 수 있을 만큼 키가 큰 데 반해, 나머지 두 명은 받침대에 올라서도 울타리 너머를 볼 수 없을 정도로 작았다. 어쨌든 똑같은 받침대를 모든 사람에게 공평하게 줬으니 '공정'한 것일까? 울타리 너머 야구 경기를 본다는 목적에 비춰보면, 키는 그야말로 결정적인 능력이다. 키 차이는, 곧 능력의 차이다. 능력주의-형식적 공정성을 지지하는 입장에서는 이 상황을 공정하다고 해야 일관적이다. 하지만 많은 사람은 그런 상황을 직관적으로 불공정하다고 여긴다. 그 직관은 옳다. 그건 허울뿐인 공정성이다. 능력주의-형식적 공정성은 실재하는 불평등을 교정하기에는 턱없이 부족하다. 많은 경우 그것은 구조적 불공정성의 기제로 작동하며 불평등을 확대 재생산할 뿐 아니라 노골적·불법적 불공정을 알리바이 삼아 현존하는 불평등을 '정상적인 것'으로 승인한다. 능력주의를 지상명령으로 맹신하는 순간 구조적 불공정은 은폐되거나 심지어 정의로운 상태로 오인되는 것이다.

돈 많은 부모, 뛰어난 지능, 탁월한 신체 능력, 아름답고 매력적인 외모 같은 요소는 순전히 우연의 산물이다. 그럼에도 그런 재능은 개인의 성공에 지나치게 큰 영향을 끼친다. 특히 자본주의 사회에서 성공과 실패의 격차는 커지는 경향이 있다. 존 롤즈는 『정의론』에서 "천부적 자질의 배분에서 생겨나는 각자의 위치에 대해 응분의 자격을 갖는 것"을 단호하게 부정했다. 쉽게 말해 재능이 불평등하게 나뉘어 사회적 지위의 격차가 생겨나는 상황은 결코 당연하거나 정의로운 상태가 아니라는 것이다. 나아가 롤즈는 "(노력할 수 있는) 성격은 자신의 공로라고 주장할 수 없는 훌륭한 가정이나 사회적 여건에 달려 있기 때문에" "응분의 몫이라는 개념은 여기에 적용될 수 없다"면서 '노력할 수 있는 성격' 또한 재능의 일종으로 간주했다. 자유주의자 롤즈보다 왼쪽에 있는 학자들이 형식적 공정성의 한계에 대해 더 급진적으로 비판해왔음은 물론이다.

우리의 목표는 키가 크든 작든 야구를 보고 싶은 모든 꼬마가 즐겁게 야구를 볼 수 있는 사회여야 한다. 형식적 공정성을 넘어 실질적 공정성을 추구해야 하는 이유다.

〈스카이 캐슬〉의 사회학: 문제는 시험이 아니다

드라마 〈스카이 캐슬〉을 스릴러 또는 막장극으로 보는 사람들이 많지만, 내 생각에 이 드라마의 장르는 재난물이다. 자녀 입시라는 '자연 재난' 앞에서 인간 군상이 어떻게 바닥을 드러내는지를 적나라하게 보여준다는 점에서 그렇다. 태풍과 지진의 발생을 차단하는 것이 불가능하듯이 한국인은 대학 입시를 없앨 수 없다. 아니, 없앨 수 있다는 상상조차 하지 못한다. 그렇게 '자연화'돼 있다는 의미에서 입시는 '자연 재난'이다. 불가항력의 사태. "인내는 쓰지만, 열매는 단" 과정. 태풍, 지진과 다른 점은 일정이 정해져 있단 점 정도다.

드라마의 스타일은 극사실주의다. 캐슬에 사는 부모들은 자식을 서울대 의대에 보내기 위해 어떤 짓도 마다하지 않는다. 회마다 '세상에 이런 일이' 급의 사건이 펼쳐지는데 기시 감이 강렬하다. 많은 경우 실제 일어난 일을 바탕으로 재구성한 에피소드인 까닭이다. 캐슬 주민뿐 아니라 그들의 행동에 반기를 드는 '정의의 화신' 이수임조차도 현실에 있을 법한 캐릭터. 많은 시청자가 "내 새끼 이기주의자 한서진보다 사사건건 훈장질하는 이수임이 더 싫다."고 아우성이었다. 본인 역시 캐슬에서 '의사 사모님'으로 살아가면서 입바른 이야기만 늘어놓는다는 것이다. 이수임의 어떤 대사에서 "(난 거기에 살지만) 모두가 강남에 살 필요는 없다."던 전 청와대 고위 인사를 떠올린 이도 있었으리라.

일탈과 광기, 파국으로 치닫는 이야기야 드라마로 즐기면 그만이지만, 입시 지옥이란 현실은 사라지지 않는다. 아이들의 숫자는 줄어들었지만, 그만큼 대학들도 사라질 것이다. 다른 조건이 동일하다면 경쟁 압력이 극적으로 낮아지진 않을 것이다. 지금 이 시각에도 성적표를 받아든 학생이 어느 건물 옥상에 서 있을지 모른다. 모든 이가 반쯤 체념한 채, 반쯤은 분노한 채 피로감 가득한 눈으로 현실을 마주하고 있다. 어찌할 것인가? 명쾌한 대안은 아직 이르다. 그게 쉬웠다면 상황이 이 지경이 됐을 리 없다. 이렇게 다시 묻자. 어디서부터 실타래를 풀어 가야 하는가?

문제가 해결되지 않는 이유는 원인을 정확히 짚지 못하기 때문이다. 대표적인 게 모든 걸 '시험(만능주의)' 탓으로 돌리는 태도다. 그럴듯하게 들리기 때문에 더욱 위험한 관점이다. 예컨대 정치학자 이관후는 이렇게 주장했다.

"한국은 아마도 전 세계에서 거의 유일하게 시험으로 모든 것을 평가하는 나라일 것이다. 많은 사람이 이 제도를 능력주의, 메리토크라시meritocracy라고 하는데, 아니다."

"한국에서는 그렇지 않다. 우리에게는 오로지 단 하나의 능력만이 필요하다. 요령을 터득해 짧은 시간에 많은 문제를 푸는 능력이다. 이것은 메리토크라시가 아니라 시험주의, 곧 테스토크라시testocracy다." (이관후, 「시험은 공정하지도 정의롭지도 않다」, 『한겨레』, 2018.11.20.)

이관후는 또한 "국어 31번 문제를 풀 수 있는 능력과 좋은 시민이 되는 것 사이에는 아무런 관계가 없다."면서 "시험으로 판사와 공무원을 뽑아야 할 이유가 없다."고 말한다. "그럼 뭘로 뽑을 거냐고? 그 답을 회피해서 세상이 이꼴이다." 결론은 시험을 대체할 능력 평가의 대안적 방식을 열심히 찾아야 한다는 것이다.

시험을 대체할 선발 방식에 대해 우리가 정말로 "답을 회피"하기만 했을까? 그렇지 않다. 지금의 학종(학생부 종합전형)만 하더라도 "한 번의 시험으로 인생이 결정되는 비인간적 제도"라는 문제 의식이 쌓여 탄생한 대안이다. 취지는 아름다웠지만 지금 불만은 팽배하다. "공정하지도 정의롭지도 못한", "금수저만 유리한" 제도라는 비난이 빗발친다. 다시 학력고사 시절로 돌아가 전국 1등부터 전국 꼴찌까지 일렬로 줄 세워야 한다는 주장도 심심찮게 나온다. 〈스카이 캐슬〉에서도 묘사되듯 가진 자들의 편법과 반칙이 판을 치기에, 그나마 한날한시에 국가가 주관하는 시험으로 결정하는 게 가장 "공정"하다는 논리다.

대한민국이 '시험 왕국'이 된 건 사람들이 시험에 특별한 페티시가 있어서가 아니며, 그것이 최선의 방식이라 믿어서도 아니다. 다들 문제 많은 방식임을 잘 안다. 알고 있지만 포기할 수가 없다. 그것이 논란의 소지를 가장 줄일 수 있는 방법이기 때문이다. 역설적이게도, 공정성과 정의에 민감할수록 시험만능주의는 더욱 공고해질 수밖에 없었다.

다시 이관후의 글을 보자. 원인과 결과가 뒤집혀 있다. '시험주의(테스토크라시)'가 정말로 문제의 원인일까? 그렇지 않다. 그건 원인이라기보다 차라리 결과 또는 효과다. 우리는 '미션 X'를 해결하려 노력하다가 혹은 근본적으로 해결하지 못했기에 시험만능주의에 다다른 거다. 그렇게 강화되고 확산된 시험만능주의는 여러 부작용을 일으켰다. 요컨대 시험을 없앴다고 해도 궁극적으로 문제가 해결되지는 않는다.

'미션 X'는 무엇인가? 바로 '능력자를 뽑는 가장 공정하고 정의로운 방식을 찾아내는 것'이다. 하지만 그 미션, 임파서블impossible하다. 그런 게 가능했다면, '인사는 만사'이므로, 세상일이 참 쉬웠을 게다. 그럼에도 사람들은 그 미션에 집착한다. 왜? 소수의 특권을 능력주의 이데올로기를 통해 정당화하고 싶어서다. 너무 냉소적인가? 그러나 진실이다. 한국에서 '공정'과 '정의'라는 말은 굉장히 독특하게 사용된다. 많은 사람이 승자와 패자를 가르는 기준과 과정에 강박적으로 집착하는 반면, 승자가 너무 많은 걸 가져가거나 패자가 너무 비참해지는 결과에는 놀라우리만치 무관심하다. 간혹 볼멘 소리를 하면 "억울하면 출세하라."는 비아냥만 돌아올 뿐이다.

드라마 〈스카이 캐슬〉에서 가장 혐오스럽고 폭력적인 인물인 로스쿨 교수 차민혁이 자식들 귀에 피가 날 정도로 강조하는 말이 있다. "피라미드 꼭대기에 서야 해!" 그는 잘 알고 있었던 것이다. 한국 사회는 피라미드고, 꼭대기에 서기만 하면 상상 이상의 특권과 면책의 수혜자가 될 수 있다는 것을.

　문제는 시험이 아니다. 승자독식의 피라미드다. 요컨대 극도로 불평등한 자원 배분 방식이야말로 '암흑의 핵심'이다. 이 불평등은 너무나 심각해 '기여에 따른 분배', '재능에 따른 분배', '노력'에 따른 분배'라는 기준 중 어떤 것으로도 정당화될 수 없다. 또한 자원을 독점한 승자들은 '지대추구rent-seeking'와 '사다리 걷어차기'에 몰두하며 공동체의 활력마저 떨어트린다. 해결책은 명료하되 지난하다. 더 강한 평등주의를 통해 피라미드에 균열을 내고 끝내 박살 내는 것. 오직 그것만이 이 지옥을 끝장낼 수 있다.

타락한 능력주의

　자식을 잃고 곡기마저 끊은 사람들 앞에서 피자와 햄버거를 씹으며 '폭식 투쟁'을 벌인 무리가 있었다. 단지 몰지각한 행동을 넘어선, 가학적 폭력이었다. 많은 이가 경악하고 분노했다. 그런 짓을 일종의 유희로 즐기고 있다는 게 더 놀라웠다. 그들을 공감 능력 없는 소시오패스라 규정하면 편하다. 어디에나 괴물은 있기 마련이니까. 그러나 본디 별종들은 그렇게 많을 수가 없다. 그렇다고 낙오자들의 일탈이라 분석하는 것도 이상하다. 그러기에 그들은 너무 '멀쩡'해 보였다. 물론 이들이 체제를 쥐락펴락하는 엘리트는 아니지만 그렇다고 '밑바닥 인생'인 것 같지도 않다. 한마디로 평균적 한국인에서 크게 벗어나 보이지 않았다. 일본의 신흥 극우단체 재특회를 수년간 추적하고 기록해온 야스다 고이치 씨는 재특회 회원들이 "일본에서 흔히 볼 수 있는 평범한 사람들"이라고 말한다. 한국의 반이주 노동자 커뮤니티나 일베의 구성원들 또한 그럴 가능성이 크다.
　일베를 포함한 넷우익 다수도 사회 전체에서 보면 약자다. 즉 지금 벌어지는 일은 '약자의 약자를 향한 증오'의 산물이다. 따라서 던져야 할 질문은 다음과 같다. 왜 약자가 약자에게 (공감은커녕) 증오와 혐오를 퍼붓는가? "안 그런 사람이 더 많다."는 낙관주의와 "원래 인간은 비열한 존재"라는 비관주의는 올바른 답이 아니다. 여기서 핵심은 인간 존재에 대한 근원적 성찰이 아니라 약자에 대한 증오와 폭력이 확산하는 현상의 사회적 배경이다.

'약자를 혐오하는 약자'의 심층 동기는 두 가지로 요약될 수 있다. '강자 선망'과 '피해자 되기'다. '강자 선망'은 강자에 대한 상상적 동일시이면서 동시에 약자와 자신의 분리다. 과거 종부세 부과 대상도 아닌 서민들이 종부세에 반대했던 해프닝의 근저에도 이런 심리가 있었을 것이다. '피해자 되기'는 쉽게 말해 '무능한 너 때문에 내가 피해를 본다.'는 인식이다. 넷우익, 군대 폭력, 다른 나라 극우 담론에서도 흔히 발견되는 이 피해자 서사는 약자를 향한 증오를 정당화하는 알리바이로 탁월하게 작동한다. 이 논리 회로 속에서는 약자·소수자를 위한 손톱만 한 사회적 배려와 혜택조차 약자·소수자가 내 몫을 부당하게 착복하는 가해자임을 보여주는 증거로 단죄된다.

'강자 선망'과 '피해자 되기'는 강자가 되려 하면서 동시에 피해자가 되려는 꼴이니 얼핏 모순으로 들린다. 그러나 모두 능력주의의 변종이라는 점에서 같은 뿌리를 지닌다. 능력주의meritocracy는 말 그대로 '능력에 따른 지배'로서, 능력에 따른 보상의 차등을 정당화할 뿐 아니라 당연시한다. '강자 선망'

과 '피해자 되기'는 능력에 따른 차등 대우에 찬성한다는 점에서 능력주의와 비슷하지만, 결정적으로 다른 게 있다. '모든 인간이 평등하다.'는 기본 인식이 허물어져 있다는 점이다. 평등의 토대가 무너진 능력주의, 그것은 타락한 능력주의며 스스럼없이 인종주의와 흘레하는 능력주의다. '강하고 아름다운 존재는 추앙해 마땅하다. 하지만 약하고 못난 존재는 벌레 취급해도 좋다!'

능력주의와 인종주의 사이의 거리는 생각보다 가깝다. 실은 우리와 일베 사이의 거리도 생각만큼 멀지 않다. 이제 개천에서 용이 나오지 않는 사회, 할아버지의 재력이 손주의 미래를 결정하는 사회, 보통 사람들의 좌절이 일상화된 승자독식 사회에서 능력주의는 끝내 인종주의로 타락한다. 그리고 이 지옥도를 만들어낸 진짜 적들은 까마득한 꼭대기에 앉아 아랫것들의 처절한 배틀 로얄을 흐뭇하게 내려다보고 있다.

세월호와 '일베 코드'

　그날 국가의 무능이 그토록 적나라하게 현현했을 때, 어떤 이들은 2002년이나 2008년의 촛불 시위 같은 거대한 저항을 예감했을지도 모르겠다. 시민들이 팽목항으로 달려가고, 광화문에도 모였다. 하지만 여전히 사고의 진상은 규명되지 못했고 세월호 유가족들은 거리에 있다. 국민의 생명을 구하는 데 그토록 철저하게 무능했던 박근혜 정권은 사고의 진상 규명을 원천 봉쇄하는 데는 천재적 능력을 발휘했다. 세월호 특별법에는 끝내 수사권과 기소권이 포함되지 못했다. 특위의 이번 시행령안은 '조사 대상'인 정부 공무원이 특위 정원의 반 이상을 차지했을 뿐 아니라 정부 위원회 업무를 총괄하게 해 놨다. 사실상 조사를 방기하겠다는 선언이나 다름없었다.

　세월호의 희생자는 단지 2014년 4월 16일의 해상 사고를 당한 사람들만이 아니었다. 유가족도 세월호의 희생자다. 사고 이후 지금 이 순간까지 그들은 산 채로 지옥을 겪고 있다. 정부의 배상·보상금만 대서특필되면서 지나가던 시민은 물론이고 유가족의 가족들까지 "돈 받았어요?"라고 묻는다. 돈 때문에 이러는 게 아니라고, 아직 진상조사도 끝나지 않았다는 유가족들의 절규는 끝내 사람들에게 가닿지 못했다. 세월호 참사 1주년이 뼈아픈 이유는 세월호 유가족이 여전히 고립돼 있다는 사실 때문이다. 국가에 대한 분노와 실망이 정치적으로 매개되지 못하면서, 세월호 유가족은 일베나 어버이연합 같은 극우 세력의 끔찍한 비방과 흑색 선전에 그대로 노출된 채 참사 1년을 맞았다.

'일베 코드'

일베 유저들은 세월호 참사가 일어나고 불과 며칠도 되지 않은 시점에서 유가족을 "유족충"이라 부르며 막말을 쏟아냈다. "3일 동안 쳐운 유XX들 목청도 좋네", "잠수부한테 지랄 심한 유족충들 아닥시키는 법", "유족충이랑 김치년 공통점" 같은 글들이 일베 게시판에 끊임없이 올라왔다. 일베 유저들은 정부의 더딘 대응을 항의하는 특정 유가족 사진을 캡쳐한 뒤 "이년 선동꾼이라는 데 내 손모가지 건다 ㄹㅇ" 등의 글을 써서 직업적 선동꾼이라는 이미지를 덮어씌웠다. '유민아빠' 김영오 씨를 향해서는 과거 경력을 들어 '빨갱이'로 몰아갔다. "세월호 참사 때문에 경기가 침체되고 국정이 마비되고 있다." 운운하는 불평 역시 숱하게 올라왔는데 다른 막말들에 비하면 그 정도의 발언들은 '이성적'으로 보일 지경이었다. 급기야 "시체팔이"라는 말까지 나왔다. 자식의 죽음을 빌미로 부모들이 보상금을 많이 타내려고 저리 시끄럽게 군다는 비난이었다. 세월호 때문에 일베 내부에서도 유가족에 대한 지나친 발언을 자제하자는 목소리가 간간이 나오긴 했지만, 모욕과 조롱은 전혀 사그라들지 않았다.

단지 게시판의 글만이 아니었다. 일베는 갖가지 방법을 동원해 유가족을 모욕했다. 특히 많은 사람을 경악하게 한 사건은 일베의 일부 회원들이 주도한 '광화문 폭식 투쟁'이었다. 2014년 9월 그들은 단식 투쟁 중이던 세월호 유가족들 앞에 좌판을 벌여 햄버거와 피자를 배달시켜 먹는 '이벤트'를 열었다. 자식을 잃은 슬픔 속에 곡기를 끊은 부모들을 조롱하듯 태연히 음식을 먹은 젊은이들의 행동은 몰지각한 행위를 넘어선 가학적 폭력이었다. 그에 더해 서북청년단의 후예를 자임하는 자들까지 광화문에 나와 유가족들에게 행패를 부렸다. 서북청년단이 어떤 단체인가. 해방 직후 좌경 세력이란 명목으로 수십만에 달하는 국민들을 박해하고 살해했던 반인륜적 범죄 집단이다.

사람들은 겉으로 드러난 일베의 막장성, 패륜적 표현들에 주목하고 분노한다. 그러나 그보다 더 중요한 것은 지층에 흐르는 코드다. 막말을 별 일관성 없이 흩뿌리는 공간이었다면 일베는 지금처럼 거대한 커뮤니티로 성장할 수는 없었을 것이다. 일베가 이토록 커진 배경에는 내부적 동기와 외부적 동기가 각각 존재할 뿐 아니라 명확한 정당화의 논리가 있다. 사람들을 모이게 하고 의견들을 응집하는 '정당성의 감각'이 존재하는 것이다. 요컨대 일베 담론에는 '일베 코드'가 들어 있다. 무엇일까.

그간 일베 담론 중 가장 문제적인 것으로 꼽혀온 것은 크게 두 가지 '여성 혐오', '전라도 혐오'였다. 하나 더 꼽자면 노골적 반공주의(진보 혐오)다. 전라도 혐오는 글자 그대로 전라도 지역민에 대한 인종 차별적 혐오 정서다. 일베에서는 전라도 사람들이 즐겨 먹는 '홍어'를 호남을 상징하는 멸칭으로 사용한다. 이는 과거 '디씨인사이드 야구 갤러리'에서 시작됐다는 게 정설이다.

여성 혐오에 대해서는 부연 설명이 조금 필요하다. 그것은 구체적으로 '남자 등골 빼먹는 젊은 여성', 즉 '김치녀'를 향한 혐오다. 과거부터 있었던 '된장녀' 담론의 연장선이라고 볼 수 있다. '된장녀'는 이를테면 '밥은 삼각김밥을 먹어도 커피는 스타벅스에서 마셔야 직성이 풀리는 여자'였다. 일베가 혐오하는 '김치녀'의 스테레오타입은 대략 다음과 같다. '스펙도 능력도 없는 주제에 물욕과 허영심만 강하고, 남자에 대한 배려심이 눈곱만큼도 없으면서 진보의 선동에는 금방 홀려 넘어가는 젊은 여성', 반면 "탈김치"는 그런 김치녀의 상태에서 벗어난 이른바 '개념녀'를 가리킨다.

그 외에 진보 진영에 대한 혐오 담론, 반이주 노동자 담론도 있다. 이 모든 담론을 관통하는 일관된 공통점이 있다. 그것은 '타락한 능력주의'다. '능력만큼 우대받아야 하고 능력이 있는 자가 지배해야 한다'는 것, 그것이 흔히 말하는 능력주의다. 반면 타락한 능력주의는 '능력자는 존중받는 게 당연하지만, 능력merit이나 자격membership이 없으면 얼마든지 차별하고 모욕해도 되는 능력주의'다. 그것은 '인간은 평등하다.'는 인식의 토대가 허물어진 능력주의고, 그래서 사실상 인종주의와 구별 불가능해진 능력주의다. 일베 유저들이 학벌과 서열에 유독 민감하고 틈만 나면 '스펙 인증'을 하는 건 결코 우연이 아니다.

'김치녀'에 대한 일베의 혐오는 무임승차에 대한 증오를 젊은 여성에게 일방적으로 투사한 것이다. 진보 세력에 대한 증오는 이른바 '민주화 운동 세력'이 능력에 비해 과도한 사회적 대우를 받는다고 여기는 데서 비롯했다. 약자나 소수자에 대한 '적극적 우대정책affirmative action'이나 그와 비슷한 사회적 배려 정책에 대해서도 일베는 항상 격렬한 적의를 드러냈다. 그들이 기여한 바에 비해 얻는 것이 너무 많다고 생각하기 때문이다.

일베 유저들은 사회적 권리와 의무를 마치 등가 교환이나 시장에서의 소비 행위인 것처럼 사고한다. 100만큼의 의무를 수행해야만 100만큼의 권리가 생기고, 1억 원을 내면 1억 원 만큼의 권리가 생기는 것이 당연하다는 사고 방식이다. 그러므로 일베에게 있어서 김치녀, 약자, 소수자, 진보 세력 등은 자본주의 질서를 지탱하는 저 숭고한 격률을 오염하고 혼란스럽게 만드는 자들이며, 내가 받아야할 정당한 몫을 빼앗아가는 파렴치한 자들이다. 물론 역사적 사실은 일베의 상상과 사뭇 다르다. 대부분의 중요한 사회적 권리는 의무에 대한 대가로 주어진 것이 아니라 억압받는 인간의 치열한 저항을 통해 쟁취됐다. 그리고 민주주의의 기본 원리는 1원 1표제가 아니라 1인 1표제다.

주류 사회가 일베의 인큐베이터

세월호 참사는 일베의 막장성을 드러내기도 했지만, 동시에 '일베 코드'가 일베만의 코드가 아니라는 사실을 극적으로 보여준 사건이다. 세월호 때문에 경기가 나빠졌다는 '세월호 불황론'과 유가족 중에 정치적 선동꾼이 있다는 '불순한 유가족론' 같은 이야기들을 적극 유포한 것은 『조선일보』와 『동아일보』 같은 언론, 보수 성향 중산층, 기득권층이었다. 이들이 말하는 '순수한 유가족'이란 어떤 유가족일까. 납득할 수 없는 사고와 정부의 대응 미숙으로 자식이 목숨을 잃었는데 아무런 항의도 하지 않고 '가만히 있는' 유가족이다. 일베는 그 서사를 받아서 특유의 패륜적 언어로 확대 재생산하는 역할을 했다. 어쩌면 이것은 오늘의 한국 극우파가 구사하는 절묘한 역할 분담이다. 한쪽이 후방에서 논리를 개발하면 다른 쪽은 자극적 언어를 통해 빠른 시간 안에 전파하는 것이다.
자기 자식이랑 놀고 있는 아이네 집이 임대 아파트인지 고급 아파트인지, 아버지의 직장은 어디이고 직급은 무엇인지 확인해야 직성이 풀리는 사람들이 바로 한국의 주류다. 일베가 등장하기 훨씬 전부터 일베 코드를 선취하고 있었던 그들은, 당연한 말이지만 일베적 언어로 발화하지 않는다. 이들이 점잖게 하는 이야기들은 그러나 일베 코드와 본질적으로 차이가 없다. '정치적 선동은 혼란을 부른다', '유가족은 순수해야 한다', '경제는 지고의 가치다.'… 이 주장을 이념 두 개로 정식화할 수 있다. 정치를 도덕으로 환원하는 반정치주의, 그리고 민주주의를 시장 논리·기업 논리에 종속하는 경제주의가 그것이다. 이 이데올로기들은 일정 수준 이상 발전한 자본주의 사회에서 기득권을 지키는 아주 효과적 전략이 된다.

세월호 참사를 애도하고 추모할수록 우리 앞을 완강히 가로막는 근본적인 난제는 일베나 유병언 일가가 아니다. 바로 국가다. 그 국가는 단지 박근혜 정권뿐만 아니라 안전불감증에 걸린 정부 부처와 선박업자, 작동하지 않는 재난방재 시스템, 세월호 때문에 불황이라고 거짓말하는 언론, 세월호 유가족이 순수하지 않다고 의심하는 국민을 모두 포함한, 총체적 의미에서 '국가'다. 세월호 참사는 그 국가가 적나라한 민낯을 드러낸 사건이었다. 그리고 우리가 국가를 바꾸는 일에 엄두를 내지 못하며 머뭇거리는 사이 일베 코드는 유가족의 심장을 하루에도 몇 번씩 바닷속에 가라앉히고 있다.

○ 리바이어던^{Leviathan}

아베 치렀더니 노동자 치는 정권

　청와대와 민주당은 일본의 반도체 재료 수출 규제 대책으로 '화학물질 안전관리 완화'를 추진하면서 관련 노동자의 '특별연장근로'를 인가하겠다는 방침도 발표했다. 시계를 과거로 되돌리는 조치가 잇따른다. 이걸 보니 10년 전 '그 사건'이 또 떠올랐다.

　2009년 1월, 이명박 대통령은 글로벌 금융 위기에 대응한다며 청와대 지하 벙커에서 연일 대책회의를 열었다. 2차 회의의 '대통령 말씀'은 "고통 분담 차원에서 '잡셰어링'에 대한 구체적 대안을 강구하라!"였다. 지시가 구체화된 건 한 달 뒤인 2월 25일 전경련 주최 '고용 안정을 위한 재계 대책회의'였다. 거기서 30대 그룹 채용 담당 임원들이 발표한 내용은 충격적이었다. "경제 위기에 대응하기 위해 신입 사원 임금을 최대 28% 삭감한다." 그들은 이것을 두고 '인건비 절감을 통해 인턴 직원을 더 뽑기 위한 일자리 나누기, 즉 잡셰어링'이라고 불렀다. 며칠 만에 공기업, 금융 기관 등이 삭감률을 더 높여 동참했다.

　이명박과 전경련의 '잡셰어링'은 노조의 보호조차 받지 못하는 신입 사원 임금 3분의 1을 글자 그대로 '강탈'한 사기극이었다. 본래 잡셰어링은 괜찮은 일자리decent job의 노동자가 노동 시간을 단축해 줄어든 임금을 감수하는 대신 다른 노동자가 일할 수 있게 한 제도다. 노사 타협의 산물이기도 하다. 반면 임금을 일방 삭감해 그 돈으로 직원을, 그것도 비정규직을 뽑는 것은 '잡스플리팅(일자리 쪼개기)'이라 불린다. 보통 우리는 그런 짓을 이렇게 부른다. 협잡.

이 협잡이 더 구역질 났던 이유는 "국가적 위기"의 고통 분담을 청년에게 강요한 기업 임원들이 자기 월급은 털끝만큼도 건드리지 않았기 때문이다. 프랑스 같은 나라였으면 청와대와 전경련이 불에 타 사라졌을 사건이지만 놀랍게도 당시 청년들은 별다른 저항조차 하지 않았다. 어떤 사회적 논의 과정 없이 한 세대가 일방적으로 희생양이 됐는데도 결정에 관여한 누구도 당시 일에 대해 사과하지 않았다.

2019년 문재인 정권을 보자. 삼성 반도체 공장에서 죽어간 목숨들, 그들의 처절한 투쟁 과정과 삼성의 악마적 행태들을 조금이라도 안다면, 청와대와 민주당처럼 '화학물질 안전관리 완화'라는 말, 쉽게 할 수 없다. 일본이 수출 규제 품목으로 지정한 불화수소, 일명 불산이라 불리는 물질은 반도체 공정의 핵심 재료지만 인체에 치명적 해를 끼치기에 매우 높은 수준의 안전 관리가 필요하다. 2013년 화성공장 불산 누출은 한 명이 숨지고 네 명이 다치는 끔찍한 사고였음에도 삼성은 작업자를 대피시키지 않았을 뿐 아니라 사건 은폐를 시도했다 발각됐다. 이런 부도덕한 기업이 규제를 완화하면 무슨 짓을 할까.

청와대와 민주당이 모를 리 없다. 알면서도 지금 저런 짓을 하는 것이다. 그러므로 다시 한 번 이렇게 부르지 않을 수 없다. 협잡. 그것도 노동자의 목숨을 제물 삼아 재벌에게 당근을 던져주려는, 최악의 협잡. 세계 최장 노동 시간의 '과로사 공화국'에서 "특별연장근로를 인가하겠다."는 것도 협잡이긴 마찬가지다.

격차가 줄긴 했지만, 일본의 국내총생산GDP은 한국의 3배가 훌쩍 넘는다. 불매 운동, 여행 안 가기 등이 일본 경제에 심대한 타격을 입히는 건 사실상 불가능하다. 그렇다고 냉소하거나 절망할 수만은 없다. 아베 정권의 부당한 횡포에 끈질기게 맞서 싸워야 한다. '민족의 자존심' 같은 이유에서가 아니다. '역사는 덮어두고 경제부터 챙기자.'는 현실주의가 국제 질서의 변화와 맞물려 이제 과거처럼 작동하지 않기 때문이기도 하지만, 무엇보다 아베 정권과의 싸움이 단순한 힘겨루기가 아니라 강제 징용이라는 대규모 반인권 범죄에 대한 진지한 문제 제기이기 때문이다.

시민들은 알고 있다. 대통령과 수석이 큰소리는 치고 있지만 당장 꺼내 들 카드가 변변찮다는 것을. 우리 힘이 약해 한동안 일방적으로 두들겨 맞을지도 모른다. 어쩔 수 없다. 그래도 한국 정부가 징용 피해자의 편에 서는 한, 많은 시민이 끝까지 응원하고 지지할 것이다. 하지만 외부의 적을 핑계로 노동자를 번제물로 바치지는 말라. 일본을 이기는 것 따위보다 훨씬 중요한 것은 시민 개개인의 삶이다. 뭣이 중요한지 잊지 말기 바란다. 이건 부탁이 아니다. 촛불을 들었던 주권자들의 경고다.

감염병보다 치명적인

신종 코로나바이러스는 메르스 등에 비해 치사율이 낮고 증상도 가벼운 편으로 알려졌다. 바짝 긴장할 필요는 있지만 지나치게 두려워할 이유는 적다. "시민은 과한 불안을 갖지 말고 당국은 과할 정도로 대응해야 한다."라는 대통령의 말은 그런 점에서 적절했다. 나라살림연구소 이상민 위원에 따르면 "신종 감염병 관련 정부 직접 지출액은 2015년 약 700억 원에서 2020년 약 2000억 원으로 증가했다."라고 한다. 비교 자체가 굴욕일 수 있겠으나 전임 대통령을 떠올리면 감동적일 지경이다. 미안하지만 칭찬은 여기까지다. 최근 청와대와 민주당이 신종 감염병보다 치명적인 그야말로 대형 사고를 쳤기 때문이다.

2020년 1월 9일, 이른바 '데이터3법'이 국회 본회의를 통과한다. 정보통신 관련법처럼 들리지만, 전혀 그렇지 않다. 이 법안, 즉 개인정보보호법·정보통신망법·신용정보법 개정안은 사실 개인정보법 패키지다. 그런데 '개인정보'라 명시하면 껄끄러우니 데이터라는 단어로 '세탁'한 것이다. 요약하면 '시민 개인의 민감한 정보를 기업이 자유롭게 이용할 수 있도록 각종 규제를 철폐하는 법안'이다. '데이터3법'이 본회의를 통과하자마자 두산 인프라코어 박용만 회장은 "만세! 드디어 데이터3법 통과!"라고 페이스북에 적었다. 그 정도로 재벌이 학수고대했던 법안이다.

'데이터3법'이 통과되자 정부는 기다렸다는 듯 '바이오헬스 핵심규제 개선방안'을 발표한다. 유전 질환 가족력, 임신·분만·유산 등 개인의 모든 진단과 치료 기록을 기업이 활용할 수 있게 빗장이 열렸으니 그간 공공성·인권의 가치로 보호되던 영역을 이제 기업이 마음껏 뜯어먹게 하자는 제안이다.

일례로 '혁신의료기술 정책'을 보자. 이 정책에 따르면 환자에게 의료기기를 사용해 수술·처치·검사하는 행위를 평가할 때 지금까지는 '치료 효과'가 기준이었지만, 앞으로는 경제 성장을 위한 '잠재성'을 기준에 넣겠다고 한다. 치료 효과는 떨어져도 경제에 도움만 되면 혁신의료기술로 지정해주겠다는 소리로 들린다. '소비자 의뢰 유전체 검사' 항목도 대폭 늘리겠단다. 시행될 경우 시민들의 불안을 이용해 필요도 없는 유전자 검사를 부추기는 '건강 공포 마케팅'이 기승을 부릴 게 명약관화하다. '건강 인센티브' 제도도 있다. 건강 관리 잘하면 건강보험 비용을 할인해주겠다는 내용이다. 건강 불평등, 즉 빈곤과 건강의 관계는 이제 상식에 속한다. 가난할수록 더 빨리 죽고 더 많이 아프다. 반면 부자일수록 건강하고 오래 산다. 자본·정보·여유가 있어서 건강 관리를 잘하기 때문이다. 정부는 가난한 사람의 건강보험 비용 부담을 덜어주기는커녕 부자들의 건강보험 비용을 깎아주겠다고 선언한 셈이다.

'데이터3법'과 '바이오헬스 핵심규제 개선방안'은 두 가지 큰 의제를 품고 있다. 하나는 '정보 인권'이다. 청와대는 지난 1월 비서실장 명의로 '조국 전 법무부 장관에 대한 검찰 수사의 인권 침해 여부를 조사해달라.'는 공문을 국가인권위원회에 보내고는 나중에 "실수"라며 철회했다. 독립기구인 인권위에 청와대가 저런 공문을 보낸 것 자체가 명백한 권력 남용이다. 물론 조국 전 장관의 인권, 중요하다. 형식은 부당했으나 취지는 공감할 만했다. 그래서 더더욱 묻고 싶다. 그렇게 인권에 예민한 정권이, 왜 시민의 정보 인권은 기업에 팔아넘겼나.

다른 하나의 의제는 '의료의 공공성'이다. 문재인 정권의 의료보건 정책 기조는 '영리화'로 수렴한다. 이런 기조로 달려갈 경우 정해진 목적지는 하나, '부자만의 의료낙원'이다. 이번 감염병 사태에서도 드러나고 있듯 국가가 직접 통제 가능한 공공 의료 기관과 인력이 부족하다 보니 갈등과 혼란이 순식간에 비등한다. 감염이 크게 확산하고 영리병원의 사회적 책임 방기가 겹칠 경우, 대응 시점을 놓쳐 사회 전체가 패닉에 빠질 수도 있다. 그렇기에 공중보건·의료 영역은 개별 정권의 역량이나 예산 책정에 기댈 게 아니라 국가의 항상적 시스템으로 운영돼야 한다. 그런데 문재인 정권은 갖가지 규제 완화와 영리화 정책으로 시스템의 근간부터 허물고 있다.

정보 인권과 의료 공공성은 기업에 막 던져줘도 되는 '먹을 거리'가 아니다. 그것은 시민의 존엄과 평등을 최소한의 수준에서 보장해주는, 민주주의의 가능 조건이다. 감염병보다 치명적인 정부·여당의 폭주, 막아야 한다.

'김의겸 사태'는 세 가지 실패를 의미한다

'김의겸 사태'는 도덕적 일탈 같은 것이 아니다. 본인부터 그렇게 생각하지 않는 것 같다. 사퇴의 변을 읽어보면 죄의식이나 반성은 전혀 느껴지지 않는다.("시세차익 보면 크게 쏘겠습니다. 농담이었습니다.") 짐작하건대 이 즉각적 사퇴는 정권에 부담 주기 싫어서이지, 정말로 자신이 잘못했다고 생각해서는 아닌 것이다.

일부 여권 지지자 역시 비슷한 생각이다. 그래서 김의겸이 아니라 김의겸을 비판하는 사람들을 향해 분통을 터뜨린다. "수구 세력은 투기와 불법 밥 먹듯 하는데 우리 편은 왜 합법적 '노후 대비'조차 사퇴해야 할 일이 되는 거냐!", "진보는 평생 가난해야 하나? 진보의 도덕주의, 도덕 강박이야말로 문제다!", "솔직히 다들 건물주 되는 게 꿈 아닌가. 왜 위선 떨며 문재인 정부 못 때려 안달이냐!"

이 사건이 개인의 도덕적 일탈이 아니라는 데 전적으로 동의한다. 김의겸 사태는 그 정도의 해프닝을 넘어 시대의 어떤 본질을 보여주는 문제적 사안이다. 크게 세 가지 측면에서 해석할 수 있다.

첫째, 김의겸 사태는 문재인 정권의 인선 실패와 신뢰 저하를 의미한다. 물론 정권의 공과에 대한 본격적 논의는 아직 이르고 이 글이 그것을 논하기에 적절한 자리도 아니다. 정권이 잘한 일도 있고 못한 부분도 있지만, 적어도 지금 시점에 확실한 점은 '청와대 대변인 김의겸'이 전자에 해당하지는 않는다는 것이다. 대변인 시절 김의겸은 본인 표현대로 "까칠"했고, 대립각을 세우는 데 몰두하는 스타일이었다. "디엔에이" 발언 등 몇몇 발언이 구설수에 오르는 일은 잦았으나 국정 이해도를 높이는 데 특별히 기여했다 보긴 어렵다.

청와대가 꺼내든 장관 후보자들 면면은 여당에서조차 반대 목소리가 비등할 정도의 "재앙"의 연속이었다. 예컨대 최정호 국토부 장관 후보자는 부동산 정책을 관장하는 자리임에도 주택을 통해 23억 원의 시세차익을 챙긴 사실이 밝혀졌다. 그는 후보 지명 직전 딸에게 아파트를 증여하고 본인은 그 집에 월세로 사는 재테크 기법을 선보여 "'꼼수 증여'의 달인"이라는 비판에 직면했다. 결국 그는 후보에서 자진사퇴했다.

'청와대의 입' 김의겸의 부동산 '투자'는 이런 흐름의 결정타였다. 김의겸은 은행 대출 10억 원을 끼고 서울 흑석동 재개발 부지의 25억 상가주택의 속칭 '딱지'를 매입했다. 전매 가능한 타이밍을 절묘하게 치고 들어간 그 시점은 한창 문재인 정권이 부동산 투기와의 전쟁을 치르던 2018년 7월이다. 한마디로 '정권을 대변하는 입'이 뒤에서는 국정 철학을 정면으로 부정했던 셈이다.

둘째, 김의겸의 행보는 언론인 롤모델의 실패를 재차 증명했다. 한국의 언론인이 "기레기"라는 모멸적 명칭으로 불리는 이유에는 여러 가지가 있겠으나 근원적 이유의 하나는 언론이 독립된 권력의 '장field, champ'으로 기능하지 못한다는 점이다. 다시 말해 언론 권력이 자본 권력이나 정치 권력이라는 다른 권력장의 논리에 종속된 하위 장으로 존재하기 때문이다. 기자를 하다 좀 유명세를 얻으면 순식간에 정치 권력이나 대기업으로 옮겨 타는 행태가 끝없이 되풀이됐다. 그러다 보니 기자인지 정치가 지망생인지 모를 폴리널리스트polinalist들은 더욱 양산되고 기자 자신도 이런 일에 무감각해지게 됐다.

김의겸은 최순실 관련 보도로 박근혜 탄핵의 불씨를 댕긴 이 중 하나다. 그 보도가 공익에 부합했음은 말할 나위가 없다. 미국이었다면 그는 현대사를 바꾼 많은 특종 기자들이 그랬던 것처럼 퓰리처상을 받고 전국적 지명도의 언론인으로 더 맹활약하게 됐을 것이다. 하지만 김의겸은 언론인으로 남지 않았다. 청와대가 부르자 사표를 던졌다. 후배 기자들이 찾아가 만류했지만 소용없었다. 이왕 떠났으니 대통령의 국정 철학을 깊이 이해하고 전하는 공직자로서 역할을 충실히 했다면 그 나름 의미가 있었을 테다. 하지만 결말은 보는 대로다. 정권의 정책 기조를 조롱거리로 만들며 본인도 불명예 퇴진하고 말았다.

셋째, 김의겸 사태는 86세대 진보 엘리트가 꿈꾼 비전의 실패를 표상한다. 오랫동안 범진보 세력, 특히 민주당과 그 지지층 주류가 고수해온 어떤 사고 틀이 있다. 먹고사는 문제는 개인이 알아서 하는 것이고, 시민들이 신경 써야 하는 공적 의제는 역사 왜곡, 언론 장악, 권력층 비리 같은 것이라는 암묵적 구분 말이다. 다시 말해 그들은 '계급에 대해 말하지 않는 방식'으로 개혁이니 진보를 자임해왔다. 김의겸 사태는 그런 기만적·편의적 진보주의가 필연적으로 다다르는 종착지다.

크게 보면 이는 87년 체제 이후 등장한 신주류·민주화운동 세대가 지닌 한계와도 직결된다. 애초 87 체제를 만들어낸 동력은 계급 문제와 불가분이었음에도 30여 년이 지난 지금, 계급 이슈는 범진보 진영 주류에서 분열증적으로 억압돼 있다. 김의겸은 "집도 절도 없는 처지"에서 "노모를 모시고 살기 위한 노후 대비"라고 말했지만, 일단 '대출 10억'이라는 대목에서 이미 대다수 서민은 현실 감각을 아득히 상실한다. 정말 "집도 절도 없는" 서민은 서럽도록 잘 안다. 은행에서 1억 원, 아니 5천만 원 빌리기가 얼마나 어려운가를.

김의겸이 포함된 86세대 진보 엘리트들의 삶은 대개 건물주는 아니라도 상위 10%의 삶이다. 굳이 '진보 엘리트'라 구분 지은 것은 젊은 시절 진보적 대의에 헌신한 세대 중에 기꺼이 '민중'-'투명인간'이 되어 현장에 남은 이들이 존재하기 때문이다. 어쨌든 진보 엘리트의 삶은 나머지 90%가 매일 겪는 지옥도와 무관하다. 습관적 당위와 인간적 연민으로 빈곤을 말하고 불평등을 입에 올리지만 정말로 해결하겠다는 절박감은 없다. 그런데 놀랍게도 이 상위 10%는 자신이 '서민'

이라고 진심으로 믿고 있다. 왜냐면 이들의 비교 대상은 상위 1% 건물주들이기 때문이다. "어린이의 꿈이 건물주인 사회는 만들지 말아야 한다."라고 입으로 말하면서도 본인은 건물주를 갈망하고 또 건물주가 되어 이토록 큰 정치적 영향력과 발언권을 행사하고 있다는 것. 가히 우리 시대 최대 모순 중 하나다.

'다른 사회'를 정말로 믿는다면 우리는 어떻게 행동해야 하는가? 제도적 변화를 꾀하는 노력은 물론 필수다. 하지만 그게 전부는 아니다. 우리의 태도 또한 함께 변해야 한다. 즉 '이미 그런 사회가 된 것처럼' 행동해야 한다. 고결한 도덕주의자여서가 아니라 그렇게 실천적으로 비약하지 않고서는 이미 공고히 자리 잡은 제도와 관례를, 나아가 사회 전체를 바꿀 수 없기 때문이다. 그렇게 하지 않고는 아직 오지 않은 다른 미래를 누구에게도 설득할 수 없기 때문이다. 어린이의 꿈이 건물주인 사회가 바람직하지 않다고 여기는가? 그렇다면 당신부터 그 꿈을 버려야 한다.

조국 사태는 당신이 누구인지 말해준다

　너무나 많은 관련 보도와 칼럼이 쏟아져 나왔다. 그런데도 여전히 정리돼야 할 부분이 남아 있기에 글 하나를 더 보태기로 한다. 누군가에게 조국 사태는 '불법도 아닌 가족 문제에 대한 수구 세력·검찰·언론의 광기 어린 물어뜯기'로 정의된다. 그러나 또 누군가에게 이 사태는 '위선적 강남좌파의 불공정한 기득권 세습 행태'로 요약된다. 많은 이가 자신이 주목하는 면이 '본질'이며 나머지는 '현상'에 불과하다고 주장한다. 다소 플라톤주의적인 생각 같긴 하지만 여기서 그걸 가지고 철학 논쟁을 할 생각은 전혀 없다. 아마 당신이 옳을 것이다. 그러나 다른 이에게는 틀렸을 것이다. 세상 모든 일이 그렇듯 조국 사태 역시 다면체多面體다. 여러 면을 지니고 있다.

'야만성'

　먼저 짚어야 할 면은 사태의 '반인권성' 또는 '야만성'이다. 법무부 장관은 중요한 공직이며 공개적으로 검증받는 건 당연하다. 하지만 그렇다고 검증에 한계가 없는 건 아니다. 누군가의 미성년 시절 생활기록부를 본인 양해 없이 공표할 권리는 누구에게도 없다. 설령 그 사람이 살인 용의자라 해도 마찬가지다. 그런데 주광덕이라는 자가 후보자 딸의 생기부를 공개했고 일부 기자는 그걸 받아 적었다. 어떤 논리로도 정당화될 수 없는 잘못이다. 이런 잘못이 향후 되풀이되지 않도록 제도와 풍토가 어떤 형태로든 개선돼야 마땅하다.

다음으로는 "기레기"라는 말로 상징되는 '언론'에 문제가 있다. 조국 사태 관련 기사가 70만 건에 이른다거나, 심지어 120만 건에 달한다는 주장이 웹에서 크게 회자했다. 이들 주장은 조국 후보가 터무니없이 과도하게 공격받고 있음을 강조한다. 유사한 맥락에서 '한국언론사망' 검색어가 실시간 검색 순위에 오르기도 했다. 이 문제는 앞서의 '반인권성', '야만성'과 뒤섞여 언급되곤 하지만 따져보면 사실 다른 문제다.

조국 관련 기사의 '양量'에 대한 부분, 조국 보도가 수십만 건에서 심지어 1백만 건에 이른다는 주장은 팩트부터 틀렸다는 지적이 나온다. 『미디어오늘』이정환 대표가 본인 페이스북에 올린 조사 내용에 따르면 "네이버에서 조국+후보자로 1개월을 검색하면 89만4,107건이 나오는데 네이버의 기사 집계에 문제가 있거나 애초에 정확하지 않을 가능성이 크다."고 한다. 또 이 대표는 "방송 통신이 37만 건이나 된다는 것도 이상하다."면서, "기사가 많은 『연합뉴스』와 『뉴시스』, 『뉴스1』이 각각 4,243건, 4,236건, 3,341건밖에 안 된다."고 지적했다. 이정환 대표는 "네이버 기사 검색이 무슨 이유에서인지

10배 이상 부풀려진 것 같다."면서, '다음' 검색에 나타난 6만 800여 건 정도가 실제에 가깝지 않겠냐고 말한다.

물론 6만도 적지 않은 수다. 하지만 조국 사태에 대한 시민들의 관심이 유례없이 뜨거웠음을 감안하면 그 정도 수치는 나올 수 있다. 이른바 '보수 세력'의 언론 플레이는 늘 그랬듯 상수로 존재하며 이번에도 여지없이 작동했다. 하지만 그것만으로 도저히 설명할 수 없을 정도로 여론이 크게 출렁인 것도 사실이다. 대통령 코어 지지층이 결집하는 움직임과 동시에 상당수 부동층과 대통령 지지자가 실망하거나 돌아서는 현상도 나타났다.

여기에 더해 하나 더 이유를 꼽자면 일종의 인지 편향도 영향을 끼쳤을 수 있다. 누구나 아는 유명한 언론계 속담을 떠올려보자. '개가 사람을 물면 뉴스가 안 되지만, 사람이 개를 물면 뉴스가 된다.' 유서 깊은 '차떼기당'의 후예인 어느 정치인이 또 비슷한 짓을 했다는 보도는 사람들 관심을 그다지 끌지 못한다. 화는 나지만 기사를 꼼꼼하게 읽어볼 생각조차 안 든다. "OO당이 OO당 같은 짓 했네."라며 넘어가는 게 태반이다. 반면 평소 입바른 소리 잘하고 청렴해 보이던 인사의 허물이 드러나면? 평소 정치면이라면 거들떠보지도 않던 사람들까지 기사를 찾아 읽는다. "야, 그렇게 안 봤는데 뒤에서 호박씨를 이렇게 깠어?" 운운. 특히 '위선자 프레임'은 엄청난 위력을 발휘한다. 한번 위선자로 찍히면 같은 잘못을 하거나 심지어 훨씬 경미한 잘못임에도 상대적으로 가중 처벌이 되곤 한다.

'기레기'

그런데 기사의 양 외에 기사 내용, 질^質도 "기레기" 담론의 중요한 축이다. 확실히 일부 언론의 보도는 극히 악의적이고 저열했으며, 따라서 자체로 사태의 '야만성'을 보여주는 사례였다. 하지만 그런 보도만 있는 것은 아니었다. 조국 후보에 비판적이라 할지라도 언론별로 논리와 논조는 제각각이었다. 『한겨레』의 경우 편집국장이 조국 사태 보도를 일방적으로 톤다운 하는 등의 일이 반복적으로 일어나자 주니어 기자들이 국장단 사퇴를 요구하는 성명까지 냈다. 지난 한 달 주요 언론사의 사태 관련 보도 내용을 꼼꼼하게 분석해보면, 아마 차이는 더 명확히 드러날 수 있을 것이다. 특히 딸 입시에 모든 이목이 쏠린 와중에도 법무부 장관 공약이 가진 문제점을 조목조목 짚은 언론 매체들이 있었다는 점은 기억해야 한다.

이렇게 언론사별로 보도의 내용과 톤이 달랐기 때문에 조국 사태를 두고 '한국언론사망'이라는 말로 싸잡아 비난하는 건 타당하지 않다. '조중동'이 잘못한 건 '조중동'을 비난하고, 『한겨레』와 『경향신문』이 잘못한 건 『한겨레』와 『경향신문』을 비난하면 된다. 이건 일반론이다. 그런데 지금 한국 사회에서는 일반론이 통하지 않는다. 그 기저에는 노무현 전 대통령의 죽음이라는 집단 트라우마가 놓여 있다.

이른바 친노·친문 세력에게 "논두렁 시계"로 상징되는 당시의 언론 보도는 노 전 대통령을 죽게 한 결정적 흉기였다. 그 점에서 이른바 '진보 언론'은 '조중동'과 똑같다. 아니 어떤 면에선 '진보 언론'이 더 나쁜 놈들이다. '조중동'이야 원래 기대도 안 했지만, '진보 언론'은 같은 편인 척, 진보인 척 위선을 떨다 노무현 등에 칼을 꽂았기 때문이다. 이들 언론은 진보를 참칭하면서도 문재인 정부를 돕기는커녕 사사건건 트집을 잡아 왔을 뿐 아니라 노무현의 친구 문재인이 가장 신뢰하는 이를 또다시 물어뜯고 있다는 것이다. 여기서도 '위선자 프레임'은 여지없이 작동한다.

그러므로 조국 사태에서 '언론' 문제처럼 보이는 것은 언론, 그러니까 언론학자들이 연구하는 저널리즘 이슈가 아니다. 이것은 언론 문제라기보다 정치 문제이며 구체적으로는 어떤 시대, 어떤 세대, 어떤 집단의 정치적 열망과 상처에 관한 문제다. 나는 그 진정성authenticity을 추호도 의심하지 않는다. 진정성은 시대적·세대적 공통 경험 속에서 엄청난 힘을 발휘하지만, 반대로 그 공통 경험 속에 편입되지 않거나 못한 사람에게 호소력을 발휘하지 못하기도 한다. 특히 중요한 포인트는 국정 농단 사태 당시 최순실 씨와 그 딸에게 분노했던 많은 대학생이 이번 조국 사태에도 강한 반감을 드러낸 데 비해 기성세대, 그중에서도 50대 이상 진보 성향 장년층은 당시와 완전히 상반된 반응을 보였다는 점이다.

사안이 다르기 때문에 당연히 조국 후보를 최순실 씨와 동일 선상에 놓을 수는 없다. 그러나 어쨌든 조국 씨 딸 사례가 불공정하다는 인식은 대학생들 사이에도 상당히 널리 공유된 게 사실이다. '조국 퇴진' 촛불은 최순실 씨 케이스와 비례평가돼 지금 숫자로 나타났다고 봐도 무리가 없다. 적어도 대학생들은 일관되게 '공정성' 침해에 대한 반감을 드러냈다고 볼 수 있다. 혹자는 대학생들이 자유한국당 등 극우 세력에 선동당해 촛불 시위에 나섰다고 폄하했지만, 거의 모든 여론조사에서 대학생의 반자한당 정서는 기성세대보다 크면 컸지 결코 작지 않다는 점을 다시 강조한다. 반면 진보 성향 50대가 조국 사태에 보인 반응은 지금 청년들 눈에 어떻게 비쳤을까. 그야말로 '내로남불'로 보이지 않았을까.

'결정적 장면'

조국 사태라는 다면체는 이러한 한국 회의 세대적 분절뿐 아니라 계급적 분절 또한 적나라하게 드러냈다. 이를 가장 극적으로 보여준 사건들이 셋 있었다. 감히 '가장 결정적 세 장면'이라고 이름 붙이고 싶다. 하나는 서울대·고려대 학생들이 조국 사퇴를 요구하며 내건 요구 사항들, 다른 하나는 경북대학교 총학생회의 성명서, 마지막은 노동자단체 '청년 전태일'이 주최한 '조국 후보 딸과 나의 출발선은 같은가' 대담회에서 나온 발언들이다.

서울대와 고려대 학생들의 요구는 '조국 딸에 대한 전면 조사와 조국 후보 사퇴'였다. 경북대 학생들의 요구는 달랐다. "이건 조국 후보만의 문제가 아니다. 고위 공직자 전수 조사하고 입시제도 전면재검토하라!" 한편 '청년 전태일' 대담회서 발언한 청년들의 목소리는 이들 두 집단과도 또 달랐다. "대학을 일찌감치 포기한 채 19살 때부터 노동을 해야만 했던 우리에게는 논문이니 입시제도 같은 것조차 딴 세상 이야기다. 아무리 노력해도 따라잡을 수 없는 출발선에 청년들은 분노한다."

어느 사회든 신분 피라미드 최상층부는 '평등'을 요구할 필요가 없는 집단이다. 이해관계는 명확히 인식하는 편이지만 특권이 숨 쉬듯 자연스러우니 질투도 별로 없다. 화가 나려면 뭘 좀 알고, 자녀 교육에 적지 않은 자원을 투입해본 계층이어야 한다. 시쳇말로 조금은 "비벼볼" 구석이 있어야 하는 것이다. 그러므로 조국 사태에 가장 격렬하게 분노하는 집단은 큰 틀의 중산층-상대적 고학력자일 수밖에 없다. 피라미드의 상부와 중간층에 속한 이들은 교육을 통한 지위상승 욕망과 능력주의 성향이 가장 강하다. 자기 성취가 온전히 자기 재능과 노력 덕분이라 여기는 비율도 높기 때문에 이들은 진정으로 분노해서 조국 사퇴 시위에 나갔을 공산이 크다. 전설적 미식축구 코치 배리 스위처는 이런 사람들을 절묘하게 묘사한 적이 있다. "어떤 사람들은 3루에서 태어났으면서도 자신이 3루타를 친 줄 안다Some people are born on third base and go through life thinking they hit a triple." 반면 피라미드 최하층부는 조국 같은 사람들이 보여준 '합법적 세습곡예'를 별나라 얘기처럼 느낀다. 너무 아득히 떨어져 있는 귀족놀음인지라 실감도 없고, 따라서 그렇게까지 화도 나지 않는 것이다.

비슷한 시기 쏟아져 나온 대한민국 청년들의 목소리임에도, 그 목소리들은 전혀 동질적이지 않았다. 같은 대학생임에도 서울대·고려대와 경북대 사이의 거리는 사뭇 멀고, 대학생과 노동자 사이의 거리는 더욱 멀었다. 바로 이 차이, 이 거리감이야말로 조국 사태에서 진정 주목해야 할 대목이다. 모두의 고민과 논의가 출발해야 할 지점 역시 입시제도 따위가 아니라 바로 여기, 청년들의 이토록 다른 기회의 구조여야 한다.

유감스럽게도, 이 결정적 장면들이 진지한 사회적 논의로 연결되기 전에 86세대 특유의 정치적 기동이 먼저 튀어나왔다. 지방대 학생들과 청년 노동자를 입에 올리며 서울대·고려대 학생들을 비난하기 시작한 것이다. 평소 지방대 학생의 처지에 관심조차 없던 자들이, "공부 안 하면 저렇게 된다."며 노동자를 멸시하던 자들이, "세상이 바뀌었는데 아직 데모나 하는 정신 빠진 새끼들"을 욕하던 자들이 '학벌 기득권'과 '노동'과 '운동'을 운운하며 대학생을 준열히 꾸짖는 광경은 그로테스크하다 못해 구토를 일으킬 지경이었다. 빈곤의 비참도, 모욕당한 노동도, 사회적 불평등도 모두 그들에게는 진영 논리의 도구에 불과했다.

기대 이하의 말들

조국 사태에서 가장 과소하게 언급된 문제가 바로 조국 후보 자신이 내세운 정책이다. 검찰 개혁에 버금갈 정도로 중요한 부분이었고, 그래서 몇몇 전문가와 일부 언론이 문제 제기도 했으나 사실상 묻혀버린 쟁점이다.

8월 20일 발표한 정책공약집의 경우 "정신질환자에 의한 강력 사건이 국민들 일상의 안전을 위협한다."며 진한 글씨로 강조하는 등 정신질환자에 대한 편견을 부추기고 있을 뿐 아니라 실효 있는 대안도 제시하지 않았다는 항의가 잇따랐고, 전문가들 역시 심각한 우려를 표한 바 있다. 안전에 대한 시민의 불안감을 자극하는 데 정신질환자를 도구로 사용한 게 아니냐는 격앙된 반응까지 나왔다.

9월 6일 열린 인사청문회에서는 성소수자에 대한 조국 후보의 답변이 문제가 됐다. 조국 후보는 군형법 92조의 6에 대해 "군대 내 동성애는 영내외 여부를 세부적으로 따져야 한다. 영내 동성애는 더 강하게 처벌해야 하고, 영외 동성애 처벌은 과하다."라고 답했다. 기본이 안 된 답변이었다. 동성애와 동성 간 성행위를 구분하지 않았을 뿐 아니라 동성애 자체를 이성애와 차별해 낙인찍는 발언이었다. 동성애와 이성애를 구별하지 말고 영내 성행위를 처벌한다고만 답변했어도 충분했던 상황이었다.

'그 나물에 그 밥'인 검찰 출신 법무부 장관이 아니라 진보 법학자 출신의 법무부 장관이라면 그에 걸맞은 역량과 비전을 보였어야 했다. 딸 입시 문제를 차치하더라도 조국 후보의 정책과 발언은 소수자를 포함한 많은 시민의 기대에 미치지 못했다. 특히 정신질환자와 성소수자 입장에서는 실망을 넘어 환멸을 느낄 만한 발언들이었다.

조국 사태의 여러 측면 중 '정치 검찰' 또는 '검찰 개혁' 이슈도 중대하다. 이번 사태에서 드러난 검찰의 정치 개입은 도를 넘은 것이었고, 이제 검찰 개혁을 미룰 수 없다는 경각심을 주기에 충분했다. 검찰 개혁 문제는 전문가의 글도 많기에 이 글에서 새삼 논하지는 않아도 될 것 같다. 검찰 개혁이라는 문제의식은 박근혜 국정 농단 사태 당시 검찰의 행보를 향해서도 일관되게 적용돼야 옳다는 것 정도만 밝혀두기로 한다.

당신과 나는 위에 열거한 조국 사태의 다양한 측면 중 어디를 주로 바라보고 있을까? 속된 말로는 어디에 '버튼'이 눌리는가, 라고 물을 수도 있겠다. 각자의 대답은 다를 수 있다. 한 가지 분명한 건, 조국이라는 이름의 다면체 어느 면에 주목하는가가 당신이 어디에 서 있는지를 말해준다는 점이다.

치안 국가의 예감

　행정안전부가 안전행정부로 명칭이 바뀐다는 소식이 들리자 많은 이가 '조삼모사' 같은 짓이라 비웃었다. 하지만 이렇게 냉소하고 넘길 일은 아니다. 기관명을 바꾸는 일은 말처럼 간단치 않다. 크고 작은 직제 개편이 따르고, 명칭을 변경함으로써 비용도 만만치 않게 든다. 국내 행정을 총괄하는 중앙 행정 기관의 이름에 안전이라는 말을 앞에 둔 건 명백한, 그리고 중대한 변화의 예고편이다. 한마디로 표현하면 '치안 국가'로의 변화다. 박근혜 정부의 출범을 앞두고 갑자기 일어난 사태가 아니다. 이명박 정권 초기부터 확실히 강화돼온 어떤 경향이다. 노무현 정부의 '행정자치부'가 이명박 정부의 '행정안전부'로, 다시 박근혜 정부의 '안전행정부'로 바뀌어 온 과정은 무엇을 말하고 있을까?

　'안전'은 전 세계 우파들이 가장 애용하는 단어 중 하나다. 이 말은 유기체에게 절대적 가치를 지니는 '생존'이라는 어휘와 쉽게 연결된다. 이뿐 아니라 예측 불가능한 위험들이 상존하는 '위험 사회'를 살아가기 위한 일종의 가치 중립적 수칙으로 여겨지기 쉬우므로 보수적 세계관을 은폐하는 장치로 기능한다. 어떤 끔찍한 사건이 벌어지면 '안전 담론'은 종종 다음과 같은 결론으로 치닫곤 한다. "우리의 생존을 위해, 우리 아이들의 안전을 위해 '저들'을 우리보다 훨씬 가혹하게 취급하거나 사회로부터 영원히 배제해야 한다."

안전 담론의 구체적 형태는 공안 논리와 치안 논리다. 공안 논리는 흔히 북풍이나 간첩단 조작 사건 등 공안 정국이라는 형태로 나타났다. 공안 논리의 구조는 단순하다. 정보비대칭 상황(지배 권력이 정보를 독점한 상황)에서 외부적 위협을 과장하는 것이다. 일종의 '공포 마케팅'이라는 점에서 공안 논리와 치안 논리는 매우 비슷하지만 공안 논리가 냉전 질서 하의 집단 정체성을 이용한다면, 치안 논리는 일상 속 개인의 불안을 공략한다고 할 수 있다. 그런데 최근 수년간 공안 논리의 '약발'이 영 시원치 않았다. 이른바 '보수 세력'이 '북풍'을 계속 시도했지만, 선거 시기에도 부동층의 반응은 시큰둥했다. 한마디로 예전 같지 않은 것이다. 시민들은 이제 간첩단 사건보다 자기 동네에서 발생한 연쇄 성폭행 사건에 훨씬 민감하게 반응한다는 것, 그리고 인터넷에 환호했던 시민 중 상당수가 이제는 환멸과 피로를 느끼고 있다는 것을, 보수는 날카롭게 감지했다. 공안 논리와 달리 범죄 정보를 적나라하게 공개할수록 치안 논리는 더 강력해지고 대중은 더 국가 권력의 편에 선다는 사실 또한 보수는 잘 알고 있을 것이다. 그렇게 보수 담론의 무게 중심은 공안에서 치안으로 옮겨갔다.

나주 초등학생 성폭행 사건의 용의자가 검거된 이후 이어진 해프닝들은 치안의 논리가 어떻게 현실화하는지 보여주는 좋은 사례였다. 박인숙 의원 등 새누리당 국회의원 18명과 민주통합당 전정희 의원이 공동 제출한 법안은 "화학적 거세가 근본적 처방이 될 수 없으므로 '물리적 거세'를 해야 한다."고 주장했다. 물리적 거세란 글자 그대로 특정 신체 기관을 잘라내겠다는 것이다. 고대 사회에서 '궁형'이라 불리던 끔찍하고 반인권적 처벌이다. 또한 수원 20대 여성 살해 사건으로 기소된 오원춘에게 무기징역이 확정되자 수많은 시민이 "왜 사형이 아니냐."며 분노하기도 했다. '조두순 사건', '김길태 사건' 등 흉악 범죄가 터질 때마다 싱가포르를 연상시키는 엄벌주의적 발상이 점점 확산되는 것처럼 보인다. 박근혜 대통령의 5년은 안전을 빌미로 시민의 기본권이 위축되는 시기가 될 가능성이 크다. 지난 25일 대통령직 인수위는 차기 정부 경호실장을 장관급으로 격상하는 청와대 조직 개편안을 발표했다. 치안 국가에의 예감은 날이 갈수록 불길해진다.

관제 극우라는 사회악

북한은 국가 권력이 이념 선동을 직접 기획하고 행사한다. 이를테면 '이데올로기 포르노'를 상영하는 극장이다. 일방적이고 노골적이며 말초적인 동어반복이란 의미에서 '포르노'다. 시민들에게 닥치는 대로 '종북' 딱지를 씌워 공격하는 국정원과 이른바 '보수 언론'과 '애국 보수 세력'들의 행태는 아이러니하게도 '이념 극장' 북한의 속성과 끔찍할 정도로 닮았다. 국정원의 대선 개입 시도와 인터넷 여론 조작은 남한 지배 권력과 북한 지배 권력이 권력 유지를 위해 얼마나 서로를 간절히 필요로 하는지, 또 얼마나 서로가 닮아 있는지를 가장 수치스러운 형태로 환기한다.

각계각층의 시국선언이 잇따르고 국정 조사가 결정됐음에도 국정원은 당당했다. 원세훈 전 국정원장에게 구속영장(알선수재 혐의)이 발부된 날, 국정원은 기습성명을 발표해 "노무현 대통령 NLL 발언은 휴전선 포기나 마찬가지"라며 또다시 남북정상회담 내용을 자의적으로 왜곡했다. "자체 태스크포스팀을 꾸려 제2의 개혁을 하겠다."라고도 한다. 임기가 아직 4년 반이나 남은 박근혜 대통령은 "스스로 개혁해야 한다."라고 말했다. 여전히 의회 다수당은 'NLL 포기' 논란을 주도한 새누리당이다. 저들의 결기와 오만이 어디서 나오는지 짐작할 만하다.

국정원은 일베뿐 아니라 사람이 많이 모이는 포털 사이트나 커뮤니티 대부분에서 '댓글공작'을 벌였다. 그중 일베 등의 우익 성향 사이트들은 이들에게 최적의 활동 공간이었을 것이다. 국정원 직원들이 남긴 댓글이 언론을 통해 공개됐는데 하나하나가 그야말로 참담한 수준이다. "아는 사람들은 다 알잖아… 간첩들이 폭동 일으켰다는 거.", "홍어종자 절라디언들은 죽여버려야 한다.", "아따 전(두환) 장군께서 확 밀어 버리셨어야 하는디 아따."

최근 사회 문제로 떠오른 넷우익 현상의 '몸통'이 바로 국정원이었던 걸까? 확실히 현상을 좀 더 증폭한 면은 있을 것이다. 하지만 인종주의·호남 차별·여성 혐오·반이주 노동자 담론 등은 국정원 직원 몇몇의 '댓글공작'으로만 환원할 수 없는, 별도의 분석이 필요한 사회 문제다. 시민들의 혐오 발언을 국가가 나서서 형사처벌하는 것은 표현의 자유라는 기본권을 흔들 수 있기에 아무리 신중해도 지나치지 않다. 반면 국정원 여론 조작은 정보 기관의 정치 개입이라는 명백한 실정법 위반이다. 오히려 이런 시도의 근절이 시민의 기본권을 보장하는 데 기여할 수 있을 것이다.

국정원의 여론 조작에 대해 어떤 이들은 '안보 기관이 공동체의 분열과 갈등을 조장해 결과적으로 안보를 해쳤다.'는 점을 들어 비판한다. 이른바 사회통합론에 기반한 일리 있는 주장이지만 첨예한 갈등 없이 사회가 진보할 수는 없다는 점에서 온전히 동의하긴 어렵다. 국가 권력이 '이념 전쟁'의 형태로 여론에 개입할 경우, 다양하게 분출하는 사회의 적대들 대신 특정한 갈등만 부각되고 약자의 목소리는 공론장에서 더 배제되기 쉽다. 요컨대 국정원이 나쁜 진짜 이유는 엄밀히 말해 갈등의 조장이라기보다 어떤 갈등의 특권화, 즉 '갈등의 은폐'다.

무엇이 문제인지, 그리고 무엇을 해야 하는지 명확해지고 있다. 중정-안기부-국정원으로 이어지는 대한민국 정보 기관의 역사를 되짚어보면 이 조직이 외부의 공격으로부터 공동체의 안전을 도모하는 것보다 권력자를 위해 국민을 기만하고 탄압하는 기능에 충실했다는 점이 또렷이 드러난다. 국정원은 이미 괴물이다. 저들은 개혁 대상이지 개혁의 주체가 될수도 없고, 돼서도 안 된다. 정보 공개 관련법을 포함해 썩어 문드러진 조직에 대한 전면적이고 외과 수술적 개혁이 필요하다. 국정원이 '관제 극우파'로 존재하는 한 대한민국 민주주의는 한 걸음도 앞으로 나아갈 수 없다.

요정, 박근혜

　철도노조 지도부를 체포한다며 수색영장도 없이 침입해 건물을 쑥대밭으로 만들었다. 노조 사무실에 있던 커피믹스까지 훔쳐갔다. 노조 지도부를 잡지도 못했는데 이틀 뒤 경찰 지휘부는 줄줄이 승진했다. 파업이 시작되자마자 코레일은 어떤 협상의 제스처도 없이 참가자 7,800여 명의 직위를 해제하며 사태를 벼랑 끝으로 몰고 갔다. 12월 27일 밤, 국토부는 어떤 사전 예고나 중간 보고 없이 수서발 KTX 법인 면허를 날치기로 발급했다. 단언컨대 내 2종 오토 면허도 이렇게 빨리 나오진 않았더랬다. 돌아보면 박근혜 정권의 1년은, 늘 최악의 상황을 가정하는 우울한 비관론자의 상상조차 아득히 뛰어넘는 충격과 경악의 나날들이었다.

　대통령의 첫 미국 방문 때부터 대형 사고가 터졌다. 바로 그 '윤창중 성추행' 사건이다. 청와대 첫 대변인으로 윤 씨가 뽑혔을 때 언론계 사정을 잘 아는 많은 이가 "어처구니없는 인선"이라 비판한 바 있다. 그리고 석 달도 지나지 않아 윤 씨는 한 인간이 '국격'을 얼마나 추락시킬 수 있는지 보여줬다. 그때만 해도 이것보다 큰 폭탄이 터질 거라 예상한 이는 거의 없었다. 얼마나 당치않은 착각이었는지는 우리가 익히 아는 대로다.

'국정원 게이트'는 경천동지할 스캔들이었다. 정보 기관과 군이 일반 시민으로 위장한 채 조직적으로, 그것도 특정 정치 세력에 편향된 댓글로 여론 조작을 시도해왔다는 사실은 그 자체로 중대한 범죄 행위다. 박근혜 정권은 그러나 "대선 결과에 불복하는 것이냐?"는 말만 반복하며 진상 규명을 바라는 시민들의 요구를 무시하거나 회피했다. 한편으로는 내란 음모 사건 등으로 공안 정국을 조성하며 '종북몰이'에 열을 올렸다. 종교계는 이미 정권 퇴진 운동에 돌입했다.

선거 당시의 복지 공약은 대부분 휴지 조각이 됐다. 경제만 놓고 봐도 디플레이션에 대응하지 못했고, '한국 경제 최대의 뇌관'이라 불리는 가계 부채 현황은 어느 때보다 위험천만하다. 전통적으로 우파 정부의 장기라 할 외교·안보는 어떨까. 지금 동북아시아는 그야말로 '전쟁 직전'이라 해도 과언이 아닐 정도로 살얼음판이다. 그런데도 박근혜 정권의 외교 라인은 전혀 존재감이 없다. 대북 관계는 말할 나위 없이 최악인 상태다. 1년 전과 지금을 놓고 봤을 때 박근혜 정부에서 진보한 분야는 단 하나, 대통령의 패션뿐이다.

사실 대통령에게는 이런 상황을 초래하지 않을 수많은 기회가 있었다. 국정원 댓글 건만 해도 그렇다. 전임 정권 때 일어났던 문제라고 확실히 선을 긋고 정리했다면 오히려 조기에 부담을 털고 갈 수도 있었는데 굳이 이명박 정권과 '한 배'를 탔다. 다른 사안에서도 여우처럼 교활하게 움직이기보다 갈등을 더 크게 부추기고 사람들이 정서적으로 반발하게 만드는 방식을 택했다. 이제 대통령의 '폭주'는 같은 편이 옹호해주기 어려운 지경으로 '막가고' 있다. 친박계로 분류되는 유승민 의원이 KTX 자회사 설립을 두고 "완전히 잘못된 정책"이라 강하게 비판했을 정도.

　민주당과 야권의 철저한 무기력, 종편을 비롯한 주류 매체가 정권의 스피커가 된 참담한 언론 환경, 영하 10도에 육박하는 추위, 2만에 달하는 경찰 병력과 차벽이라는 악조건인데도 무려 10만의 시민들이 광장에 모여 "철도 민영화 반대", "박근혜 정권 퇴진"을 외쳤다. 한국처럼 노조 조직률이 낮은 '노동 억압의 사회'에서 이렇게 많은 시민이 민주노총 총파업에 어깨를 겯는 일은 사실 기적 같은 사건이다. 어쩔 수 없이 식상한 가설 하나를 꺼내 들게 된다. '박근혜 요정설'. 박근혜 대통령은 민주주의와 시민연대의 정신을 두들겨 깨우기 위해 한국 사회에 벼락처럼 강림한 요정이 아닐까?

도지사의 야바위

"국고가 거덜 나고 있는데 지금 무상파티만 하고 있을 것인가!" 홍준표 경남도지사가 무상급식 예산 중단을 선언하자 온통 아수라장이다. 소신이야 어쨌든 지역에 큰 영향을 끼치는 행정수장이 정책 방향을 갑자기 틀면서 주민의 삶을 흔들어대는 건 이념을 떠나 칭찬받을 일은 아니다. 더구나 2년 전 홍준표 지사는 흡사 '복지 전도사'였다. 2012년 12월 20일 도지사 취임사에서 그는 이렇게 말했다. "무상급식과 노인 틀니 사업 같은 복지 예산이 삭감되는 일이 없도록 재정 건전화 특별 대책을 강력하게 추진하겠다." 2013년 1월 7일 보도 자료에는 "예산이 부족해도 복지 예산을 감축해서는 안 되고 도민과의 약속은 지켜져야 한다."고 적혀 있었다.

더 심각한 문제는 무상급식에 관한 그의 주장과 근거들이 사실인 양 유통되면서 복지 논쟁의 전제 또는 프레임으로 작동하고 있다는 점이다. 홍 지사의 논리를 요약하면 복지 정책에 대한 전면 부정이라기보다 시기상조론에 가깝다. "담세율이 북유럽의 3분의 1밖에 안 되는데 북유럽 수준으로 무상급식하자는 것이냐."는 발언이 대표적이다.

국가 간 비교 자료에서 조세 부담은 조세부담률과 국민부담률이라는 두 지표로 측정된다. 조세부담률은 국내총생산에서 조세(국세와 지방세)가 차지하는 비율이다. 2013년 OECD 보고서에 따르면 한국은 21.4%, 덴마크 38.2%, 스웨덴 42.9%, 핀란드 43.1%이다. 북유럽 3국 평균이 41.4%이므로, 한국 조세부담률은 최소한 북유럽 3국 수치의 절반 이상이다. 조세부담률보다 중요한 지표가 국민부담률이다. 국세와 지방세 등 조세 부담뿐 아니라 사회보장기여금 부담까지 고려해야 실제 국민의 부담 수준을 더 정확히 측정할 수 있기 때문이다. 스웨덴의 2012년 국민부담률은 44.3%, 한국은 26.8%였다. 이 경우에도 한국의 비율은 스웨덴 수치의 절반을 훌쩍 넘어선다. 즉 조세부담률로 보든 국민부담률로 보든 "3분의 1"이라는 비율은 나오지 않는다.

오히려 역사적 사실들과 통계 수치들은 홍 지사의 주장을 반박하는 것처럼 보인다. 스웨덴이 복지국가 체제를 완성해가던 1965년, 국민부담률은 33.3%였다. 지금 한국의 국민부담률과 크게 차이가 나지 않지만, 경제 규모는 현재 한국보다 훨씬 영세했던 시기다. 스웨덴 1인당 국민소득이 1만 달러를 넘어선 때는 1970년대 후반에 이르러서였다. 참고로 스웨덴이 중학교까지 전면 무상급식을 실시한 때는 1946년이었다. 쉽게 말하자. 그 옛날 스웨덴에 비한다면, 한국은 지금 당장 중학교까지 무상급식을 확대해도 될 정도로 돈 많은 나라다.

그런데 왜 국고가 거덜 났다고 아우성일까. 간단하다. 세금을 엉뚱한데 허비했거나 세금을 충분히 걷지 못했거나 혹은 그 두 가지 사태가 동시에 벌어진 탓이다. 4대강으로 대표되는 광기 어린 토건 사업과 천문학적 혈세를 허공에 뿌린 자원 외교 같은, 이전 정권에서 지금 정권으로 이어지는 수많은 '삽질'이 발생했는데도 국고가 풍족하다면 그게 더 이상한 일이다. 부자 세금 깎아주기 바쁘던 정권은 막상 재정 압박이 심각해지니 담배값이다 뭐다 하며 허리띠를 졸라매다 못해 허리가 잘릴 지경인 서민들의 골수까지 빨아먹으려 달려든다. 급기야 초등학생 급식비를 깎겠다고 나섰다. 강물 막아놓고 마른 우물 긁는 격이요, 자식 밥값 뺏어 아비 도박비 주겠다는 소리다. 도대체 국고가 거덜 나고 지방세수가 바닥 난 사태의 일차적 책임은 누구에게 있는가. 다름 아닌 정권, 여당, 중앙정부가 아닌가. "저 왕궁 대신에 왕궁의 음탕 대신에" 아이들 점심값에 분개하는 어느 도지사의 야바위를 보며 참을 수 없이 욕지기가 치미는 까닭도 여기에 있다.

○젠더 트러블 Gender Trouble

온라인 여혐의 내적 논리

강남역 인근 화장실에서 여성이 참혹하게 살해당했다. 사건 자체만이 아니라 이를 둘러싼 다양한 사회적 반응들 역시 별도의 분석이 필요하다. 일베 유저 몇몇이 사건 현장에 나와 추모객들과 충돌하면서 다시 일베가 언론 지면에 오르내리고 있다. 알려진 바에 따르면 살인 사건 가해자가 평소 일베를 했다는 증거는 없다. 하지만 지금 여성 혐오에 분노하는 여성 중에서 일베를 모르는 이는 드물 것이다. 온라인에서 여성 혐오 담론을 주도해온 커뮤니티가 바로 일베였기 때문이다. 사태는 복합적이다. 예전부터 존재하던 전통적 여성 혐오 위에 일베류 여성 혐오까지 '얹어지면서' 여성들의 분노가 임계점에 달해 있는 상황이었다. 그때 이번 사건이 방아쇠가 되어 마침내 폭발한 것이다.

온라인 극우·극단주의 현상을 관찰하고 글을 써오면서 가장 많이 받았던 질문은 이것이다. "일베 말이예요, 그 미친 놈들은 도대체 왜 그런답니까?" 일베에 대한 '보통 사람'의 감각은 대체로 비슷하다. 이들이 '미친놈'이며 '루저'라는 것. 물론 그들은 '미친놈'이며 '루저'일 수 있다. 그런데 쭉 지켜봐

온 결과 이들은 결코 '미친놈'이 아니며 전부 '루저'인 것도 아니다. 이들은 이른바 '확신범'이며 나름의 내적 논리를 지니고 있다.

그 논리를 우리가 굳이 분석하고 이해해야 할 필요가 있을까. 그냥 무시하거나 때려잡아야 하는 건 아닐까. 그럴지 모르겠다. 그러나 나는 굳이 이들의 논리를 들여다봐야 한다고 생각하는 쪽이다. 그들 역시 한국 사회가 만들어낸 일종의 '증상'이며, 무엇보다 한국 사회를 지배하는 이데올로기와 이들의 혐오 담론이 밀접하게 닿아 있기 때문이다. 일베의 혐오 논리는 일베에만 존재하는 게 아니다. 덜 극단적 형태로 순화돼 온 사회에 퍼져 있다.

'김치녀'의 기원

일베는 툭하면 "팩트"를 내세운다. 어떨 때는 기자들보다 팩트를 사랑하는 것처럼 보인다. '팩트주의' 반대편에는 '감성팔이', '떼쓰기'가 있다. 일베는 사실 관계를 무시하고 감정에 호소하거나 억지를 쓰는 게 '진보'와 '꼴페미'의 특기라고 주장한다. 문제는 일베야말로 팩트 날조와 왜곡의 명수라는 점이다. 예컨대 '김치녀'라는 단어가 그렇다. 많은 여성이 이 말을 일베의 대표적 여성 혐오어로 꼽으며 비판했다. 그러자 일베는 이 말이 원래 "김치맨"이라는 말에서 비롯했으며 한국 여성이 외국 남성에 빗대 한국 남성을 비하하는 데 대한 저항

또는 반박으로 만들어진 말이라고 강변했다. 이른바 '김치녀 네이트판 기원설'이다.

2011년 포털 사이트 네이트판 게시판에서 어느 여성이 잘생긴 백인 남성 사진을 올리고 그 밑에 이런 글을 적었다. "길거리에 흔한 유럽 남자. 내 옆에는 왜 김치맨인가." 어떤 남자가 이를 패러디해 "길거리에 흔한 해외 여자 난 왜 김치녀인가."라는 게시물을 남겼고, 그것이 '김치녀'라는 말이 탄생하게 된 순간이라는 것이다. 이 '김치녀'의 기원은 온라인에서 정설처럼 유통되고 있다. 과연 '팩트'일까? 그렇지 않았다.

포털 사이트 다음의 '고민 Q&A' 란에 올라온 글을 한 번 보자. '자기 주제를 알고 나댔으면 좋겠어요.'라는 글에서 작성자 'Rescue'는 친구의 애인이 초면에 자신의 연봉, 차종, 자택 평수를 물었던 일에 대한 불쾌감을 토로한다. 이에 대해 질문자가 채택한 답변은 '친정오라버니'라는 아이디가 남긴 글이다. "그래서 된장녀, 김치녀 소리가 나오고, 말이 생긴 것입니다. (중략) 돈에 환장한 여자가 너무 많습니다. 남자들이 그런 여자를 과감하게 버려야 합니다."

질문은 2009년 7월 9일 오전 6시 56분에 올라왔고 답변은 같은 날 오전 8시 54분에 올라왔다. 어찌된 일인가. '정설'에 따르면 김치녀라는 단어는 2011년에 만들어졌어야 하는데 말이다. 이 사례는 이미 2009년에 김치녀라는 말이 지금 통용되는 의미로 쓰였다는 걸 보여준다. 이렇듯 간단한 검색만으로도 일베가 주장한 '김치녀의 기원'이 날조된 것임이 드러난다. 찾아보면 이런 사례는 한둘이 아닐 것이다. 이쯤 되면 궁금하지 않을 수 없다. 그들은 왜 날조하고 과장하면서까지 여성 혐오에 열을 올리는 것일까.

'퍼스트 임팩트'

여성 혐오 현상이 남녀성비 불균형에서 기인한다는 식의 분석이 최근 들어 나온 적이 있다. 『시사IN』의 기사 「여자들을 혐오한 남자들의 탄생」이 대표적이다. 이 기사에 따르면 1983년부터 자연 성비를 추월해 남자들이 많이 태어났고, 1990년에는 성비가 무려 116.5까지 치솟는다(여아들이 '감별'됐다는 뜻이기도 하다). 이 사실이 무엇을 의미하는지를 기사는 제법 소상히 설명하고 있지만 거칠게 요약하자면 이런 이야기다. '저 시기에 태어난 남성들은 연애 시장, 결혼 시장에서 짝을 찾지 못할 확률이 높으며 그중 상당수가 오늘날 여성 혐오자가 됐다.' 적나라한 인구학적 설명이다. 이 주장은 타당할까? 만약 1983년 '이전' 출생자들이 지금과 유사한 형태의 여혐 성향을 보였을 경우, 가설은 즉시 붕괴한다. 그리고 실제로 그런 일이 있었다.

바로 2001년 '월장 사태'다. 여자 후배에게 음담패설을 하고 술을 따르게 하는 등 대학 내 군사문화를 비판하는 칼럼이 부산대학교 여성주의 웹진인 〈월장〉에 실렸는데 글이 알려지자 전국 예비역들의 온라인 테러가 시작됐다. 물론 예비역이라고 모두 여성 혐오 언설을 생산하는 것은 아니었지만, 일부라고 해도 그 숫자는 어마어마했다. 〈월장〉을 테러하던 복학생들은 대부분 1970년대에 출생한 남성들이었다. 이들은 인터넷 게시판에서의 욕설, 협박, 성희롱은 기본이었고 전화를 걸어 폰섹스를 요구하거나 웹진 편집부원의 신상 정보를 성인 사이트에 올렸다. 당시 치열하게 활동하던 페미니스트들과 소수의 남성 진보주의자 연합은 게시판 테러를 하는 예비역 남성들에 맞서 '키보드 배틀'을 벌이기도 했다. 일베여성 혐오 담론의 원형이라 할 만한 주장들이 그때 대부분 등장했다는 점에서, (온라인 여성 혐오의) '퍼스트 임팩트'라 부를 만한 사건이다.

국민개병제가 시작된 이후 젊은 예비역들은 늘 존재했다. 하지만 어디까지나 그들은 개개인이었다. 온라인 집단 정체성으로서 '성난 젊은 예비역The Angry Young Reservists'은 2000년대 이후 비로소 모습을 드러냈다. 지역과 계급을 뛰어넘어 단지 젠더 이슈만으로 순식간에 결집하는 남성 코어 집단의 탄생이다. 취업 경쟁 등 사회적 압력이 급격히 고조되던 IMF 외환위기 이후라는 시점, 그리고 군가산점제 위헌 판결 직후 이런 현상이 일어났다는 것은 단지 우연의 일치라 보기 어렵다.

'마초-가부장'에서 '피해자-소비자'로

일베의 혐오 담론을 세 종류로 나누면 크게 여성 혐오, 호남 혐오, 진보 혐오다. 셋 중 호남 혐오, 진보 혐오는 극우 성향 기성세대가 오래전부터 확대 재생산해온 이데올로기다. 호남 혐오, 진보 혐오가 기성세대에서 청년세대로 확산됐다면(여기에 국정원이 적지 않은 역할을 했을 게다), 여성 혐오 논리는 청년세대로부터 기성세대로 확산됐다고 할 수 있다.

여성 혐오는 한마디로 '여성을 열등한 존재로 보는 사고방식'이다. 이 본질은 예나 지금이나 동일하다. 그러나 양상이 좀 달라졌다. 과거 여성 혐오의 주체는 '마초-가부장'이었다. 남성은 강하고 여성은 약하므로 여성은 남성의 보호 아래 있어야 한다는 식이다. 남성이 여성과 어떤 분야에서든 경쟁한다는 것 자체가 '쪽팔리는' 일로 치부됐다. 이런 '전통적 여성 혐오'는 지금도 여전히 남아 있지만 여성의 사회 진출이 늘어나고 지적 능력이나 업무 능력을 실제 증명해 보임으로써 '마초-가부장'적 인식은 과거에 비해 현저히 약해졌다. 심지어 요즘 들어서는 여자 어린이의 학업 성취도가 남자 어린이보다 월등히 앞서면서 남자 어린이에 대한 배려가 있어야 한다는 주장이 일각에서 제기될 정도다.

지금의 온라인 여성 혐오는 전통적 여성 혐오에서와 달리 여혐의 주체가 자신을 '피해자'로 설정한다. 정확히 표현하면 '피해자-소비자'다. 그들은 '지급한 만큼 대우받아야 한다.'는 원칙을 내면화한 주체다. 이들이 혐오하는 건 차별과 불평등이 아니라 '차별당해 마땅한 인간이 차별당하지 않고 우대돼야 할 인간이 우대되지 못하는 것'이다. 이들의 뇌 속에서 여성은 보호받아야 할 존재가 아니라 '덜 지급하는 존재'다. 남자가 군대 간 시간 동안 여자들은 취업을 준비해 경쟁 우위에 선다. "그런데 국가는 남자들의 '억울함'을 알아주기는커녕 각종 여성 우대 정책들만 늘리고 있다. 따라서 내 혐오는 지극히 정당하다!"

'피해자-소비자'로서의 억울함을 십분 이해한다 치자. 상식으로 이해가 안 되는 점은 왜 그 억울함이 여성 등을 향한 공격으로 표출되는가라는 점이다. 이건 마치 식당에서 같은 돈을 내고 옆 테이블 손님보다 못한 대접을 받은 사람이 식당 주인에게 항의하는 대신 옆 테이블 손님을 포크와 나이프로 마구 찌르는 광경 같다. 일베는 식당 주인에게, 그러니까 국가와 자본에 항의해야 했다. 그러나 그들은 절대 그렇게 할 수 없다. 상대가 너무 흉포하고 강대하기 때문이다. 무엇보다 그들은 국가와 자본이 자신의 능력과 자격을 인준해주는 최종 심판관이라고 확신하고 있다. 요컨대 그들의 '혐오'는 체제에 대한 완전한 굴종과 체념을 정당화하는 기제로 작동하는 것이다. 이것이 바로 일베가 강남역에서 천연덕스레 혐오 발언을 일삼으며 '퍼포먼스'를 벌일 수 있는 진짜 이유다.

나쁜 신호

 과거에 '강간 문화rape culture'라는 말을 일상 대화에서 처음 접한 한국 남성들은 아연한 표정이 되곤 했다. 그러다 그 말이 본인과 연결되기에 이르면, 기겁하며 손사래 치거나 세상에 이런 억울한 경우를 처음 당해본 사람이 되어 몸을 떨며 분노했다. "그게 무슨 소리요? 그럼 내가 강간범이란 말이야?"

 이 격렬한 거부 반응은 페미니스트들이 의도한 효과이기도 했을 테다. 물론 강간 문화라는 말이 그런 단순한 의미는 아니다. 그 말은 형법상 강간죄만이 아니라 오랜 관행과 습속까지 포괄한다. 리베카 솔닛은 이렇게 말했다. "강간 문화는 여성 혐오 언어의 사용, 여성의 몸을 대상화하는 시선, 성폭력을 미화하는 태도를 통해 지속되며, 그럼으로써 여성의 권리와 안전을 경시하는 사회를 낳는다."

 강간 문화라는 말이 널리 알려지면서 대체로 그것은 '물리적 범죄로서 강간'을 지시하기보다 주로 여성을 폭력적으로 대상화하는 남성 문화 전반을 가리키는 개념으로 통용됐다. 예컨대 다음과 같은 말들도 모두 강간 문화에 해당한다. "관리 여성 명단 빨리 넘겨라! 폭로하기 전에", "여성부 관리 대상

넘겨라! 광주, 부산, 숙대, 이대 모두…", "가슴 응원 사진 대박이다. 코피를 조심하라!" 술자리의 은밀하고 몽롱한 사담이 아니다. 정봉주 씨 수감 당시 김어준, 김용민, 주진우 씨는 '접견 민원인 서신'에 저런 이야기들을 또박또박 자필로 적은 다음 사진까지 찍어 올렸다.

당시 많은 여성이 경악하며 김어준 씨 등에게 사과를 요구했으나 김 씨는 사과하지 않았다. 이른바 '가슴 응원 사진' 성희롱에 대해 김어준 씨는 "성희롱에는 권력의 불평등 관계가 전제돼야 한다."라며 "우리가 여성에게 수영복 사진을 올리라고 말할 권리가 없고, 그녀가 성적 수치심을 느끼는데 그 말을 못하게 할 권력도 없으니 성희롱이 성립하지 않는다."라고 말했다.

김어준 씨 발언은 그의 젠더 문해력gender literacy이 얼마나 처참한 수준인지를 다시금 폭로할 뿐이다. 김 씨 주장대로라면 권력 관계상 중학교 남학생이 여성 교사를 성희롱하는 일은 성립될 수 없다. 하지만 그런 성희롱 사건은 실제로 빈번히 벌어졌고 여전히 벌어지고 있다. 어떻게 그럴 수 있을까? 남성 중심-여성 혐오 사회에서 생물학적 남성이라는 사실은 그 자체로 권력이며 때로 감독하고 평가하는 교사 권력마저 넘어서기 때문이다.

김어준 씨는 최근 '미투' 운동에 대해 끊임없이 '공작설'을 끼얹는 중이다. 문제는 그 여파로 '미투' 고발자들이 모욕감을 느끼거나 위축될 수 있다는 점이다. 이에 대해 이미 수많은 사람이 비판했고 사과를 요구했다. 그러나 김 씨는 끄떡도 하지 않았다. 그는 '나꼼수' 시절보다 더 큰 발언 권력이 되어 지상파 방송까지 진행하며 승승장구 중이다. 게다가 이명박 전 대통령이 검찰에 출석하면서, 그간 의혹을 제기해온 김어준 씨 등을 영웅으로 칭송하는 분위기도 보인다.

한편 탁현민 청와대 행정관의 사례도 있다. 그는 저서들에서 여성 혐오적 표현을 거리낌 없이 사용해 여성들의 강한 비판을 받았으나 사과만 했을 뿐 여전히 공직에서 물러나지 않았다. 임종석 청와대 비서실장은 "탁 씨 사례는 직접적 성폭력과는 구분돼야 한다."라고 주장했다. 그러나 여성들의 요구가 탁 씨의 '모든 사회 활동 퇴출'이 아니라 '공직 중단'이라는 점, 그리고 잘못의 경중을 판단하는 주체가 여성-시민들이 아니라 결국 임종석 씨 같은 남성-권력들이라는 점에서 청와대의 대응은 부적절하고 오만했다.

이 모든 상황이 강간 문화라는 문제에 있어 굉장히 나쁜 신호다. 이 상황들은 '착각'을 유발할 수 있다. '아하, 김어준 정도 발언은 괜찮구나.'라는 착각, '사과만 하면 공직도 계속할 수 있네.'라는 착각. 더 고약한 착각은 따로 있다. "'거악과 싸워온 전사'들이니 '사소한' 흠결은 눈감아줘야지." 이것은 "해일이 밀려오는데 조개나 줍고 있다."라며 개혁당 성폭력 사건을 조개나 줍는 부차적인 일로 만들어버린 유시민 씨 발언과 일맥상통한다. 더구나 저런 착각은 '국가 경제에 기여했으니 재벌 회장님들 비리에 관대해도 된다.'는 사고방식과 다를 바

없다는 점에서 사회에 큰 해악을 끼치기 쉽다. 착각은 깨져야 하고, 나쁜 신호는 꺼져야 한다. 옳음에는 피아彼我가 없다.

대중을 낙후하게 할 수 있는가

"공략하기보다 낙후시켜라!"라는 말이 있다. 상대방의 주장에 일일이 반박하기보다 그것을 '후져 보이게' 만드는 것이 효과적이라는 것이다. 1990년대와 2000년대를 진보주의자 혹은 페미니스트로 통과한 이들이라면, 한 번쯤 들어봤을 슬로건이다. 어떤 이는 깊이 공감해 책상머리에 붙여두기도 했으리라.

극우주의, 가부장주의를 '촌스럽고 미개한' 것으로 표지화하는 전략은 여전히 유효해 보이기도 한다. 그러나 나는 이제 그렇게 생각하지 않는다. 십수 년 전보다 훨씬 회의적인 입장이 됐다. 특히 지금과 같은 '혐오의 시대'에 저 전략으로는 문제를 극복할 수 없다고 확신한다.

급진적 청년들이 그들만의 조직과 문화를 아직 갖고 있었고 시민사회와 지식인이 극우 언론과의 강한 긴장을 형성하던 시기에는, 전위에 선 소수의 주장이 대중에게 끼치는 영향력이 상당히 컸다. 자칫 오해될 수 있기에 부연이 필요하다. 이는 대중이 소수의 주장을 이해하고 납득했다는 의미가 아니다. 그보다는 이해시키고 납득하는 긴 과정을 강한 결속을 바탕으로 일거에 뛰어넘는 형태에 가까웠다. 요컨대 과거의 운동은 엘리트 중심의 '일점돌파'형 성격이 강했다.

뛰어난 사람들이 명료한 동기를 지니고 뜨겁게 헌신할 때 실제로 큰 성과를 거둘 수 있다. 그렇게 하나둘 당면 의제를 돌파하다 보면 어떤 착시가 일어난다. 시대가 완연히 바뀐 것처럼 느껴지는 것이다. 1990년대 급진적 문화 운동의 어떤 순간 혹은 노무현 대통령의 당선을 보면서 많은 사람이 느꼈던 전율 같은 것들이 생생한 예다. 물론 그건 어떤 종류의 진보였다. 하지만 이후 10여 년 동안 벌어진 일은 어땠는가?

'그럼에도 역사는 진보한다'느니, '역사는 일직선이 아니라 나선형으로 발전한다'느니 하는 이야기를 늘어놓으려는 게 아니다. 지난 20년을 겸허히 직시하자는 것이다. 역사의 비가역적 변화를 선언하는 바로 그 순간에 우리는 역사의 후퇴에 직면할 수 있다는 것. 심지어 그것이 거대한 반동의 신호탄일 수 있다는 것.

'공략하기보다 낙후시키기' 전략이 나쁜 핵심 이유는 지나치게 엘리트주의적이라는 점이다. '낙후'라는 단어부터가 이미 발화 주체의 우위를 전제하고 있다. '네 후진성과 미개함'을 '세련되고 선진적인 내'가 판단한다는 식이다. 이런 태도는 의도와 달리 역효과만 일으킬 공산이 크다. 지식인의 권위가 추락하고 이른바 '표현 대중'이 여론을 주도하는 현재 미디어 환경에서 이 전략은 더욱 위험해진다. 도덕 심리학자 조너선 하이트는 이렇게 말한 적이 있다. "사람들이 트럼프에 투표한 건 그가 삶을 나아지게 만들 거라 믿어서가 아니라 자신들을 인종주의자라 공격하는 사람들에게 펀치를 날렸기 때문이다. 우리는 무엇을 사랑하는가보다 무엇을 증오하는가에 따라 투표한다."

다수파로서 소수파를 찍소리 못하게 제압하는 경우 '낙후하게 하기' 전략은 효과적일지 모른다. 그런데 지금 혐오는 거의 시대정신이라 해도 될 정도로 곳곳에 만연해 있다. 물론 대다수 '선량한 시민'은 혐오는 '일베충'이나 하는 짓이지 자기는 전혀 해당하지 않는다고 생각한다. 그러면서 다음과 같은 이야기를 태연히 내뱉는다.

"딱히 동성애를 '반대'하진 않지만 내 눈에는 안 보이면 좋겠어요.", "난민 추방은 시민 안전을 위한 당연한 조치 아닌가요?", "장애인 학생 한 명을 위해 모든 학생이 휠체어 접근 가능한 강의실로 옮기는 건 불합리하다고 생각합니다.", "비정규직 10년 일했다고 정규직화하는 게 가당하기나 한가요? 힘들게 시험치고 입사한 정규직은 뭐가 되나요?"

그럼 어찌해야 할까. 우선 큰 틀에서 혐오 담론의 생산자와 소비자를 구별해 대응할 필요가 있다. 혐오 담론을 소비하는 사람은 다수지만, 『한겨레』보도 등으로 밝혀졌듯 혐오 프레임과 논리를 조직적으로 생산·유통하는 세력은 극히 일부다. 생산자가 누구인지 추적하고 밝혀내는 것만으로 혐오 담론의 확산을 막아내는 데 상당한 효과를 볼 수 있다.

혐오 담론의 소비자, 즉 '우리 안의 일베'에 대해서는 장기적으로 대처해가는 수밖에 없다. 분명한 것은, 대중은 '공략'할 대상도 '낙후'하게 할 대상도 아니라는 것이다. '압축 진보'는 없다. 더디지만 함께 더 나은 존재가 되어가는 것. 결국 그게 가장 빠른 길이다.

20대 남자라는 이름의 괴물

　하나의 괴물이 2019년 한국을 배회하고 있다. '20대 남자'라는 이름의 괴물이. 이 존재는 여러 차례 보고됐다. 대표적인 게 최근 3주에 걸쳐 발표된 『시사IN』 20대 남자 특집 기사다. 밝혀두건대 이 글의 목적은 특정 기사에 대한 반론이 아니다. 이 글의 의도는 그와 같은 담론들이 결국 '무엇의 이름'인지 질문을 던져보자는 것이다. 먼저 문제의 기사부터 간략히 살펴보자.

　『시사IN』은 한국리서치와 협력해 설문 조사를 진행한 결과 "잠시 할 말을 잃었을" 정도로 "놀라운" 사실을 발견하게 됐다고 썼다. 여기서 3주에 걸쳐 나온 주간지 기사 내용을 꼼꼼하게 소개하긴 어렵다. 대략 다음과 같이 요약할 수 있다.

　20대 남성은 "진정으로 특별한 집단"이다. 30대 남성, 40대 남성과도 전혀 다르다. 20대 남성은 여성이 아니라 "공정성을 해치는" 페미니즘과 권력에 반대한다. 이들은 업무 능력과 성취 동기에서 남성이 여성보다 뛰어나기에 남녀임금격차는 "정당"하다고 보지만, 법 집행이나 양성평등정책은 "엉망진창"이라고 판단한다. 공정

성과 경쟁을 중시하는 태도는 전 세대에 공통적이지만, 20대 남자
는 유별나게 공정성에 대한 집착이 강하다.

흥미로운 기사임은 분명하다. 시간과 비용도 만만치 않게
투입됐을 것이다. 그러나 그만큼 의미가 있었는지는 의문이
다. 기사의 문제를 지적하는 데에 대단한 전문적 지식이 필요
하지는 않다. 단지 과거의 사건들을 떠올리면 된다. 그러면 저
기사가 말하는 20대 남자의 인식이란 게 "진정으로 특별"하
지 않다는 걸 금방 알 수 있다.

이를테면 18년 전 20대 한국 남자의 사례. 정확히는 2001년
4월 하순에 일어났던 사건이다. 부산대학교 페미니즘 웹진
〈월장〉에 술자리에서 권위적 태도와 성희롱적 발언을 일삼던
복학생을 성토하는 글이 실렸다. 그 글은 곧 웹에 퍼날라졌
다. 이후 거대한 여론의 쓰나미가 웹을 집어삼켰다. "건국 이
후 처음으로" 대한민국 예비역 청년들이 반페미니즘 깃발 아
래 집결했다. '댓글 총공'은 기본이었다. 〈월장〉 멤버들의 '신
상 정보'는 욕설과 함께 폰섹스 사이트에 걸렸다. 젊은 남자
중 몇몇은 분노를 참지 못해 "직접 테러하러 가겠다."고 협박
했고, 그 바람에 경찰이 수사에 나서기도 했다. '20대 남자의
난'은 몇 달이나 지속했다.

그 당시 나온 분석들이 공히 지적하는 점이 있었다. 전국의
20대 남자들이 '난동'을 부린 이유가 〈월장〉에 실린 글 때문
만은 아니라는 것이다. 〈월장〉은 방아쇠였을 뿐이다. 20대

남자들의 '피해 의식'은 이전부터 차곡차곡 누적되고 있었다. 1999년 연말 군가산점제가 위헌 판결을 받아 폐지되고, 2001년에는 "건국 이후 처음으로" 여성부가 설립됐다. 당시 20대 남자들의 눈에는, 외환 위기 직후 급격히 기회의 문이 좁아지는 와중에 사회가, 더 정확히 말하면 권력 기관들이 여성, 페미니즘, 그리고 당시 눈부시게 활약하던 '영 페미니스트'의 편을 드는 게 너무나 명백해 보였을 것이다.

18년 전의 그 20대 남자들은 2019년, 대부분 40대 '아재'가 됐다. 40대가 된 이들은 그때처럼 생각하고 있을까? 변했다면 얼마나 변했을까? 2001년의 20대 남자의 반페미니즘 의식과 2019년의 20대 남자의 그것은 어떻게, 또 얼마나 다를까? 이를 명확히 알기 위해선 더 많은 조사와 연구, 특히 종적longitudinal 분석이 필요할 게다. 18년 전 20대와 지금 20대의 사회의식이 똑같을 수는 없다. 당연히 차이가 있을 것이다. 그런데도 한 가지 분명해 보이는 건 있다. 다른 연령·성별 집단과 비교해 봤을 때 평균적 20대 남자의 의식이 자리한 상대적 위치는 20년 전이나 10년 전이나 지금이나 크게 다르지 않을 거라는 점이다. 이를테면 20대 남자들의 '공정성'에 대한 인식도 당대 사회 평균에 비례해 측정될 가능성이 높다.

처음 『시사IN』의 '20대 남자' 기사를 봤을 때, 이중의 기시감을 느꼈다. 첫 번째 기시감은 2015년 같은 기자가 같은 매체에 썼던 「여자를 혐오한 남자들」 특집 기사에서 비롯했다. 2015년 기사 역시 한국의 젊은 남성들이 얼마나 "특별"한 존재인지를 부각하고 있다. 찬찬히 들여다보면 그 내용이 4년 후에 나온 2019년 기사와 서로 상충함을 알 수 있다. 2015년 기사의 경우 관점, 방법론, 개념의 자의적 사용이라는 면에서 2019년 기사와 견주는 게 미안할 정도로 문제가 많았다(지면에 한계가 있으므로 구체적 논의는 다음을 기약한다).

두 번째 기시감은 이른바 '20대 개새끼론'과 관련됐다. 정확히는 많은 판본 중에 '20대 개새끼론 ver. 2008'이다. 2008년 제18대 총선 직후였다. 선거 결과가 어느 정도 확정되자 수많은 진보 인사가 분통을 터뜨리기 시작했다. 20대가 투표를 안 하고 보수화돼 나라가 퇴행한다는 것이다. 20대 투표율이 19%밖에 안 된다는 소식은 특히 충격적이었다. 「20대 투표율 19%는 대의 정치의 심각한 위기」 제목의 『경향신문』 대담 기사에는 "20대 투표율이 19% 수준으로 나타났는데 전 세계적으로 찾아볼 수 없는 수치"라는 표현까지 나왔다.[1] "저도 20대지만 19%라니 정말 창피합니다." 등 20대의 눈물 어린 반성문도 이어졌다.

그런데 얼마 지나지 않아 더 충격적인 사실이 밝혀진다. 19%라는 수치가 '가짜 뉴스'였던 것이다. 18대 총선의 연령별 투표율은 당시까지 발표된 적 없었기에 당연히 19%라는 숫자가 보도될 리가 없다. 그러면 어째서 이런 어처구니없는 소극이 벌어진 걸까? 지식인, 시민은 죄다 바보란 말인가?

진실은 때로 허탈할 정도로 단순하다. 망치를 든 사람에게는 온 세상이 못으로 보이는 법이다. 그들은 '보고 싶으니까'

1) http://news.khan.co.kr/kh_news/khan_art_view.html?art_id=200804101824195

본 것이다. 분노를 터뜨릴 대상을 찾아 헤매던 이들에게, 그리고 별로 진보적이지 못한 '요즘 것들'이 영 못마땅했던 기성세대에게, 누군가 웹에 올린 '20대 투표율 19%'라는 '팩트'는 그야말로 결정적 퍼즐 조각의 하나로 보였을 테다.

물론 『시사IN』 기사와 2008년 사례는 다르다. 『시사IN』 기사는 '20대 보수화'를 주장하지는 않는다. 명시적으로 '20대 보수화' 가설을 부정하고 있기까지 하다(그 정도로 극단적 반페미니즘을 왜 보수화 또는 우경화로 볼 수 없는지 의문이 생겨나지만, 이 논의 역시 다음으로 미루기로 한다). 다른 한편으로 2008년의 '20대 개새끼론'에 일말의 진실이 있었을지 모른다. 정밀히 조사했다면 2008년의 20대가 이전 20대보다 '보수적'이었을 수도 있다. 보수화됐다고 '개새끼'라 불러도 되는 건 아니지만 말이다.

정작 중요한 문제는 그런 차원에 있지 않다. 우리가 문제 삼아야 하는 것은 2019년에도 2008년에도 대다수 언론과 지식인이 오직 양당 구도 내부의 변화를 설명하는 데에만 몰두했다는 점이다. 얼핏 보기에는 세대 또는 젠더라는 이슈가 중요하게 다뤄지는 것 같지만, 실은 그 의제들은 여의도 주류 정치 동학을 설명하기 위해 동원됐을 뿐이다. 게다가 지금의 20대 남자 담론이 전형적으로 보여주듯이 '세대'와 '젠더'의 차이를 말하는 그 담론들에서 '계급'은 거의 완벽히 소거돼 있다.

정치 담론이 여의도 양당 정치에 의해 독점되고 여의도 양당 정치는 다시 여론 조사 결과로 환원되는 상황에서, '정치'

는 "집토끼"와 "산토끼"를 잡는 게임으로 왜소해진다. 그런 정치 환경 속에서는 담대한 정치적 비전보다 데이터에 기반해 영리하게 추출된 전략적 수사가 훨씬 더 중요해진다. 그런 정치 환경 속에서는 고 노회찬 의원이 호소했던 "투명 인간을 위한 정치"보다 (20대 남자 같은) '문제적 정치 소비자 집단'에 대한 맞춤형 대응 매뉴얼이 훨씬 더 시급한 의제가 된다.

어떤 정치 세력에 대해 전통적 지지 집단이 명백히 지지 철회 움직임을 보였을 때, 이유는 크게 셋 중 하나다. 정치 세력이 변했거나 지지 집단이 변했거나 둘 다 변했거나. 그런데 지금까지 한국 언론과 지식인은 지지 집단 중 유독 청년세대만 문제화하곤 했다. 더 노골적으로 표현하자면, 지금껏 한국 사회는 당장 납득하기 어려운 정치적 변동을 설명해야 할 때마다 끊임없이 청년들을 타자화해왔다.

어떤 청년들이 실제로 괴물이거나 마녀일 수 있다. 아니라 하더라도 그럴 거라 믿는 시민들을 말릴 방법은 없다. 그러나 적어도 정치인·언론·지식인은 그런 의심을 부추기기보다 정부와 정당, 공인의 책임을 먼저 제기하고 강조해야 한다. 세대적·젠더적 레이블링labeling은 자칫 낙인찍기stigmatization가 되기 쉬우므로 아무리 신중해도 과하지 않다. 그 대상이 의식 변화의 여지가 상대적으로 큰 청년세대라면 말할 것도 없다.

'미투'를 위협하는 '본말전도자'들

'미투#미투, #me_too' 운동이 들불처럼 번지고 있다. 문화예술계에서 폭로가 잇따랐고 사회 각 분야로 옮겨붙고 있다. 모두가 '미투'라는 말을 알게 됐지만, 한편으로 이를 잘못 이해하는 사람도 많이 나타났다. 그 오해들을 세 가지로 요약해볼 수 있겠다.

첫째, '미투' 운동에서 '미투'는 '나도 당했다.'가 아니다. 그것은 '나도 고발한다.'라는 의미로 읽혀야 한다. '나도 당했다.'로 해석될 경우 발언자를 오직 피해자로만 대상화하기 쉽다. 수많은 '미투', 그것은 순수한 피해자의 목소리가 아니라 자신의 의지로 폭력을 증언하는 주체의 목소리이자 근본적 변화를 요구하는 시민의 목소리다.

둘째, 한국의 '미투' 운동은 방금 시작된 것이 아니다. 할리우드 제작자 하비 와인스틴의 성범죄 폭로 이후 본격화된 '미투' 해시태그 운동을 단지 모방한 운동도 아니다. 물론 최근 몇 주간의 '미투' 운동은 안태근 검사의 성추행을 폭로한 서지현 검사에 의해 촉발됐지만, 그것을 이 거대한 흐름의 기원으로 놓을 수는 없다. 단지 '미투'라는 말을 쓰지 않았을 뿐 성폭력 고발은 한국에서 가장 오랫동안, 그리고 가장 처절하게 지속된 저항의 하나였다. '미투' 운동의 기원을 찾으려면 우리는 까마득한 과거로 거슬러 올라가야 하며, 동시에 피해자의 심신에 새겨진 상처가 공개적으로 발화되는 찰나들 하나하나가 '미투'의 기원적 순간으로 기억돼야 한다.

셋째, '미투' 운동은 남성을 단죄함으로써 공포 분위기를 조성하는 일을 최종 목표로 삼는 운동이 아니라 모든 인간의 존엄을 선언하는 운동이다. '인간의 존엄' 같은 말은 너무 당연하거나 진부하게 보여서 망막과 뇌리에 잘 꽂히지 않는 경향이 있다. 그러나 이것이야말로 가장 중요한 의미다. 여성이 남성과 동등한 존재라는 사실, 우리는 근본적으로 평등하다는 원칙을 체화할 수 없다면 '미투' 운동의 진정한 의미 역시 결코 이해할 수 없을 것이다. 그렇기에 '미투' 운동은 무엇보다 먼저 피해자와 내 동일성을 인식하고 피해자의 고통에 공감하기를 요구한다. 가해자에게 분노하는 일은 당연하고 또 필요하지만, 그것이 정작 피해자를 고립되게 하거나 소외되게 하는 형태여서는 안 된다.

그런데 만약 피해자의 존엄보다 '다른 무언가'에 더 관심이 있는 사람이 '미투' 운동에 관해 떠들어대면 어떤 일이 벌어질까? 지난 몇 주간 우리는 소셜 미디어를 통해 그 광경을 목도했다. 먼저 자유한국당 홍준표 대표의 경우, 2월 24일 홍 씨는 자신의 페이스북에 이렇게 적었다. "우리 당 국회의원을 음해하기 위해 시작된 것으로 보이는 이른바 '미투' 운동이

좌파 문화 권력의 추악함만 폭로되는 부메랑으로 갈 줄 저들이 알았겠습니까?"

홍 씨가 저 말을 한 바로 그날, 방송인 김어준 씨는 어느 팟캐스트에서 '미투' 운동이 진보 진영에 대한 '공작'이 될 수 있다고 주장했다. 김 씨는 이렇게 말한다. "공작의 사고방식으로 보면 피해자들을 좀 준비시켜서 진보 매체를 통해 등장하게 해야되겠다. 문재인 정부의 진보적 지지자들을 분열시킬 기회다. 누군가들이 나타날 것이고 그 타깃은 결국 문재인 정부, 청와대, 진보적 지지층이다."

홍준표 씨의 발언과 김어준 씨의 발언은 놀라울 정도로 닮았다. '(나는 안 그렇지만) 정치적 적대자는 '미투'를 무기로 사용할 것'이라 상상한다는 점에서, 홍준표와 김어준은 완벽히 일치하고 있다. 물론 이 상황은 우연이 아니다. 저 둘은 정치적 포지션만 다를 뿐 젠더 이슈를 바라보는 프레임이 똑같기 때문에 저런 이야기를 서슴없이 늘어놓을 수 있는 것이다. 둘은 '미투' 운동에 반대하지 않는다. 다만 '미투' 운동을 도구나 수단으로 생각할 따름이다.

더불어민주당 당명 국민 공모에서 최우수상을 받은 안중찬 씨는 2월 26일 자신의 페이스북에 박근혜 전 대통령의 사진과 함께 이런 글을 올렸다. "제가 꽃다운 나이에 최태민 목사에게 그런 일을 당했음에도 40년 넘는 세월 동안 그저 뭣도 모르고 참아왔다. 그때 제대로 고발하지 못한 바람에 그 딸에게도 발목이 잡혀 나라까지 말아먹었다. 저도 '미투' 운동에 동참하고 싶다." 글 밑에 "503호에게 '미투'를 허하라."라는 해시태그도 달았다. '재치 있는 풍자'라는 칭찬 댓글들이 무수히 달렸다. 하지만 고통받은 피해자를 모욕했다는 비판도 적지 않게 나왔다. 며칠 뒤 안 씨는 사과문을 올리고 해당 글을 삭제했다.

'미투'의 본질적 의미를 지엽말단화하면서 '미투'를 진영 논리에 옭아맨다는 점에서 홍준표 씨, 김어준 씨, 안중찬 씨는 똑같이 본말전도本末顚倒를 저지르고 있다. 본말전도의 사고방식은 대체로 해롭지만, 특히 '미투' 운동의 맥락에서는 엄청난 해악을 끼칠 수 있다. 저런 진영 논리 프레임은 "내 고발이 정치 공작으로 비치면 어쩌지?" 하고 머뭇거리게 함으로써 성폭력 피해를 증언하려던 미래의 고발자들을 크게 위축시킬 수 있는 까닭이다.

진보 진영 남성들의 추악한 면모가 곧 진보의 이상을 버릴 이유는 될 수 없다. 진보는 윤리적 무결함이 아니다. 잘못을 '지금 즉시' 고치려는 태도, 그게 진보다. 그런데 어떤 자들은 변화의 요구에 대고 이렇게 말한다. "동의하는 데 시기상조다.", "동의하는 데 나쁜 놈들이 악용할 것이다." 명심하라. 이렇게 말하는 '본말전도자'들이야말로 가장 위험한 적이다.

의심하라, 그 '젠더 게임'

정치를 '말의 예술'이라고도 한다. 뛰어난 정치인일수록 절묘한 어휘를 계산된 맥락에서 사용한다. 표현 하나로 정치적 유불리뿐 아니라 여론과 정책의 방향까지 좌우될 수 있다. 이는 곧, 그 정치 세력이 평소 쓰는 어휘가 그 세력의 수준을 보여준다는 의미다. 2019년 3월 4일 국회에서 열린다는 어느 '전문가 대토론회'는 이에 대한 완벽한 사례다.

민주당 최재성 의원이 주관하고 뉴민주주의 연구소가 주최하는 이 토론회의 명칭은 '젠더 갈등, 전면 해부'다. 왜 민주당 국회의원들이 이런 토론회를 열었는지, 그 배경을 짐작하기는 어렵지 않다. 얼마 전 대통령과 여당에 대한 젊은 남성의 지지가 급격히 빠져나갔다는 소식이 각 매체에 대서특필됐다. 젊은 세대는 전통적으로 진보 성향이 강했던 집단이고 오늘날 문재인 대통령을 만든 주축의 하나다. 그 지지율이 일목요연하게 떨어졌으니 민주당으로선 심각성을 피부로 느꼈을 것이다. 대중 정당으로서 신속히 반응한 것 자체는 좋다. 문제는 관점과 방향이다.

토론회가 열리기 전부터 소셜 미디어 일각에서 우려 섞인 목소리가 튀어나왔다. 우선 토론회 참석자의 면면 때문이다. 사회자는 이훈 국회의원, 토론자는 우석훈 '내가 꿈꾸는 나라' 공동 대표, 이선옥 르포 작가, 오세라비 작가, 한귀영 한겨레 경제사회연구원 사회정책센터장이라고 한다. 각자 나름의 전문분야는 있겠으나 젠더 이슈에서 과연 이들이 어떤 대표성과 전문성을 가지는지 의구심을 품을 수밖에 없다.

　더 심각한 건 토론회의 명칭에 딱 박혀 있는 단어, "젠더 갈등"이다. 토론회가 공식적으로 밝히는 취지는 다음과 같다. "청년세대 내부의 주요 갈등으로 부상한 젠더 갈등의 원인을 진단하고 대안을 모색", "정부 여당의 젠더 갈등에 대한 인식을 점검하고 젠더 갈등 해소를 위한 정책을 모색." 어쨌든 '젠더 갈등'이 핵심어다. 또 하나 중요한 표현은 "청년세대 내부"다. 즉 청년세대 내부의 젠더 갈등을 해소하기 위해 정부 여당이 직접 나서겠다는 것이다. 안타깝게도 기본 전제부터가 완전히 틀렸다. 전제가 틀렸으니 모여서 토론해봐야 틀린 결론이 나올 수밖에 없다.

　젊은 남성의 반문정서를 포함해 지금 젠더 이슈를 둘러싸고 벌어지는 현상은 '젠더 갈등'이 아니다. 또한 그 현상은 '청년세대 내부'의 일도 아니다. 혹자는 이렇게 되물을 수도 있겠다. "지금 인터넷에서 남자들과 여자들이 패를 나눠 박 터지게 싸우는 게 안 보이십니까?" 이 물음에 대한 대답은 명확하다. "그 정도 논란은 늘 있었을 뿐 아니라 군가산점 제도가 위헌 판결 나고 여성부가 막 설립된 2000년대 초반에는 지금보다 훨씬 심했습니다." 그때와 다른 점이 있다면, 당시 집권 세력을 지지했던 젊은 남성들이 지금처럼 지지를 철회하지 않았다는 점이다. 요컨대 지금 사태는 젠더 갈등이 아니라 '정권과 젊은 남성 간의 갈등'이다. 싫은 건 집권 세력이라는데 왜 엄한 '젠더 갈등' 타령인가?

'젠더 갈등'이란 표현은 구체적 사실 차원에서도 오류이지만, 개념 인식 차원에서도 문제가 많다. '갈등'이라는 표현은 가치 중립적으로 들리고 상호간 대등한 싸움이라는 뉘앙스를 강하게 머금기 때문에 '젠더 갈등'이라고 할 경우 사회적 성으로서 여성과 남성이 마치 대등한 권력 관계에 있는 양 호도되기 쉽다. 조·중·동과 경제신문들은 노골적 호남 혐오·차별 담론을 유포하면서도 "지역 갈등" 운운했고, 기업이 폭력배를 동원해 노동자를 폭행한 사건을 "노사 갈등"이라 했다. 무고한 흑인이 백인의 총에 살해당한 사건에 항의하는 시위를 "흑백 갈등"이라 부르는 인종주의자들 또한 여전히 적지 않다. 대부분 무지해서가 아니라 개념의 프레이밍 효과를 노리고 의도적으로 명명한 것들이다.

세대 문제에 꾸준히 천착해온 사회학자 전상진은 저서 『세대게임』에서 파울 바츨라비크의 유명한 우화를 소개한 바 있다. "한 경관이 밤에 순찰하다가 가로등 아래에서 뭔가를 찾는 사람을 봤다. 경관은 그에게 다가가 무슨 일이냐고 물었다. 그 사람은 술기운이 느껴지는 목소리로 답했다. "열쇠 찾는 중입니다. 도와주세요." 경관은 취객과 함께 열쇠를 찾기 시작했다. 꽤 오랜 시간을 살폈지만, 도무지 찾을 수 없었다. 경관이 물었다. "여기서 열쇠를 잃어버린 게 분명해요?" 취객이 답했다. "아니요. 여기가 아니라 저기에서 잃어버렸어요. 근데 저기는 가로등이 없어서 너무 어두워요. 안 보이면 못 찾잖아요."

취객이 영원히 열쇠를 찾을 수 없는 이유는 잘못된 생각 때문이다. 전상진은 사회 현안을 세대 문제로 해석하는 프레임을 '세대 프레임'이라 규정하고, 취객의 가로등처럼 세대 프레임이 엉뚱한 곳을 비추는 건 아닌지 끝없이 의심해야 한다고 말한다. 그러면서 "세대 전쟁이 아닌 것을 세대 전쟁으로 만들"고, "청년세대와 기성세대의 대립을 선과 악의 싸움으로 만들"어 이득을 취하는 '세대 게임 플레이어'에게 현혹되면 안 된다고 강조한다.

젠더 의제 역시 세대 의제와 유사한 면이 많다. 기성 정치에 대한 불만을 '젠더 갈등'으로 치환하는 것은 단순히 무지해서일 수도 있지만, 의도적인 것일 수도 있다. 실제로 최근 몇 년 사이 젠더 전쟁이 아닌 것을 젠더 전쟁으로 만들어 보려는 '젠더 게임 플레이어'들이 우후죽순 나타나고 있다. 이럴 때일수록 사회의 분배 구조 문제를 청년세대 남성과 여성이라는 약자들 밥그릇 싸움으로 프레이밍하는 게 과연 옳은지, 냉정히 짚어 봐야 한다. 이것 하나는 분명하다. '젠더 갈등'이란 접근법으로는 결코 문제가 해결되지 않을 거라는 사실이다.

피터슨 신드롬

침착한 어조로 페미니즘, 마르크스주의, 정치적 올바름^{political correctness}을 격렬하게 비판하는 심리학자가 유튜브를 달구고 있다. 토론토대학 심리학과 교수로 재직 중인 조던 피터슨이다. 저서 『삶을 위한 12가지 규칙』은 베스트셀러가 됐고, 유튜브 구독자 수는 150만 명을 넘었다. 지금 북미 젊은 남성들의 지적 영웅이라 해도 과언이 아니다. 우파에 가깝긴 하지만, 기존 우파들과는 스타일이 다르다. 집단으로 움직이는 도취적이고 폭력적인 우파가 아니라 개인주의적이고 금욕적인 우파에 가깝다. 한국에도 열성적 팬이 많다. 그들은 피터슨의 동영상을 열심히 번역해 웹에 올리고 있다. 조던 피터슨과 유사하게 주장하는 이도 많아지는 추세다.

피터슨의 주장을 반박하는 건 어려운 일이 아니다. 그는 비교적 명료하게 견해를 밝히는 편이기 때문에(큰 장점이다) 논점이 또렷이 드러난다. 예컨대 피터슨은 NBC와 인터뷰에서 좌파가 불평등을 문제 삼는 것에 대해 이렇게 주장한다. "불평등 자체는 없앨 수 없다. 그건 자본주의나 인간만의 문제가 아니며 위계와 불평등은 수억 년 전부터 존재해왔다. 또한 사람들이 모든 차원에서 모두 똑같이 되기를 원한다고 생각하지도 않는다."

저런 주장을 형식 논리에서는 허수아비 때리기의 오류라고 한다. 상대가 말하지도 않은 주장을 날조해 비판하는 것. 모든 사람이 모든 차원에서 똑같이 돼야 한다고 말하는 좌파는 없다. 심지어 같은 환경에서 나고 자라서 같은 직업을 가지게 된 일란성 쌍둥이도 모든 차원에서 똑같이 되는 건 불가능하다. 좌파의 평등 이념은 클론처럼 차이를 완전히 제거할 수 있다는 믿음과는 전혀 다르다. 많은 좌파가 이상으로 삼는 견해는, '최소화된 불평등'이 인간 각자의 잠재력을 자유롭게 발휘할 최고의 토대라는 것이다.

피터슨은 종종 극우파로 비난받지만, 그는 자신이 이른바 '대안 우파alter-right'나 극우파가 아니라고 강변한다. 사실 그가 백인우월주의나 인종주의를 노골적으로 옹호한 적은 없다. 무신론을 비판하고, 사형제도에 반대하며, 이성애 결혼제도를 옹호하고, 동성애자가 전통적 결혼제도로 편입되는 형태의 동성결혼에는 찬성하는 한편, 동성애자들에 새로운 인칭대명사를 사용하게 한 캐나다 인권법에 거부 반응을 보이는 걸 보면 극우파라기보다는 보수파 또는 전통주의자traditionalist에 가까워 보인다.

그러나 중요한 건 피터슨 개인의 성향이나 발언 내용이 아니다. 눈여겨볼 것은 그를 둘러싼 사회적 반응이다. 그 자신도 예상치 못한 이례적인, 그리고 세계적 호응은 무엇을 의미하는가? 레거시 미디어와 뉴 미디어를 막론하고 정체성 담론이 그야말로 폭발하는 이 시대에, '미투' 해시태그가 전 세계를 휩쓴 이 시기에, 어떻게 조던 피터슨 같은 사람이 이렇게 인기를 얻을 수 있을까? 케이틀린 플래내건이 2018년 8월 『아틀란틱The Atlantic』에 실은 글이 이해의 단초를 제공한다.

플래내건은 "지금 문화·예술 전반에서 우뚝 선 것처럼 보이는 좌파가 실은 이미 쇠락하고 있었"으며 이 시점에 피터슨이 등장해 "세상을 이해하는 대안적 도구를 갈망하던 많은 사람에게 그것을 제공했다."고 말한다. "사태는 조용히 진행됐다. 1960년대 아이들이 학생 합창단을 그만둔 사실을 부모가 깨닫기도 전에 이미 급진화됐던 것과 비슷한 일이 지금 벌어지고 있다."[1]

트럼프 대통령 당선 직후부터 미국에서는 민주당식 정체성 정치에 대한 반감이 트럼프 시대를 불러왔다는 주장이 줄기차게 쏟아져 나오는 중이다. 대표 지식인이 마크 릴라다. 릴라는『더 나은 진보를 상상하라-정체성 정치를 넘어The Once And Future Liberal』에서 대선 패배와 리버럴 위기의 핵심 원인으로 정체성 정치를 지목한다. 정체성 정치란 여성 혐오, 인종 차별, 성적 지향 등의 이슈를 중심으로 의제와 세력을 구성하는 정치다. 하지만 릴라는 정체성 정치가 개인의 권리를 강조하느라 공적 의무와 시민적 덕성과 연대감 등을 희생시켰고 다수파를 형성하는 데 무관심했다고 비판한다. 그가 제안하는 정치는 한마디로 '다수파를 지향하는, 시민으로 하나 되는 정

1) https://www.theatlantic.com/ideas/archive/2018/08/why-the-left-is-so-afraid-of-jordan-peterson/567110/

치'다.

이런 맥락에서 보면 피터슨 신드롬도 정체성 정치에 대한 환멸이 만들어낸 하나의 현상이라는 해석이 가능하다. 실제 그런 주장도 나온 바 있었다. 그럴듯해 보이지만 그것은 마치 '일베의 기원은 진보 세력의 위선에 대한 환멸과 냉소'라는 일 베 탄생 설화의 미국 버전처럼 보인다. 이런 서사는 아예 거 짓은 아니지만 문제의 진짜 원인을 왜곡하기 때문에 더 위험 하다. 물론 진보 세력이 위선적 행태를 보인 것은 '팩트'다. 그 '팩트'를 가지고 일베 등이 냉소하고 조롱한 것도 '팩트'다. 그 러나 그 행동들이 일베를 만든 것은 아니다. 그런 행위는 일 베가 만들어진 다음에 나타난 현상이다.

트럼프가 대통령으로 당선될 수 있었던 이유는 민주당이 정 체성 정치를 '했기' 때문이 아니며 다수파 형성에 무관심했기 때문도 아니다. 공화당을 능가하는 표 계산의 달인이자 데이 터 정치의 장인들이 다수파 형성에 무관심했을리가 있는가. 정체성 정치를 한 것 자체는 별문제가 아니다. 페미니즘 이슈 는 다수파 형성에도 도움이 된다. 문제는 '하지 않은' 것에 있 었다. 그들은 계급 정치, 분배 정치에 무관심했고, 그것이 정 체성 정치와 긴밀히 연결된 사안임을 깨닫지 못했다. 버니 샌 더스가 대선 기간 내내 지적했던 게 바로 그것이었다. 오늘날 미국의 젊은 진보주의자들이 무려 '사회주의socialism'라는 단어 를 피켓에 쓰기 시작한 이유 또한 그것이다.

분배 정치는 "시민 만들기", "'우리'의 복원" 같은 허울 좋은 수사만으로는 결코 가능하지 않다. 세계화와 능력주의 논리로 수많은 노동자를 '도태'하게 해놓고, 입으로만 '시민'이니 '공동체'니 '하나된 미국인'을 떠들어봐야 설득은커녕 반감만 살 뿐이다. 시민이 원하는 건 '공동체에 과도하게 편재한 부를 실제로 나누는 정치'이지, '공동체적 일체감과 시민 의식을 뜨겁게 이야기하는 정치'가 아니다.

조던 피터슨의 팬과 그의 아류에 대한 한국 좌파와 페미니스트의 반응은 대체로 비슷하다. "시대에 역행하는 이 멍청한 자들을 어이할꼬…." 멍청한 건 모르겠지만, 시대에 역행한다는 진단은 사실이 아니다. 피터슨 신드롬은 자체로 하나의 시대정신이며, 정치의 공백을 드러내는 의미심장한 신호다. 표면이 아니라 저류에 흐르는 불만과 증오를 정확히 읽어내야 하는 이유다.

성난 젊은 예비역

20세기 한국에 '성난 젊은이들'이 있었다. 21세기도 10년이 지났는데 여전히 그들은 성이 나 있다. 어떤 이들은 아직 체제의 모순과 싸우고 있기 때문이다. 하지만 그건 극히 일부, 매우 예외적인 경우. '왕년의 성난 젊은이들'이 지금도 잔뜩 성이 나 있는 이유는 대개 까마득한 부하 직원이 수라장을 헤쳐온 내 경험담에 또박또박 토를 달거나 머리에 피도 안 마른 거래처 담당자의 싸가지가 없어도 너무 없거나 몇 달 전 알바로 썼던 놈이 체불로 신고하는 바람에 오늘 아침 근로감독관의 전화를 받았기 때문이다.

'왕년의 성난 젊은이들'은 사회 문제에 관심이 많고 관심 영역도 깜짝 놀랄 정도로 넓다. 한국 사회가 너무 후져서 (진보적이고 유연한 본인 같은 사람이) 살아가는 게 고통스럽다는 절절한 고백과, 자식을 대안학교 보냈는데 (불안해서 고2때부터 신경 좀 썼더니) 명문대에 갔다는 뿌듯한 자랑을 한 자리에서 듣고 있으면 절로 유체이탈을 체험하게 된다. 이들을 만나면 꼭 입에 걸리는 소재가 '일베'다. "이 미친놈들을 어떻게 생각하느냐"에서부터 "88만원세대라는 말을 만든 사람이면 세대론으로 검증할 책임이 있는 게 아니냐"는 요구까지, 다양한 이야기를 들을 수 있었다. 최근 나는 일베에서 유통되는 담론을 보는 시각을 수정했다. 국정원 등 국가 기관의 인터넷 여론 조작이 이 정도로 광범위하고 조직적으로 벌어졌다면 일베의 담론을 이제 '자생적 넷우익 담론'으로 인정해줄 수 없다. 다만 권력의 개입과 별개로 '일베적 코드'를 주도하는 주체를 어림잡아 볼 수는 있다. 국정원의 냄새가 지나치게 짙게 밴 전라도 혐오, 민주화 세력 혐오 담론과 달리 이른바 '김치녀' 혐오 담론에서 좀 더 명확히 일베의 주체가 드러난다는 생각이다. 바로 '성난 젊은 예비역angry young reservists'이다.

이는 모든 일베 유저가 실제로 예비역이라는 말도, 김치녀 혐오가 일베에서만 나타난다는 뜻도 아니다. 젊은 예비역 남성 중 일부의 특징적 성향이 일베에서 가장 높은 밀도와 가장 강한 강도로 표출된다는 의미다. '성난 젊은 예비역'은 2000년대 이후 한국 사회에 부상한 온라인 집단 정체성이다. 2001년 '월장 사태'가 중요한 분기점이었다. 여학생에게 술을 따르게 하는 등 학내 군사 문화를 문제 삼으며 예비역들을 비판한 어떤 칼럼이 알려지자 젊은 예비역 남성들의 공격이 시작됐다. 폭행, 협박, 욕설은 물론이고 전화로 폰섹스를 요구하거나 편집부 신상 정보를 성인 사이트에 올리기도 했다. 당시의 전선은 여성주의자와 남성 진보주의자와 성난 젊은 예비역 사이에 그어졌지만, 시간이 흐르면서 공격 대상은 여성부, 된장녀(김치녀) 등으로 확대됐다.

"신성한 의무"라 포장하지만, 인생의 가장 뜨거운 시기를 '꼬라박아야' 했던 기억은 고통스럽다. 가진 자들의 군면제율은 터무니없이 높고, 군가산점은 폐지됐으며, 여자 동기들은 취업했다. 생존 경쟁은 날로 치열해지는데 제대해보니 내세울 만한 게 아무것도 없다. 시장 논리로 사회 안전망과 공적 공간을 맹렬하게 해체해온 한국 사회는 젊은 예비역 남성들의 피해 의식과 공격성이 증폭할 수 있는 최적의 조건을 제공한다. 피해 의식과 생존에 대한 불안감은 '자격 없는 자들'에 대한 증오로 쉽게 전환된다. 김치녀는 자격 없이 누리기에 비난받아야 하는 타자의 하나로 '발명'됐다. 물론 사회 구조를 핑계로 혐오 발언이나 언어 폭력이 정당화될 수는 없다. 비판과 제재는 당연하다. 그러나 '왕년의 성난 젊은이들'은 명심해야 한다. 그들이 "인간 말종", "루저"라 부르는 존재들은 바로 그들이 만든 사회에서 태어났다는 것을.

'배운 녀자' 그 이후

　인터넷에서 '탈김치'라는 말을 종종 본다. '김치녀'는 '능력도 없으면서 남자 등골 빼먹는 젊은 여성'이다. '탈김치녀'는 그런 김치녀에서 벗어난 이른바 '개념녀'를 뜻한다. 어휘의 유별난 고급스러움 덕에 감 잡은 독자도 계시리라. 맞다. 일베에 빈번하게 등장하는 말이다. 7년 전, 그러니까 2008년 촛불시위 당시 '개념녀'를 자칭하는 말은 따로 있었다. 바로 '배운 녀자'다.

　'배운 녀자'는 '김치녀' '된장녀'처럼 남성의 시선에서 여성을 타자화하는 말과는 태생이 달랐다. 그것은 사회 문제에 적극적으로 발언하고 참여하는 여성들이 자부심을 담아 자신을 호명하는 단어였다. 그 말을 처음 들은 순간 "우리는 정의파다."라고 외쳤던 동일방직 여성 노동자들이 떠올라 조금 울컥했더랬다. 그러나 끝내 환호할 수는 없었다. 아마 학력이나 학벌로 여성을 차별하려는 의도는 없었을 테다. 그럼에도 목에 무언가가 걸린 듯했던 건 '그럼 못 배우거나 덜 배운 여자들은 누구지?'라는 의문을 지울 수 없었기 때문이다.

　'배운 녀자'라는 말에서 느낀 불편함은 사실 1990년대와

2000년대에 20대 시절을 보냈던 나 자신에게 느꼈던 불편함이기도 했다. 즉 사회 갈등과 적대의 복잡한 동학을 너무 쉽게 개인의 실존적 계몽의 차원에서만 바라보고 있던 것은 아닌가 하는 자기반성이다. '배운 녀자'라는 성별화된 표현으로 드러나긴 했으되 이건 여성에 국한된 문제가 결코 아니다. 오늘날 진보 진영 전체가 직면한 인식론적 궁지다.

미국의 이른바 '리버럴', 민주당 지지자 중 상당수는 "공화당 지지자들은 멍청하고 아이큐가 낮다."는 식으로 조롱하기를 좋아한다. 사실 여부는 일단 제쳐두자. 그런 태도는 우리 편에게 우월감을 안겨줄지 몰라도 우리 편이 아닌 사람을 우리 편으로 만드는 데는 하등 도움이 되지 않는다. 아니, 도움이 되기는커녕 역효과만 낳기 십상이다. 정치공학적인 면을 차치하더라도 평등과 정치적 다원주의를 강조하면서 공동체 구성원의 차이들을 지적 우열의 문제로 치환하는 것은 모순적이다.

그동안 진보는 진보적 개인의 지적·도덕적 우월성에 혹은 그런 우월성에 대한 믿음에 지나치게 기대어 온 게 사실이다. 현실 사회주의 국가가 무너지며 그 경향은 더 심해졌다. 대의를 가지고 공략하기보다 풍자와 조롱, 패러디를 통해 정치적 적대자를 '낙후'시키는 쪽을 선호하게 됐다. 진보가 세련되고 똑똑하고 도덕적인 캐릭터가 된다면 대중이 자연스레 지지해 줄 거라고 믿었던 것이다. 한동안 그 전략은 맞아떨어지는 듯했다.

안타깝게도 정치적 경쟁의 장에서 개인의 우월성이라는 요소는 바닷가 모래성만큼이나 위태롭다. 기준 자체가 주관적이기도 하거니와 애당초 보수에 비해 진보는 훨씬 불리한 조건에 처해 있다. 티끌만 한 흠결의 폭로만으로도 진보는 금세 위선자로 낙인찍히고 만다. 똥밭에 뒹굴던 자에게 먹물이 튀어봐야 티도 안 나지만, 흰 옷에 튀면 그것만 눈에 들어오기 마련이다. 확실히 불공평한 일이긴 한데 정작 중요한 문제는 따로 있다.

　본질적 문제는 범진보 세력의 자기인식이 '계몽의 유아론 solipsism'에서 한 발자국도 벗어나지 못했다는 점이다. 한마디로 '나만(우리만) 계몽됐다.'는 생각에 여전히 갇혀 있다. '탈김치' 운운이 자기들만의 '상식'과 '개념'을 일방적으로 들이대는 폭력이라면, '배운 녀자'라는 말은 타자에게 다른 방식의 각성이 존재할 수 있음을 인정하지 않는 독선이다. 그리하여 세계는 깨어 있는 시민과, 그 깨어 있는 시민 발목이나 잡는 한 줌 운동권과, 아직 정신 못 차린 국민들의 영원한 삼항조로 구성된다. 7년이 흘렀다. 우린 아직 여기 머물러 있다.

여성 대상 폭력

서울 강남역 근처 어느 화장실에서 한 남성이 일면식도 없는 한 여성을 끔찍하게 죽였다. 용의자는 "평소 여성들이 자신을 무시해서 범행을 저질렀다."고 말했다. 사건 직후 강남역 10번 출구에는 추모 쪽지가 붙기 시작했다. 온라인 역시 분노로 들끓었다. 이 사건을 두고 여성이라는 사회적 소수자 중 불특정 개인을 노린 범죄, 즉 혐오 범죄hate crime라는 주장이 동시 다발적으로 튀어나왔다. 경찰은 "피의자는 조현병으로 입원을 반복하는 등 정신병력이 있는 사람이고 진술만으로 동기를 해명하기에는 석연치 않다."며 혐오 범죄와는 일단 선을 그었다. 속칭 '묻지마 범죄'라 불리는 이상동기 범죄 쪽으로 무게를 싣는 모양새다.

현 시점(5월 20일)에서 범죄 원인을 명확히 밝혀내기란 불가능하다. 그럼에도 많은 사람이 사건을 '여성 혐오 범죄'로 규정한다. 과거에도 유사한 사건들은 있었지만, 사람들의 반응이 이렇지는 않았다. 혐오범죄법이 없고 관련 논의도 일천한 사회에서, 어쩌면 '묻지마 범죄'일 수 있는 살인사건에 대해 이토록 많은 사람이 "여성 혐오", "혐오 범죄"라는 말을 꺼내 들었다는 점은 자못 의미심장하다. 인간은 언어를 통해 세계를 인식하며 다른 사람과 그 인식을 공유한다. 새로운 언어인 '여혐(여성 혐오)'과 '혐오 범죄' 같은 말들이 사태를 과거와는 다른 방식으로 명명하고 인식하는 촉매로 작용했을 수 있다. '나도 언제든 살해당할 수 있다.'는 여성들의 보편적 공포를 함축했기에 저 언어들은 어떤 말보다 빠른 속도로 사회적 공감을 얻었다.

　그런데 사건을 둘러싼 사회의 담론들이 혐오나 혐오 범죄라는 개념에 지나치게 매몰돼 있는 건 우려스럽다. 첫째, 혐오 범죄인가 아닌가 하는 대립 구도로 흘러가는 지금의 상황이 얼마나 실익이 있는지 의문이다. 일반적으로 혐오 범죄란 인종, 성별 정체성, 성적 지향, 정치적 지향, 종교 등에 대한 혐오나 편견이 범죄의 동기로 작용한 범죄를 가리킨다. 혐오 범죄 개념은 이미 자체로 범죄인 행위에서 그 '동기'에 초점을 맞춘다. 만일 동기가 혐오 범죄의 구성 요건에 부합하면 가중해 처벌하자는 것인데, 법이 인간 내면 상태를 판단하고 처벌해야 하니 쉽지 않은 문제다. 미국 등 몇몇 국가에서는 법제화가 되어 있고 많은 연구가 이루어졌지만, 한국에는 혐오범죄법이 없으며 관련 연구도 극히 드물다. 요컨대 관련법과 논의가 과소한 상황에서 이번 사건을 두고 혐오 범죄냐 아니냐로 실랑이를 벌이는 것은 자칫 공염불이 되기 쉽다.

　둘째, 실익이 있는지도 의문이지만 과연 '혐오'가 우리가 직면한 문제의 핵심을 포괄하는 개념인지도 따져봐야 한다. 한국의 강력 범죄 피해자 중 여성 비율은 다른 나라에 비해 확연히 높다. 살인, 강간, 추행, 폭행 등 극단적 폭력은 약자–여성을 향하는 경향을 보인다. 경제의 낙수 효과는 허구지만 폭력의 낙수 효과는 진실이다. 여성이 빈곤할 경우 폭력에 노출될 확률은 더 높아진다. 이것이 '여성 대상 폭력violence against women'이다. 그냥 만든 말이 아니라 앰네스티와 세계보건기구 등 여러 국제기구가 공식화한 글로벌 아젠다고, 한국 여성은 가장 고위험군에 속한다. 이 폭력은 어제오늘의 일이 아니다. 최근 들어 우리가 알게 된 어떤 개념에 의해 생겨난 현상도 아니다. 특히 폭력의 동기가 '여성 혐오'만이 아니란 사실에 좀 더 관심을 기울일 필요가 있다. 아버지에 의해, 남편에 의해, 남자 친구에 의해, 불특정 다수의 남성에 의해 지금 이 시각에도 어딘가에서 여성 대상 폭력은 일어나고 있다. 여성을 향한 폭력은 다양한 동기와 관계 속에서 일상적으로 벌어지는 참혹이다.

지금 강남역에 쪽지를 붙이고 꽃을 놓는 사람들의 목소리가 단지 혐오 범죄라는 특정 범죄 양상에 대한 반대로 국소화되면 안 된다. 이 분노와 애도의 물결은 여성에 대한 폭력을 더는 손 놓고 지켜보지 않겠다는 여성들의 절규로, 이에 공감하는 다른 성들의 연대 선언으로 읽혀야 한다. 다만 여성의 안전한 삶에 더 많은 관심과 자원을 투여하는 일이 행여 CCTV와 경찰 권력의 확대 등 '감시 사회'와 '치안 사회'로 귀결되지 않기를 바란다.

○ 시대 진단^{Zeitdiagnose}

이명박과 안철수는 무엇의 이름인가

 이명박 씨가 뜬금없는 시점에 자서전을 내놓았다. 798쪽에 이르는 두꺼운 책 대부분은 본인 치적에 대한 침소봉대와 자화자찬이었다. 나머지는 다른 정권들에 대한 비난, 민감한 정치·외교적 사안에 대한 경솔한 발언들이다. 전직 대통령 회고록 중에서도 상대적으로 '격'이 떨어지는 책이라 하겠다.

 오히려 지금 시점에 이야기해봐야 할 것은 '이명박 시대는 과연 무엇이었을까.'라는 질문이다. 여기서 이명박 시대는 단지 이명박 정권 5년만을 의미하는 것은 아니다. 이명박이 표상하는 어떤 시대정신을 가리키는 것이다. 논의하는 사람에 따라, 또 관점과 기준에 따라 여러 갈래의 정의와 분석이 가능하겠지만, 이 글은 한마디로 이명박 시대를 '능력주의의 시대'라고 규정한다.

한국형 평등주의

"(전략) 2002년 개봉한 홍상수의 영화 〈생활의 발견〉에서 연극배우 경수는 이렇게 말한다. "우리 사람 되긴 힘들어도 괴물은 되지 말자." 아직도 사람들이 입에 올리는 '명대사'다. 뜬금없이 영화 이야기를 꺼낸 건 이 말이 참여정부와 그 지지자들의 정치적 무의식을 건드리기 때문이다. '괴물은 되지 말자.'라는 말의 기능은 사람들에게 최소한의 윤리적 마지노선을 요구하는 게 결코 아니다. 그 말이 기능하는 부분은 다른 데 있다. 오히려 "내가 비록 인간 같지 않은 짓을 하고 있지만, 최소한 괴물만 아니면 괜찮은 거지."라는 식의 은밀한 도덕적 위안을 안겨주는 것이다.

참여정부의 출범부터 그랬다. 〈생활의 발견〉이 개봉했던 바로 그해 대선에서 예의 비판적 지지론이 기승을 부렸다. 즉 최선을 택하기보다 최악(한나라당 집권)을 피하자는 것인데 이 논리는 '최소한 괴물은 되지 말자.'는 말과 정확히 동일한 구조를 갖고 있다. 여기서 '최선'이란 당연히 자신이 속한 계급의 이익에 복무하는 정당에 투표하는 것이다. 실제로 많은 노동자가 한나라당의 집권을 막기 위해 민주노동당을 제쳐두고 민주당 후보에 표를 몰아줬다.

대표적 재벌 개혁 정책인 출자총액제한제도는 참여정부 5년 동안 글자 그대로 누더기가 됐고, 순환출자 금지 논의도 스리슬쩍 사라졌다. 인수위 시절 반드시 관철하겠노라 공언했던, 그리고 비정규직 문제의 핵심인 '동일 가치 노동 동일 임금' 원칙 역시 정부가 출범하자마자 증발해버렸다. 지난 5년 서민들의 살림살이는 전혀 개혁되지 못했다. '개혁'과 '진정성'이라는 말을 어느 정부보다 남용했는데도.

이러한 말과 행동의 괴리, '최소한 괴물만 아니면 된다.'는 사고 방식, 바로 속물의 특성이다. 속물에 대한 역겨움이 '참된 인간'에 대한 갈망으로 승화한다면 좋겠지만, 유감스럽게도 그런 일은 거의 벌어지지 않는다. 귀찮고 불편하기 때문이다. 그러므로 속물은 필연적으로 '동물'을 불러오게 돼 있다. 즉 동물은 속물의 미래다.

　속물이 욕망desire에 좌우되는 위선적 존재라면, 동물은 욕구needs에 솔직한 존재다. 타인의 시선? 그게 밥 먹여주니? 배고프니 먹고, 마려우니 싸는 거다. 미로에 갇힌 생쥐는 생각하기보다 움직인다. 길이 막히면 다른 길로, 또 막히면 또 다른 길로. 해보고 또 해본다. 이명박 대통령이 가장 즐겨 쓴다는 말은 그래서 감동이다. "해봤어?", "똥인지 된장인지 굳이 찍어 먹는 '동물의 왕국', 이제 딱 4년 11개월 남았다."[1]

　이명박 정권이 막 출범했을 무렵인 2008년 초에 쓴 칼럼이다. 당시는 촛불 시위가 발생하기 전이었고, 노무현 대통령 역시 아직 생존해 있던 때다. 이명박 정권을 탄생시킨 시대정신에 대해 이런저런 이야기들이 무성하긴 했지만, 이후 벌어질 엄청난 사건들에 대해 사람들은 전혀 모르고 있었다. 자연인 이명박이 아니라 어떤 상징으로서 이명박을 논해야 한다면, 대통령이 된 다음 이명박의 행적은 오히려 부차적이다. 중요한 것은 그를 대통령이라는 무소불위의 권좌로 밀어올린 어떤 '힘' 또는 '시대정신'이다. 우리의 분석은 바로 거기서 출발해야 한다.

1) 박권일, 「동물은 속물의 미래다」, 『시사IN』 29호, 2008.4.1.

과거 고도 성장 기간에 서서히 하나의 덩어리로 뭉쳐졌던 중간 계급은, 1980년대부터 단지 존재하는 게 아니라 자기인식의 단계에 들어서기 시작한다. 정치적 자기인식은 1987년의 민주화 운동의 주요 동력 중 하나라는 사실로 집약되고, 사회 문화적 자기인식은 KBS의 1991년도 드라마 제목인 〈우리는 중산층〉으로 상징된다. 전통적 블루컬러 노동 계급 중 조직화한 일부는 중간 계급적 라이프 스타일로 수렴돼 갔다. 이때 한국에서 평등주의라는 것은 '전국민이 중간 계급이 되는 것'이다. 기준은 명백했고 자연스러웠다.

그러나 중간 계급의 짧았던 전성기는 1997년 외환 위기라는 외상적 사건에 의해 1차적으로 종결된다. 이후 10년, 이른바 개혁 정권 10년은 극심한 사회 경제적 구조 변화를 통해 '덩어리'가 해체되는 기간이었다. 그 와중에 중간 계급 중 상당수가 저소득층으로 떨어졌고, 일부는 위로 올라섰다. 물론 중간 계급을 유지하는 사람들은 적지 않았지만 이미 '소셜 스탠더드'로서의 의미는 사라져버렸다. "정년"이니 "은퇴"라는 말은 무의미해졌거나 예전과 전혀 다른 의미가 됐다. 40대에 회사에서 잘린 사람이 너무 많아져서 더는 뉴스거리조차 되지 못했다. 행복해 보이던 이웃집 아저씨가 정리해고당해 옥상에서 뛰어내리고, 멀쩡히 잘살던 친척이 카드빚으로 야반도주했다는 소식이 들린다. 삶 자체의 불안이 쓰나미처럼 덮쳐왔다. 약육강식과 승자독식이 새로운 삶의 문법이 됐다는 사실을 사람들은 처절하게 깨닫는다. 다같이 잘 먹고 잘살수 있다고 믿었던 아름다운 시절은 끝나버렸다. 이제 선택지는 둘 중 하나다. 부자 아빠냐, 아니면 자살하는 아빠냐.

평등이라는 가치를 추구하는 일이 불가능해 보이는 시대였지만, 평등주의는 여전히, 아니 예전보다 훨씬 더 강하게 작동했다. 그냥 평등주의가 아니라 한국 사회 특유의 평등주의, 즉 '한국형 평등주의'다. 일반적 의미에서 평등주의는 "너무 많이 혹은 너무 적게 갖는 건 불공평하다."라는 것이다. 반면 한국형 평등주의는 "나도 부자가 돼야 한다."이다. 자매품으로 "내 새끼도 서울대 가야 한다."와 "나도 MBA 따야 한다." 등이 있다.

일반적 평등주의는 '사회 전체의 비대칭'을 문제 삼는 데 비해, 한국형 평등주의는 '부자와 내 비대칭'만 문제 삼는다. 전자의 처지에 서면 필연으로 부자가 가진 것을 일정 부분 빼앗아 올 수밖에 없다. 그래야 못 가진 자에게 분배할 테니까. 그러나 후자의 처지에 서면 그런 일이 벌어질 수 없다. 부자들의 것을 빼앗는 것은, 곧 자신의 숭고한 목적을 훼손하는 짓이기 때문이다. 서점에서 '부자 되기' 처세서가 불티나게 팔리는 데는 다 이유가 있다. 그리하여 한국형 평등주의는 부자가 되기 위해 가난한 사람이 더 가난한 사람을 수탈하는 상황을 야기하고, 부자에게는 어떤 위험도 초래하지 않는다. 그러면서 이제 이념의 시대는 끝났고 경제의 시대라고 말한다. 가식으로나마 옹호되던 어떤 윤리조차 거추장스러워진 시대, 신자유주의의 절정기가 도래한 것이다.

환호의 이유

한국형 평등주의는 평등이라는 가치 자체를 중요하게 여기는 이데올로기가 아니다. 만약 가치를 중요하게 여겼다면, 필연적으로 사회 구성원 모두의 평등한 삶을 요구하거나 최소한 그에 가까워지는 조건들에 대해 고민했을 것이다. 한국형 평등주의는 그런 평등을 요구하지 않으며, 가능할 거라고 믿지도 않는다. 자신에게 영향을 끼치지 않는 이상, 가난한 사람의 삶이야 어떻게 되든 관심조차 없다. 한국형 평등주의는 오직 하나의 사실에 집중한다. 나보다 잘사는 자들은 실제로 나보다 자격이 있거나 우월한가? 만일 그렇다는 것이 명확히 밝혀지면 승복할 수 있다. 하지만 아니라면 내 분노는 정당하다.

결국 이것은 능력주의와 연결될 수밖에 없다. 이명박은 "샐러리맨의 신화"로 불렸던 입지전적 인물이다. 그가 대선 후보로 거론되던 시기, 직업 정치인 출신이 아니라 기업인이었다는 사실은 큰 플러스 요소로 작용했다. 현대그룹 정주영 회장이 대선에 출마하던 때와는 다른 시대였기 때문이다. 과거에 성공한 기업인이라는 상징 자본은 그 사람의 정치적 능력 부재를 가리키는 것이었다. 이명박이 대선이 나올 무렵에는 상황이 180도 달라져 있었다. 그 시대는 기업가의 경영 능력이 '국가경영'의 능력을 담보하는 것처럼 여겨지는 시대였다.

능력주의meritocracy라는 말은 1958년 출간된 마이클 영의 책

『능력주의의 부상The rise of the meritocracy』에 처음 등장했다. 오늘날 우리는 '능력주의'라는 말을 대개 긍정의 뜻으로 사용한다. 직역하면 '능력에 따른 지배'이지만, 사실상 '능력에 따른 대우 원칙'이라는 의미로 쓴다. 무능한데 후한 대우를 받거나 유능한데 박한 대우를 받는 상황을 우리는 아주 부당하다고 생각한다. 오늘날 능력주의라는 말은 사실상 '정의justice' 또는 '공정함fairness'으로 여겨지고 있다. 애당초 영이 의도한 바는 그게 아니었다. 그는 지능 지수에 따라 인간을 차등 대우하고 그 불평등이 고착되는 사회를 풍자하려고 이 말을 만들어냈다. 원래 부정의 의미였던 셈이다. 어떤 단어가 시간이 흐르면서 명명자의 의도와 정반대 의미로 굳어지는 경우가 가끔 있는데 능력주의가 그런 경우였다. 왜 이런 오해가 발생했을까. 크게 두 가지 이유가 있다.

첫 번째로는 능력주의라는 말 자체가 즉각 환기하는 긍정적 가치가 있기 때문이다. 봉건 질서가 서서히 붕괴하면서 가문과 혈통 같은 배경이 아닌 개인의 재능과 소질을 가지고 전문적 일의 자격을 판단하는 것이 더 자연스러워졌다. 관료 기구, 군대에 이어 법률, 의학, 교육 기관, 민간 기업에도 이 원칙이 도입되면서 봉건 질서를 대체하는 중요한 요소 중 하나로 완전히 뿌리내린다. 쉽게 말해 능력에 따른 대우 원칙은 근대에 확립된 '객관적이고 효율적이고 진보적인 인간 사용법'이었다. 인간들의 조직은 이 원칙이 일관될수록 빠릿빠릿해졌다. 최초의 진입 장벽을 가능한 낮추는 대신에 차츰차츰 상층으로 올라가는 허들을 높이면, 그리고 그 허들이 모두에게 공평하고 투명하다면 개인은 가혹한 경쟁을 기꺼이 감수하곤 했다. 선천적 재능과 후천적 노력에 의한 대우의 격차는 혈통이나 집안에 의해 처음부터 경쟁에서 배제되는 상황보다는 훨씬 정의로운 것이라 여겨졌다. 정실주의와 연고주의에 대한 반감은 오늘날 매우 일반적이다. 그 반감만큼이나 능력에 따른 대우 원칙은 사람들의 지지를 얻는다. 봉건 질서가 지배적이던 시대에 능력에 따른 대우 원칙은 매우 제한적으로만 관철됐지만, 근대에 이르자 이 원칙은 '기회의 평등과 결과의 불평등'이라는 자유주의적 관념과 맞물리면서 사회의 상식으로 자리잡을 수 있었다. 다시 말해 능력주의라는 말이 사람들에게 즉각 긍정의 의미로 다가오는 배경에는 일차적으로 근대(성)의 헤게모니가 놓여 있었다.

두 번째 이유는 우리는 '20세기 후반', 더 정확히 말해 '전후' 시대라는 시공간을 염두에 둬야 한다. 서구 사회는 가장 끔찍했던 세계 대전을 겪었지만, 전쟁을 겪는 와중에서부터 1973년 1차 석유 파동에 이르는 약 30년 동안 인류 역사상 전무후무한 경제 성장과 복지 확장을 경험한다. 영국 전후 복지제도의 근간이 된 문건이자 오늘날 서구 복지 체계를 논할 때 일종의 고전으로 취급되는 '베버리지 보고서'가 나온 게 세계 대전의 포화가 빗발치던 1942년이었다. 스웨덴 복지 국가 체제의 정수가 담긴 '전후강령(노동 운동의 전후강령)'이 나온 게 1944년이었다. 각국이 국력을 총동원해 벌인 참혹한 전쟁은 군수 산업의 어마어마한 호황을 의미했다. 동시에 그것은 전후 제조업 성장의 물적 기반이었다. 전쟁이 끝나자마자 서구 경제는 가파르게 치고 올라갔고, 사람들은 순식간에 물질적 풍요에 젖어들었다. 중산층은 거대하게 팽창했으며, 매스 미디어는 폭발적으로 성장했다. 물론 20세기 중반의 이 '아름다운 시절Belle Époque'은 영원히 이어지지 않았다. 1960년대 말부터 불안한 징후가 나타나기 시작했다. 1970년대 중반이 되자 (수요 감소이든 공급 과잉이든 간에) 위기는 누구도 부정할 수 없는 현실이 됐다. 공기는 완전히 변했다. 공산권 붕괴 이후 신자유주의는 명실상부 시대정신이 됐다. 무려 40년 넘게 이어진 신자유주의 헤게모니는 무시무시했다. 다수 서구 자본주의 국가의 복지제도를 거의 뼈만 남기고 해체해버렸다.

신자유주의자들은 복지제도가 지나친 재정 지출을 강제하며 경제 성장의 동력을 고갈하고 인간을 나태하게 만든다고 주장했다. 노동자를 자르고, 줄이고, 솎아낸 다음 저항하면 철저히 짓이겼다. 자르지 않고 남긴 노동자는 너덜너덜해질 때까지 쥐어짰다. 복지제도를 시대착오적 세금 낭비로 규정하고, 노동조합은 중세의 길드 같은 기득권 옹호 세력으로 몰아세웠다. 이제 무능함과 경직성은 사회적 배제와 퇴출의 명백한 조건이 됐다. 무능함과 경직성을 판단하는 기준도 제시됐는데, 그것은 어디까지나 시대정신의 담지자인 신자유주의자들이 정하는 것이었다. 우리는 이 선지자들을 무조건 따라야 했다. 저 유명한 마거릿 새처의 슬로건 "대안은 없다.There is no alternative"는 당시의 분위기가 어떠했는지를 잘 보여준다.

신자유주의자들은 사회 변화를 요구했고 자신도 변화를 주도한다고 믿었다. 그래서 자신들이 벌이는 짓을 "개혁"이라 불렀다. "개혁의 반대자는 누구인가? 무사안일을 옹호하고 변화를 싫어하는 무능한 기득권 세력이다!" 능력에 따른 대우 원칙은 이제 '능력주의'라는 이름으로 불리고 있었다.『능력주의의 부상』의 저자 영은 본의 아니게 신자유주의자들에게 유용한 이름을 제공해준 격이 됐다. 신자유주의 정신을 대중에게 단박에 이해하고 설득하기에 능력주의만큼 효과적이고 매력적인 도구는 드물었다. 능력주의 이데올로기는 서구만의 전유물이 아니었다. 그것은 근대 사회에서 일종의 '주인기표' 노릇을 해왔다. 산업자본주의의 후발주자였던 한국 사회도 예외가 아니었다. 근대화가 압축적으로 진행된 것처럼 '신자유주의 개혁'도 압축적으로 진행됐고, 능력주의 이데올로기의 남용과 타락 역시 마찬가지 운명을 겪는다.

증오의 이유

흥미롭게도, 그리고 의미심장하게도 2008년 광우병 촛불 시위에서 단적으로 드러난 이명박에 대한 증오는 이명박의 등장을 환호했던 이유와 동일한 멘털리티에 기반을 두고 있었다. 한국형 평등주의는 단순히 개인의 이기심을 노골적으로 노출해서 문제인 게 아니다. 한국인이 '신자유주의적 시장 규율을 내면화하는 방식'을 보여주기 때문에 문제적인 것이었다. 해방의 과정에 정치라는 이름을 부여하고 이를 평등의 과정이라 정의할 때[2] 한국형 평등주의는 정치를 대체하는 위계화의 논리로 기능한다. 물론 당위적 차원에서는 시장 논리가 정치를 대체할 수 없다는 것을 모든 사람이 알고 있다. 하지만 1997년, 그리고 이후 10년의 경험칙이 그 당위를 정면에서 부정한다. 1987년의 에너지가 탄생시킨 정치 권력이 시장 권력을 통제할 의지도 능력도 없었다는 사실을 머리가 아닌 피부로 절감했을 때, 생활인들은 현실을 깨닫고 분노하는 게 아니라 자기 삶의 규율을 바꿔 적응하려 한다. 개인적 차원에서 적응의 규율이 일종의 상식으로 일반화됐을 때, 이것은 사회적 차원에서 적응하려 하지 않는 자 혹은 집단에 대한 배제의 논리로 표현된다. 따라서 한국형 평등주의가 가리키는 것 또는 그 필연적 결과물은 이것이다. '정치가 불가능해지는 지점', 그리고 반정치[anti-politics]의 이데올로기적 조건.

반정치는 제도 정치(국회의원들의 활동 등등)와 공공성에 대한 혐오와 냉소에서 곧장 발생하는 게 아니다. 그것은 언제나 경제라는 영역과 정치라는 영역 간의 관계에서 출현한다. 요컨대 정치 권력이 압도적 시장의 힘에 의해, 그리고 오직 그에 대비돼서만 상대화된다는 것이다. 이때 경제와 정치의 선언적 분리(실제로 이 분리는 불가능하다)가 선행한 다음 경제에 대한 정치의 개입이 더는 정당화되지 못하는 시점, 다시

2) 자크 랑시에르, 『정치적인 것의 가장자리에서』, 136쪽.

말해 경제는 보편성을 획득한 반면, 정치는 주관성, 당파성, 부패와 불투명성, 사익 추구로 프레이밍됐을 때 비로소 반정치가 현현하는 것이다. 이런 관점에서 볼 때, 2008년 촛불 집회의 슬로건이었고 주제가였던 헌법 제1조가 기묘하게 해석될 가능성이 열린다. 알다시피 헌법 제1조 1항과 2항은 다음과 같다.

"대한민국은 민주공화국이다. 대한민국의 주권은 국민에게 있고 모든 권력은 국민으로부터 나온다."

혹자는 헌법 제1조가 촛불 집회에 등장한 걸 두고 "모호하긴 하지만 그래서 오히려 정치의 가능성을 열어주는 무엇"으로 보기도 하지만, 과연 그럴까. 헌법은 사실 명제의 형태로 당위 명제를 주장하고 있다. 헌법 제1조 2항이 사실 명제라면 아마 이래야 할 것이다.

"대한민국의 주권은 시장에 있고 모든 권력은 시장으로부터 나온다."

"권력은 시장으로 넘어갔다."는 노무현의 선언은 정치가로서 무책임한 것이었지만, 관찰자로서 정직한 것이었다. 대부분의 국민도 아는 사실이다. 만약 '모든 권력이 국민으로부터 나온다.'는 말을 중간 계급이 정말로 관철해야 할 당위로 믿었다면, 헌법 제1조를 목놓아 외칠 필요조차 없다. 100만 명이 청와대로 몰려가서 그냥 권력을 접수하면 된다. 중간 계급은 헌법이라는 낡은 대타자를 온전히 믿지 못한다. 신자유주의적 시장 합리성이 상당 부분 내면화돼 있기 때문이다. 실은 이것이 진짜 문제다. 그러므로 촛불 시민들이 헌법 제1조를 노래하며 이명박에 분노했던 진짜 이유는 이런 게 아니었을까. "이명박 대통령, 당신은 사실 최고 권력자가 아니야. 왜냐면 권력은 시장으로 넘어간지 오래거든. 넘버투 주제에 우릴 이렇게 무시해?" 제1권력인 시장 권력과 매순간 소통하는 소비자-시민 입장에서, 귀와 눈을 틀어막은 저 이명박이란 이름의 정치 권력은 얼마나 분통 터지는 존재인가.

촛불은 중간 계급의 불안이 물화한 사건이다. 그 불안은 정확히 말해 계급적 인식에 의한 것은 아니었다. 그보다는 이명박이 '대한민국 주류 시민'의 신념 체계를 훼손했다고 믿었기 때문이었다. 위에 서술한 것처럼 그 신념 체계는 민주주의에 대한 소박한 믿음 따위가 아니라 내면화된 시장 합리성이다. 중간 계급에게 이명박은 오소독스한 시장주의자이긴커녕 글로벌 스탠더드를 완전히 무시하고 권력을 사적으로 전유하려는 자였다. 실제 이명박이라는 캐릭터는 시장주의적 합리성을 내면화한 소비자들을 충족해주기에는 지나치게 권위적이고 독선적인, 낡은 타입의 리더였다.

신자유주의라는 '진리'에 충실한 주체들이 압도적으로 확대 재생산되던 때가 분명 있었다. 대략 1998년~2007년의 10년을 그 시기로 꼽을 수 있다. 전에도 강조한 적이 있었던 것처럼, 주체는 고정된 실체라기보다는 유동하는 흐름이다. 10여 년 동안 주체도, 주체화 양식도 시나브로 변화했다. 여전히 신자유주의 이데올로기는 강력한 사회적 규율로 작동하고 있지만, 동시에 신자유주의가 가져온 피로감과 저항감도 무시하지 못할 정도로 커진 것 또한 사실이다.

자기계발 열풍의 이면에는 시대의 흐름에 뒤쳐진 주체들의 좌절감과 패배감이 확산되고 있었다. 푸코의 후기 연구에서 비롯한 이른바 통치성governmentality 담론은 신자유주의 이데올로기가 가장 강력했던 시대 자기계발하는 주체의 출현에 대한 설득력 있는 분석 틀을 제시했지만, 통치성 담론에서 말하는 '지배 테크놀로지와 자기 테크놀로지의 매끄러운 상호작용'만으로 온전히 포착해낼 수 없는 현상들 역시 곳곳에서 감지됐다. 자기계발의 지배적 윤리, 즉 지배 테크놀로지를 거부하는 주체들의 출현이 하나둘 분석의 대상이 되기 시작한 것이다.[3] 열심히 자기계발만 하면 성공할 수 있을 거라 여겼던 88만원세대는 차츰 그 성공의 사다리가 처음부터 끊어져 있었다는 진실을 깨닫고 경악했다. 물론 "아프니까 청춘"이라는 식의 백치 같은 위로, 그리고 20대가 이명박을 불러왔다는 이른바 '20대 개새끼론' 류의 요설은 여전히 성행했다. 하지만 그 저열한 '꼰대들'의 틈새에서 청춘들이 내지르는 저항의 목소리는 더욱 또렷해지고 있다. 청년유니온의 사례처럼 구체적 노동권 문제를 놓고 조직적으로 저항하는 움직임도 생

3) 곽중현, 「자기계발로부터의 도피?」, 한국사회학회 2009 전기 사회학대회.

겨났다. 세계적으로도 신자유주의 헤게모니의 터닝 포인트라 할 만한 사건들이 나타나기 시작했다. 세계 금융의 심장부에 누구도 예상하지 못했던 초유의 사건이 일어났던 것이다. 월 스트리트 점거 시위였다. 일거에 분위기가 바뀌었다. 금융 위기가 어마어마한 부를 증발해버렸음에도 누구도 책임지는 사람이 없었기 때문만은 아니었다. 그것은 신자유주의 이데 올로기가 강요해온 질서가 더는 지속될 수 없다는 선언이었 고 신자유주의 그 자체에 대한 파산선고였다. 신자유주의 질 서가 영원할 거라 확신에 차 떠들어대던 거물급 신자유주의 이데올로그들조차 침묵에 빠져들었을 정도였다.

개혁 정권 10년 동안 사람들은 어느 때보다 자기계발에 열 중했는데도 삶의 질이 끝없이 하락하는 걸 경험했다. 사람들 은 김대중 정부와 노무현 정부를 거치며 더는 과거와 같은 경 제 성장이 불가능하다는 것을 머리로는 깨닫게 됐지만, 아직 완전히 납득하지는 못했다. 그래서 이명박에게 다시 기대를 걸었다. 번 돈을 다 써버려도 다음에 더 많이 벌 수 있다는 자 신이 생기는 꿈같은 나날들, 즉 1990년대의 거품 경제가 제 공한 짜릿한 쾌락을 여전히 갈망하고 있었던 것이다. 그 쾌락 을 충족해주기만 하면 어느 정도의 사익 추구 행위는 용납할 수 있다고 생각했다. 과연 어마어마한 도덕적·법적 흠결이 있 는데도 이명박은 대통령에 당선된다. 그러나 이명박의 '유능 함'은 국가 경제 차원에서 발휘될 수 없는 성질이라는 게 이 내 밝혀지고 만다. 이명박에 대한 대중의 분노가 향하는 것은 얼핏 이명박과 그 측근의 독선, 아집, 부도덕인 것 같지만 실은 그렇지 않다. 대중의 증오는 본질적으로 이명박의 무능에 기인한다. 부도덕해서 싫은 게 아니라 '무능한 주제에 뭘 믿고 저러냐'는 것이다. 그와 동시에 대중은 한국 경제가 과거와 같은 형태로 성장할 수 없다는 구조적 차원의 현실도 인지하기 시작한다. 신자유주의적 주체-자기계발하는 주체는 더 자주 우울증적 주체로 침잠했다. 이 모든 상황, 공기가 조금씩 대중을 감염하고 있었다. "뭔가 잘못됐어. 근데 어디서부터 잘못된 거지?"

이명박과 안철수

지금은 언제 그랬냐는 듯 잠잠해져버렸지만, 안철수 신드롬이 전국을 뒤덮던 시기가 있었다. 안철수 신드롬이 한창이었을 때 이명박과 기존 낡은 정치의 대안인지, 아니면 그저 기업인 출신의 한계를 노정한 '제2의 이명박'에 불과한지에 대해 갑론을박이 오고가기도 했다. 좌파들의 경우, CEO 출신 정치인이라는 점에서 이 정치인 두 명을 관성적으로 동일시하는 경향이 강했다. 똑같은 신자유주의자라는 것이다.

"한국인에게 근대적 정치는 김대중과 노무현의 죽음과 더불어 끝났으며, 탈정치는 이명박의 당선과 더불어 시작됐다. 아이러니하게도, 이러한 현상은 김대중과 노무현에게서부터 시작된다. 대중이 '정치'에 대해 마지막 희망을 걸었던 김대중과 노무현이 신자유주의를 받아들임으로써 '탈정치'를 불러왔고, 이것이 이명박이라는 괴물을 낳은 것이다. 이제 완전히 정착한 신자유주의 질서는 대중에게 '죽음'에 대한 불안과 '생존'에 대한 열망만을 남겨놓았다. 이 열망이 이명박을 통해 좌절됐다고 해서 대중은 다시 '정치'로 돌아가는 길을 택하지는 않으며, 대신 안철수라는 좀 더 '착한 이명박'을 갈구함으로써 경제-개인-안전이라는 완벽한 탈정치의 삼위일체를 즐기려한다."[4]

"신자유주의의 시대", "탈정치의 시대"라는 말이 자명하게 받아들여지는 현실에 비춰본다면, '안철수를 지지하는 대중의 욕망은 신자유주의-탈정치적 욕망'이라는 문강형준의 주장은 일정하게 타당한 맥락을 갖는 측면이 있다. 현실을 보더라도 이명박에 대한 실망과 분노는 크지만 이명박을 당선시킨 'CEO 대통령'이라는 슬로건이 내장한 힘은 건재해 보인다. 요컨대 한국 사회에는 여전히 '경제중심주의 리더십'에 대한 강박이 강하게 남아 있는 것처럼 보인다는 이야기다. 전혀 소통하지 않는 이명박 같은 '독한 CEO'가 아닌 '착한 CEO'에 대한 열망 또는 판타지는 확실히 CEO 출신 안철수의 이미지와 절묘하게 부합하고 있는 게 사실이다. 안철수는 자신이 창업한 회사를 떠날 당시 전 직원에게 회사 주식을 무상 증여하는가 하면, 2011년 11월 15일에는 1500억 원이란 큰돈을 사회에 환원한다고 발표해 큰 사회적 반향을 일으키기도 했다. '착한 이명박'이라는 비유는 그런 의미에서 설득력이 있

4) 문강형준, 「안철수 혹은 탈정치시대의 판타지」, 『문화과학』 68호, 2011년 겨울.

다. 그러나 분석을 여기에서 끝낸다면 그것은 분석이라기보다 동어 반복에 불과하다. '신자유주의=악'이라는 암묵적 전제에 따라 대중의 욕망을 단죄하는 것 이외에 문강형준의 분석이 어떤 현실적 의미가 있을까. 현실적 의미는 차치하고서라도 안철수 현상은 정말 의심의 여지없이 대중의 신자유주의적 열망이 빚어낸 것일까. 즉 안철수 현상은 신자유주의인가? 우리는 혹시 신자유주의라는 모호한 개념에 신자유주의라 단언하기엔 이질적인 요소들, 심지어 신자유주의에 불화하고 대립하는 요소들까지 모조리 뭉뚱그려 폐기 처분해버리고 있는 것은 아닌가.

안철수의 발언이나 글을 분석해보면, 이념적으로 신자유주의보다는 고전적 자유주의와 더 관련이 있어 보인다. 안철수를 도덕 경제의 신봉자, 목가적 성향의 자유주의적 기업가로 볼 수는 있어도 신자유주의자로 보기에는 무리가 있는 것이다. 안철수라는 사람의 생각만 아니라 그를 호출한 대중의 열망에도 역시 신자유주의적 열망과는 다른 무엇이 있다. 이명박과 다른 점이 바로 이것이다. 안철수 현상은 신자유주의보다 오히려 신자유주의에 대한 피로감에서 비롯된 것이다.

신자유주의 이데올로기가 정점에 달한 시기에조차도 신자유주의적 열망으로 설명할 수 없는 이질적 열망이 대중의 내면에 공존하고 있었다. 그것은 '정상근대正常近代에 대한 열망'이다. 신자유주의 이데올로기는 복지 체계를 파괴하고 노동자를 공격해 자본의 흐름을 '효율화'하는 것이 목표이지만,

기득권에 의해 왜곡된 기존의 지대 추구 행위^{rent seeking}를 일소하는 현실 개혁적 측면이 분명히 있었다. 외부 효과(외부 세력)를 통해 내부 문제를 해결하려는 이런 사고방식은 자유무역협정(FTA)를 통해 재벌의 구태를 개혁하려했던 노무현 대통령에게서도 발견된다. 서구 선진 사회와는 다른 과정, 즉 압축적 근대화 과정은 굴곡진 민족 서사와 한^恨 많은 개인 서사들을 형성할 수밖에 없었다. 경제 성장을 추구하면서 파괴되거나 손상된 많은 것을 다시금 복원하고 정상화하려는 시도와 요구는 그래서, 한국 사회에 광범위하게 퍼져 있는 사고방식이자 그 자체로 공동체의 보편 서사이기도 한 것이다. 예컨대 민족 국가의 구성에 대한 대중의 강렬한 정서적 회한("친일파를 척결·청산하지 못한 오욕의 역사", "민족 정기가 훼손되고 허리가 끊긴 한반도")도 이런 사고방식의 산물이라 할 수 있다. 정상근대에 대한 이런 열망은 신자유주의에 대한 열망과는 구분돼야 한다. 신자유주의이든 사회주의이든 공히 현실을 지속적으로 변화하려는 이념이다. 그러나 정상근대에 대한 열망은 그런 종류의 변화를 추동하는 정념이라기보다는 오히려 탈구된 현실을 안정화하려는 정념에 가깝다.

한국 사회는 서구 선진국들처럼 '정상적 발전'을 거친 사회가 아니기 때문에 공정한 규칙이 제대로 확립돼 있지 않은 사회다. 착하게 살면 패배자가 되고, 승자가 되려면 뭔가 나쁜 짓, 파렴치한 짓을 해야 한다. 실제로 돈 좀 벌었다는 놈들의 삶을 들여다보면 악취가 진동한다. 대한민국 10대 재벌 중에서 윤리적으로 돈을 벌어온 곳은 단 하나도 없다. 정경 유착은 물론이고 과거에는 물론이고 지금도 온갖 불법과 편법과 탈법을 저지르고 있지만 제대로 처벌받지도 않는다. 이른바 '보수' 정치인들의 삶을 살펴봐도 마찬가지다. 그 삶의 궤적을 살펴보면 윤리라든가 정당성이라는 범주 자체가 아예 없는 인간들이다. 성추행이나 안 하면 다행일 정도다. 반면 사회를 진보해보겠노라 열심히 싸우는 운동권들을 보면 도덕적이긴 한데 너무나 무능하다. 자본주의적 삶에 대한 기본적 이해조차 없다. 딱하긴 하지만 현실은 그냥 '루저loser'다. 그런데 안철수는 다르다. 대중이 안철수를 좋아하는 이유는 그가 단순히 '성공한 개인'이어서가 아니라 '반칙하지 않고 성공한 개인'이기 때문이다. '착한 승자'다. 한국처럼 뒤틀린 사회에서 반칙 없이 성공한다는 것은 마치 '네모난 삼각형'처럼 형용모순으로 들린다. 승자이기에 좋아한다는 점에서 이명박을 향한 지지가 기대는 능력주의를 똑같이 공유하고 있다. 그러나 '반칙하지 않고'라는 점에 방점이 찍혀 있다는 점을 과소평가하면 곤란하다. 그것이 바로 안철수 신드롬의 핵심이기 때문이다.

타락한 능력주의

신자유주의적 열망과 정상근대 열망에 공히, 마치 주인처럼 능력주의가 도사리고 있다. 이 능력주의는 사회 경제적 불평등의 악화와 더불어 변질되기 시작했다. 그것이 바로 '타락한 능력주의'다. 일베 담론의 바탕에 깔린 코드, 이른바 '일베 코드'가 바로 이것이다. '능력만큼 우대받아야 하고 능력이 있는 자가 지배해야 한다'는 것, 그것이 흔히 말하는 능력주의이다. 반면 타락한 능력주의는 '능력자는 존중받는 게 당연하지만 능력merit이나 자격membership이 없으면 얼마든지 차별하고 모욕해도 되는 능력주의'다. 그것은 '인간은 평등하다.'는 인식의 토대가 허물어진 능력주의고, 사실상 인종주의와 구별 불가능해진 능력주의다.

타락한 능력주의자들은 공히 자신을 부당한 착취의 피해자로 자리매김하며, 공동체의 구성원으로서 당연히 받을 몫을 내부의 타자에게 빼앗겼다는 박탈감을 내면화한다. 실제 그들을 분류하고 착취하고 배제하는 주체는 내부의 타자들, 이를테면 이주 노동자나 여성들이 아니다. 자본과 국가다. 하지만 이들은 자본과 국가에 저항하지 못한다. 자신의 '자격 있음/없음'과 '유능/무능'을 인준해주는 주체가 다름 아닌 자본과 국가이기 때문이다. 결국 그들은 카리스마적 지도자에게 정의를 요청하거나 국가와 거대 자본의 명령에 부응할 뿐이다. 일베 유저들이 학벌과 서열에 유독 민감하고 틈만 나면 '스펙 인증'을 하는 건 결코 우연이 아니다. 지그문트 바우만은 자기계발이라는 해법, 즉 전기적 해법이 체제 모순의 해답을 주지 못하면 상상적 해법이 등장한다고 지적한다.

"매일같이 자기 책망과 자괴감을 느낄 위험을 떠안고 사는 것은 간단한 문제가 아니다. 자신의 행동에만 시선을 맞추고 있는 탓에 개인적 삶의 모순들이 집단적으로 빚어낸 사회공간에서 주의를 돌린 개인들은 당연하게도 자신들이 처한 비극의 원인을 명백한 어떤 것, 따라서 개선 가능한 어떤 것으로 만들기 위해 그 곤경의 복잡성을 애써 축소하려 한다. '전기적 해결책들'이 귀찮고 부담스러워서가 아니라 효과적 '체제 모순에 대한 전기적 해결책들'이 없기 때문이며 그들이 원하는 대로의 효과적 해결 방안이 부족한 것을 상쇄하기 위해 상상의 해결책이 필요해진 것이다. 그러나 해결책이 상상에 의한 것이든 진정한 것이든 모든 '해결책'이 합리적이고 실행 가능한 것처럼 보이기 위해서는 그 과제나 책임에서 '개인화'와 한편이거나 동등한 것이어야 한다. 따라서 두려움을 느끼는 개인들이 비록 짧은 순간이나마 그들의 두려움을 집단적으로 의지할 어떤 개별적 말뚝들이 필요하게 되는 것이다. 우리 시대는 희생양을 환영한다. 그 희생양이 사생활이 엉망인 정치가여도 좋고 비열한 거리와 거친 구역들을 거니는 범죄자들이어도 좋고, '우리 안의 이방인'이어도 좋다. 우리 시대는 배우들이 없는 불길한 공공의 공간들을 허깨비들로 가득 채우기 위해 이런저런 음모이론을 뒤적이고 그간 억눌려 있던 거대한 두려움과 분노 덩어리가 일거에 분출될 수 있을 만큼 맹렬한 새로운 '도덕적 공황'을 물색하는 '폭로성'의 타블로이드 언론인들의 시대인 동시에, 특수 잠금 장치와 도난 경보기, 철조망을 두른 담, 이웃을 감시하는 자경단원의 시대이다."[5]

5) 지그문트 바우만, 『액체근대』, 63쪽.

'김치녀'에 대한 일베의 혐오는 무임 승차에 대한 증오를 젊은 여성에게 투사한 것이다. 진보 세력에 대한 증오는 이른바 '민주화 운동 세력'이 능력에 비해 과도한 사회적 대우를 받는다고 여기는 데서 비롯했다. 약자나 소수자에 대한 '적극적 우대 정책affirmative action' 등의 사회적 배려 정책에 대해서도 일베는 격렬한 적의를 드러냈다.

일베 코드에서 사회적 권리와 의무에 대한 인식은 다분히 시장주의적이다. 권리와 의무를 마치 등가 교환이나 시장에서의 소비 행위인 것처럼 사고하는 것이다. 50만큼의 의무를 수행해야만 50만큼의 권리가 생기고, 5억 원을 지급하면 5억 원 만큼의 권리가 생기는 것이 당연하다는 논리다. 일베에게 있어서 김치녀, 약자, 소수자, 진보 세력 등등은 자본주의 질서를 지탱하는 저 숭고한 격률을 오염하는 세균이며, 내가 받아야 할 정당한 몫을 빼앗아가는 불한당이다. 물론 역사적 사실은 일베의 상상과 전혀 다르다. 중요한 사회적 권리는 의무에 대한 대가로 주어진 것이 아니라 억압받고 고통받는 인간들의 단결, 연대, 투쟁, 저항을 통해 쟁취됐다. 그리고 민주주의의 기본 원리는 1원 1표제가 아니라 1인 1표제다. 지급한 돈만큼 권리가 있다는 사고방식은 민주주의의 논리라기보다 자본주의적 논리다.

세월호 참사는 일베의 '막장성'을 드러내기도 했지만, 동시에 '일베 코드'가 일베만의 코드가 아니라는 사실을 극적으로 보여준 사건이었다. 세월호 때문에 경기가 나빠졌다는 '세월호 불황론'과 유가족 중에 정치적 선동꾼이 있다는 '불순한 유가족론' 같은 이야기들을 적극적으로 유포한 것은 『조선일보』, 『동아일보』 같은 언론, 보수 성향 중간 계급, 기득권이었다. 이들이 말하는 '순수한 유가족'이란 어떤 유가족일까. 납득할 수 없는 사고와 정부의 대응 미숙으로 자식이 목숨을 잃었는데 아무런 항의도 하지 않고 '가만히 있는' 유가족이다. 일베는 그 서사를 받아서 특유의 패륜적 언어로 확대재생산하는 역할을 했다. 이것은 오늘의 한국 극우파가 구사하는 절묘한 역할 분담이다. 한쪽이 후방에서 논리를 개발하면 다른 쪽은 자극적 언어를 통해 빠른 시간 안에 전파한다.

제 자식과 어울리는 아이네 집이 임대 아파트인지 고급 아파트인지, 아버지 직장은 어디이고 직급은 무엇인지 확인해야 직성이 풀리는 사람들이 바로 한국의 주류다. 일베가 등장하기 훨씬 전부터 일베 코드를 선취하고 있었던 그들은, 일베적 언어로 발화하지 않는다. 이들이 점잖게 하는 이야기들은 그러나 일베 코드와 본질적으로 차이가 없다. '정치적 선동은 혼란을 부른다.', '유가족은 순수해야 한다.', '경제는 지고의 가치다.'… 이 주장을 두 개의 이념으로 정리해서 말하면 정치를 도덕으로 환원하는 반정치주의, 그리고 민주주의를 시장 논리·기업 논리에 종속하는 경제주의가 된다. 이 이데올로기들은 기득권을 지키는 아주 효과적 장치로 잘 작동해왔고 지금도 여전히 그렇다.

일베는 어느날 외계에서 떨어진 괴물이 아니다. 일베의 인큐

베이터는 바로 한국의 주류 사회였다. 안철수 신드롬을 만든 사람들과 이명박을 대통령으로 만든 사람들은 크게 다르지 않다. 일베와 이명박을 괴물화하면서 일베와 이명박을 키운 사회적 조건을 성찰하지 않는다면, 우린 언제든 '제2의 일베'와 '제2의 이명박'을 만나게 될 것이다. 이명박 시대가 남긴 상흔은 4대강과 자원 외교 같은 것만이 아니다. 그 시대가 남긴 능력주의라는 이데올로기의 폐해는 여전히 우리 삶에 긴 그림자를 드리우고 있다.

문재인 정권은 어디로 가고 있나

이 글의 목적은 반환점을 돈 문재인 정권에 대한 개괄적 평가다. 평가하려면 기준이 있어야 한다. 문재인 정권의 일부 극렬 지지자는 "박근혜·이명박 정권에 비하면 태평성대"라고 칭송하는 것 같지만, 그렇다고 박근혜 정권을 기준으로 제시할 수는 없다. 똥물에 견주면 어지간한 물은 다 맑아 보이는 법이니까. 그런 '비교 우위'에서 기쁨을 느낀다면 그것이야말로 자신들이 "성군"이라 부르는 대통령 낯에 똥을 끼얹는 짓이다.

우리에게는 적절한 비교 대상이 있다. 바로 노무현 정권 말이다. 두 정권은 인적[의] 연속성뿐 아니라 정치적 연속성을 갖고 있다. 무엇보다 두 정권 사이에는 드라마틱한 서사적 연속성이 있다. 그래서인가. 문재인 정권 후반으로 갈수록 기시감이 강렬해진다. 뜨거운 기대를 안은 출발, 노동자 탄압, 각종 노동법·제도 개악, 부동산 폭등, 의료 민영화, 삼성, 그리고 파병. 15년 전 노무현 정권의 우경화 혹은 퇴행과 너무나 유사한 방식으로 문재인 정권은 평범한 인민의 삶을 파괴하는 중이다. "좌측 깜박이 넣고 우회전"하는 기만도, "우리만 옳다."는 독선도, "내로남불"의 선택적 정의도 노무현 정권과 판에 박은 듯 똑같다.

사실 엄밀히 말하면 차이가 있다. 노무현 대통령은 자신이 공약에서 후퇴했음을 명확히 인지하고 있었다. 그랬기에 대부분의 경우 대통령 본인이 직접 해명 또는 변명에 나섰다. 동의하든 동의하지 않든 시민들은 대통령의 생각을 비교적 명확히 알 수 있었다. 노무현 대통령은 역대 대통령 중 가장 말을 많이 한 대통령이다. 그가 청와대에 남긴 '대통령 말씀록'의 분량은 역대 대통령 중 가장 방대하다. 제왕적 대통령제 하의 대통령에게 가장 편한 일은 입 다물고 권력을 마음껏 휘두르는 것이다. 박근혜가 그랬고 이명박이 그랬다. 사실 대다수 대통령이 그래왔다. 대통령 노무현은 어느 대통령보다 소통하기 위해 노력했고, 적어도 그 점에서 높이 평가받아 마땅하다.

반면 톨게이트 노동자 사태와 최저임금 산입범위 개악에서 적나라하게 드러났듯 문재인 정권은 노동 탄압에 앞장서고 사회 경제적 개혁을 후퇴하면서도 최소한의 해명조차 없다. '대통령이 대체 무슨 생각을 하는지 잘 모르겠다.'는 소리가 여기저기서 튀어나온다. '국민과의 대화'나 기자 회견을 봐도 대통령 의중을 좀체 알 수 없다. 정책 비일관성과 공약 불이행에 대해 명확히 설명하지 않고 그저 정치적 수사로 얼버무리기 때문이다. '조국 사태'가 이렇게 거대한 이슈가 돼버린 것에는 검찰 기득권의 저항 등 여러 가지 이유가 있지만, 극렬 지지자의 눈치만 보고 나머지 시민은 투명 인간 취급하는 문재인 정권의 '선택적 소통'이 결정적 이유 중 하나였다.

한정된 지면이기에 문재인 정권 전반기에 일어난 일을 충분히 다루는 것은 불가능하다. 소득 주도 성장론 등의 '문재인표 경제 기조'에 대한 평가는 그 중요성이 있는데도 과감히 생략했다. 일단 이 글에서 재벌, 노동·인권 이슈를 중심으로 주요 정책들을 간략히 평가한 다음, 기대됐던 개혁이 후퇴하게 된 사회적·집단 심리적 배경을 논해보고자 한다.

'금쪽 같은 내' 재벌

첫 번째 키워드는 '재벌'이다. 그리고 여기서 재벌은 '삼성'과 유의어다. 삼성이 만든 보고서를 금과옥조마냥 참고하고 이건희의 처남이자 조세 포탈 범인 홍석현을 주미대사로 기용하는 등 끔찍하게 삼성 재벌을 아끼기로 유명했던[1] 노무현 대통령 이상으로, 문재인 대통령도 삼성을 챙겼다.

이를 증명하는 여러 사례 중 하나가 문재인 정권과 민주당, 심지어 정의당까지 찬성해 국회를 통과한 산업기술보호법이다. 이 법의 본래 취지는 좋다. 기업의 기술 유출을 막고 원천 기술을 보호하는 것이다. 문제는 이 법안이 노동자와 시민의 건강을 위협할 수 있는 정보의 공개까지 원천적으로 차단하고 있다는 점이다. 입법 시점도 절묘하다. 2018년 2월 대전고등법원은 삼성 백혈병 노동자 유가족이 요청한 삼성전자 작

1) 장영희, 「삼성은 참여정부 두뇌이자 스승이었다」, 『시사IN』, 2007.11.26.

업환경 결과측정 보고서를 공개하라고 판결했다. 그러자 산업통산자원부와 국민권익위원회가 "국가핵심기술"이란 이유로 제동을 걸고 나선다. 그리고 2019년 3월 정보 공개 행위를 제재하는 내용을 담은 산업기술보호법 개정안이 국회 상임위에 상정되고 불과 5개월 만에 본회의까지 통과됐다.

개정안은 정보 공개를 완전히 틀어막았다. 예를 들면 다음과 같은 조항을 보라. "산업기술을 포함한 정보라면 적법하게 취득했더라도 그 취득 목적 외로 사용·공개해서는 안 된다(14조 8호).", "그렇게 사용하면 3년 이하의 징역에 처할 수 있다(36조 4항).", "징벌적 손해배상 책임을 물을 수도 있다(22조의2)." 기업은 "그러한 행위가 우려된다는 이유만으로 수사 기관에 조사 및 조치를 요구할 수 있다(15조)." 사실 반도체 산업 등의 주요 '첨단산업'은 종사 노동자뿐 아니라 언제나 시민 건강을 위협하는 사고를 일으킬 수 있다. 그런 잠재적 위험을 알리고 경고하는 일은 단순히 개인의 산재 입증 차원을 훨씬 넘어서는, 시민의 생명·건강권 문제다. 그러나 저 산업기술보호법은 그 모든 잠재적 위험을 '블랙박스'에 넣고, 접근하는 순간 제재하겠다고 위협한다. '반올림' 등의 시민단체와 인권단체들이 이 법을 "삼성보호법"이라 부르는 건 그래서다.

또 하나 심각한 것은 문재인 대통령의 노골적 '삼성 밀착' 행태다. 2020년 1월, 문재인 대통령은 이재용 삼성전자 부회장을 취임 후 9번이나 만난 것으로 알려졌다. 삼성 공장에도

3회나 방문했다. 문재인 대통령은 이재용을 만날 때마다 국가 경제에서 삼성의 비중과 역량에 대한 칭송을 침이 마르게 늘어놓았다. 취임 2년 남짓 되는 기간에 대통령이 재벌 한 사람을 9번 만난다? 다른 기업 총수와 비교해서는 물론이고, 역대 정권 통틀어서도 전례 없는 일이다. 이재용 부회장은 뇌물 공여, 횡령, 재산 국외 도피, 위증 등의 범죄로 2017년 1심에서 모두 유죄를 받고 징역 5년을 선고받은 바 있다. 게다가 불법적 경영 승계 작업과 삼성바이오로직스 회계 부정 사태 등 이재용과 직접 얽힌 초대형 경제 비리 사건의 재판도 진행하고 있다. 이런 민감한 상황에서 대통령의 노골적 친삼성 행보가 어떤 효과를 가질지는 명약관화하다. 대통령의 행동은 여론과 재판에 영향을 끼치기에 극도로 신중해야 함에도 문재인 대통령은 전혀 거리낌 없었다. 대통령을 포함한 집권 세력 전체에 문제 의식 자체가 없다는 방증이다.

문재인 정권의 친재벌 행각에서 또 하나 빼놓을 수 없는 건 은산분리 원칙의 전면적 후퇴다. 어느 경제학자는 이를 두고 문재인 대통령을 "우리나라 역사에서 재벌에게 은행을 넘긴 최초의 대통령"이라 칭했다.[2] 은산분리는 산업자본이 은행 지분 소유를 제한하는 규제다. 이미 재벌이 제2금융권을 장악한 상황에서 은행마저 장악하게 되면 은행이 공적 역할을 상실하고 재벌의 사금고로 전락하게 된다. 그만큼 위험천만한 사안이기에 이명박과 박근혜 정권조차 완결하지 못한 재계의 '숙원'이다. 그런데 그 어려운 걸 문재인 정권이 해내고야 말

2) 전성인, 「결국 재벌에게 은행 넘긴 문재인 대통령」, 『경향신문』, 2019.8.1.

았다.

2018년 문재인 정권이 은산분리 완화 시도를 본격화하자 진보 언론과 시민단체, 노동조합 등은 "문재인 정권의 공약 파기"라며 강하게 반발했다. 정부는 "재벌에게는 안 주고 정보통신기업에게만 허용하는 등 대주주 자격 제한과 대주주 거래 금지 조항 등을 이용해 재벌 사금고화를 막을 수 있다."고 자신하며 그대로 밀어붙였다. '대주주 자격 제한'을 풀어 말하면 흔히 말하는 재벌에게 은행을 넘기진 않겠다는 의미다. 이 원칙에 한 번 균열이 일어나면 어떤 참사가 일어날지 문재인 정권도 걱정은 됐던 것이다.

그러나 1년 뒤인 2019년 7월 24일, 금융위원회는 카카오가 카카오은행 대주주가 되는 것을 공식적으로 허용한다. 카카오는 정보통신기업이지만 자산총액 10조를 넘는 '상호출자제한기업집단', 즉 명실상부한 의미에서 '재벌'이다. 법제처는 은행법과 인터넷전문은행법의 자의적 해석을 통해서 공정거래법과 금융관련법 위반 전력을 가져 대주주 적격성을 갖추지 못한 카카오가 은행을 소유할 길을 터줬다. 정부는 국민들이 금리에서 이득을 보고 인터넷은행이 "은행산업의 메기" 역할을 할 거라고 자신했다. 현실은 어떤가. '방만한 경영'으로 상징되는 KT를 모기업으로 하는 케이뱅크는 "메기"는커녕 만성적 실적 부진에 시달리고 있으며 카카오뱅크가 대대적으로 홍보한 26주 적금은 일반 은행 적금보다 오히려 이자가 더 적은 것으로 밝혀졌다.

반노동·반인권의 무한 질주

공공 부문 비정규직의 정규직화는 문재인 대통령의 공약 사항("노동 존중 사회")이고, 실제로 대통령 자신도 집권 초부터 의욕을 보였다. 그러나 그 정규직화는 대부분 제대로 된 정규직화가 아닌 자회사 정규직이었다. 이는 '반규직'이라 불릴 정도로 정규직과 처우가 전혀 달랐다. 정규직과 비정규직 간의 격차 문제는 개선되기는커녕 날로 악화했다. 비정규직은 정규직과 같거나 더 힘든 일을 하면서도 절반의 임금을 받고 심지어 2.5배 더 목숨을 잃었다.[3] 김용균 씨의 죽음 이후 '죽음의 외주화'가 큰 사회 문제로 다시 떠올랐는데도 이를 해결할 특단의 조치는 나오지 않았다. 오히려 최근 감사원 조사 결과, 한국철도공사가 열차 접근을 알리는 모바일 단말기를 정규직에게만 지급하고 비정규직에게는 주지 않은 사실이 드러나는 등 노동 현장 비정규직 차별의 잔혹한 실태가 속속 드러나고 있다.[4]

노동 문제는 온정과 연민으로 해결될 수 없다. 더 노골적으로 말해 문재인 대통령이 말하는 "존중"하는 마음 정도로는 전혀 해결할 수 없다. 무엇보다 그것은 경제 이슈이며 사회 전체의 생산 양식 및 이윤 획득 구조와 직결돼 있기 때문이다. 죽음의 외주화를 막으려면 죽은 비정규직을 위해 눈물을 흘리는 대신 이윤을 위해 사람을 사지로 내모는 기업에 재갈을

---

3) 박종식, 「금속노조 노동연구원 이슈페이퍼」, 2013~4.
4) 이완, 「감사원 "코레일 선로작업 열차 접근 경보기, 정규직에만 지급」, 『한겨레』, 2019.9.10.

물려야 한다. 요컨대 진정한 "노동 존중"은 이재용을 9번씩 만나고 재벌이 원하는 법을 속전속결로 만들어주는 행태와 양립 불가능하다.

문재인 정권의 행보를 보면, 특히 톨게이트 노동자 사태에서 보여준 태도를 보면 이 정권이 양립 불가능한 입장 중 어느 편에 서 있는지 명약관화해진다. 톨게이트 징수 노동자의 요구에 온갖 폭력으로 탄압하던 한국도로공사는 법원이 요금 수납 노동자 대다수를 "직접 고용하라."고 판결했는데도 이를 거부했다. 이 모든 사태를 일으킨 장본인이자 "민주당 실세"라 불리던 이강래는 전형적 '낙하산'이었다. 그는 이 와중에 사장을 그만두고 2020년 총선 민주당 예비 후보로 등록했다.

2020년 1월 9일 국회를 통과한 이른바 '데이터 3법(개인정보보호법·정보통신망법·신용정보법 개정안)'은 단연코 20대 국회가 만들어낸 모든 법안 통틀어 최악이다. 신용 정보와 질병 정보 등 국민의 가장 민감한 개인 정보를 통째 기업에 넘길 수 있게 한 이 반인권적 악법을 문재인 정권과 민주당은 "민생 법안"이라 불렀다. 그리고 이 법안이 통과되기만 기다리던 문재인 정권은 1월 15일 '바이오헬스 핵심규제 개선방안'을 발표한다. 이제 개인의 모든 진단 및 치료 기록, 유전 질환의 가족력, 임신·분만·유산 경험 등을 기업이 활용할 수 있게 됐다. 건강 관리를 잘하면 건강보험 의료비를 할인해주는 '건강 인센티브' 제도도 내놨다.

빈곤과 건강의 관계는 상식에 속한다. 가난할수록 아프다. 다시 말해 부자일수록 (건강 관리를 잘하므로) 건강하다. 그러니까 문재인 정권은 가난한 사람에게는 앞으로 치료비를 더 받고, 부자는 깎아주겠다고 선언한 셈이다. 이뿐이 아니다. 환자에게 의료기기를 사용해 수술·처치·검사하는 행위를 평가할 때 앞으로는 '치료 효과'가 아니라 경제 성장을 위한 '잠재성'을 기준으로 삼겠다고 한다. 이른바 '혁신의료기술 정책'이다. 소비자 의뢰 유전체 검사 항목도 대폭 늘려 의료영리기업의 '건강공포 마케팅'의 새 지평을 열었다. 데이터 3법에 이은 정부의 바이오헬스 규제완화 발표에 당연히 진보 단체 및 시민단체들은 일제히 경악하며 반발하고 있다. 하지만 언론에서 이들 법안에 대한 구체적 비판은 거의 찾아볼 수 없다.

흥미로운 건, 기업 이윤을 위해 시민의 개인 정보를 거저 넘겨버리는 정부가 또 특정 사안에서는 높은 인권 감수성을 보여준다는 것이다. 이를테면 조국 전 장관과 그 가족의 인권이 걸려 있는 경우. 청와대는 2020년 1월 비서실장 명의로 '조국 전 법무부 장관에 대한 검찰 수사의 인권 침해 여부를 조사해달라'는 공문을 국가인권위원회에 보내고는 나중에 "실수"라며 철회했다. 청와대는 '단순 해프닝'으로 무마하려 했지만 애초 독립기구인 인권위에 청와대가, 그것도 비서실장 명의로 저런 공문을 보낸 것 자체가 명백한 권력남용이다. 일련의 시테들은 문재인 정권의 어떤 '무의식'을 보여준 상징적 사건으로 오래도록 기억될 것이다.

반정립의 정치신학

문재인 정권의 개혁은 왜 이토록 빠르게 후퇴했는가? 여러 이유가 있겠으나 한 가지 지적할 점은 공동체에 대한 장기적 청사진, 비전이 잘 보이지 않는다는 것이다.[5] 비전이 없으니 로드맵도 없고 로드맵이 없으니 그때그때 땜질식 처방과 이벤트에만 집착하게 된다. 남는 건 '진정성'과 감성 마케팅뿐이다. 많은 경우 그렇게 해도 민주당은 권력을 잡는 데 문제가 없었다. '절대악'이 존재하기 때문이다. 반대편도 마찬가지다. 공동체에 대한 비전 따위 아무래도 상관없었다. '절대악'인 친북 좌파 세력이 존재하기 때문이다.

말하자면 '반정립의 세계'다. 이 세계에서는 '정-반-합'의 변증법이 불가능하다. 오직 '반-반-반'이라는 반정립의 무한 동력으로 굴러가는 세계다. 적의 친구는 적이며, 적의 적은 친

5) 문재인 정부 대통령 직속 정책기획위원회는 2019년 12월 12일 「혁신적 포용국가 미래비전 2045」를 발표했다. 국가의 장기 과제를 25년 단위로 전망한다는 점에서 노무현 정부의 「비전 2030」에 비견되는 문서라 할 수 있다. 이 보고서에 대한 별도의 논평은 다소 논지에서 벗어나기에 이 글에서는 생략한다. 다만 보고서에 드러난 문재인 정권의 사회 위기 인식은 노무현 정권에 비해서도 안이해 보인다. 예컨대 보고서는 '온난화와 환경 파괴'에 대한 "기회의 시나리오"에서 "환경친화적인 경제사회 구조 전환으로 미세먼지 해결 등 쾌적한 환경 조성"이라 적고 있다. 미증유의 재난이라는 기후 변화에 잘 대응할 경우 얻을 대표적 편익이 미세먼지 해결이라는 것은 정부의 환경 위기 인식이 얼마나 피상적인지 잘 보여준다. 각론에서 "에너지 다소비 국가"임을 지적하면서도 과도하게 저렴한 기업의 산업 전력 비용을 사회 전체가 부담하는 문제에 대해선 전혀 언급하지 않는 등 구체성 없는 당위의 나열에 그치고 있다.

구다. 적이 반대하면 그건 우리가 찬성해야 한다는 의미다. 적이 찬성하면 그것은 생각할 것도 없이 무조건 반대해야 한다. 한국 정치는 늘 그랬다. 서로의 청사진을 놓고 경쟁한 게 아니라 상대의 흠이 부각되면 이기고, 내 흠이 부각되면 졌다.

이 세계에서 윤리는 그래서 다음과 같은 명제로 존재한다. "우리, 사람 되긴 힘들어도 괴물은 되지 말자."[6] 반정립의 세계에서 인간은 언제나 흔쾌히 인간되기를 포기한다. 괴물이라는 알리바이가 있기 때문이다. "'괴물은 되지 말자.'라는 말의 기능은 사람들에게 최소한의 윤리적 마지노선을 요구하는 게 결코 아니다. 그 말이 기능하는 부분은 다른 데 있다. 오히려 "내가 비록 인간 같지 않은 짓을 하고 있지만 최소한 괴물만 아니면 괜찮은 거지."라는 식의 은밀한 도덕적 위안을 안겨주는 것이다."[7] 그렇게 사람은 못돼도 괴물만 아니면 된다는 사람들이 모여 최악의 괴물을 만들어냈다. 인간 같지 않은 짓을 태연히 하면서 일말의 죄의식도 없는 그런 '진정성 넘치는 괴물'을.

반정립의 윤리는 문재인 정권과 그 지지자들의 공유하는 세계관의 핵심이다. 그 세계관을 관통하는 내러티브는 '선과 악의 싸움' 혹은 '민주주의 대 반민주주의'라는 이분법 구도다. 노무현의 죽음 이후 노무현이라는 인격은 선이라는 가치, 그리고 민주주의 그 자체가 됐다. 죽음이라는 절대적 사건 앞에서 권력자이자 가해자로서 과거의 노무현은 사라졌다.

---

6) 홍상수, 〈생활의 발견〉, 2002.
7) 박권일, 「동물은 속물의 미래다」, 『시사IN』, 2008.4.1.

예컨대 기업의 폭력적 손배 가압류에 고통받다 분신자살한 노동자를 향해 "이제 분신으로 저항하던 시대는 끝났다."고 냉소하던 대통령, 대추리 사태 당시 광주항쟁 이후 최초로 군대를 민간인 진압에 투입했던 대통령, 자국민의 목숨을 외면한 채 미국의 요구에 따라 이라크에 군대를 파병한 대통령은 마치 존재하지 않은 것처럼 잊히고, 이제 노무현은 악의 세력에게 희생된 피해자로만 그려지게 된다. 예컨대 박구용은 문재인 지지자를 박근혜 지지자와 구별하면서 노무현과 문재인이라는 인격체를 낭만화·신화화한다.

> 박빠에게 박근혜는 공주이자 왕비이며 왕이었고, 여전히 자신들의 주인이며 주체다. 노사모에게 노무현은 슬픈 사랑의 연인이면서, 자신들을 묶어주는 사랑의 끈이다. 문빠 혹은 문파에게 문재인은 이 나라 민주주의를 위한 자발적 소통과 연대의 끈이다. 이 차이를 모르는 사람은 민주주의를 모르는 사람이다. 이 차이를 무시하는 사람은 민주주의를 유린하는 사람이다.[8]

위의 서술은 전형적인 신학적 교리문답이다. 규정만 있고 논증은 없기 때문이다. 노무현과 문재인을 지지하고 옹호하는 것이, 곧 한국 민주주의를 지키는 일이라는 것. 즉 노무현과 문재인이 한국 민주주의의 필요조건이라는 것. 이것은 의심할 수조차 없는 진리이기 때문에 의심해선 안 된다. 의심하는 순간, 즉 논리와 과학을 들이대는 순간 그는 예수를 배신한 유

---

8) 박구용, 『문파, 새로운 주권자의 이상한 출현』, 메디치, 2018, 64쪽.

다가 되는 까닭이다. 저런 신학적 내러티브를 일단 수용하고 나면 사실 판단, 시비 판단, 이성적 논쟁 따위는 무의미해지고 만다. 신학이 작동하려면 일단 믿어야 한다. 역으로 말하면, 믿지 않는 사람에게 '반정립의 정치신학'은 작동하지 않는다. 2016년 거대한 촛불이 2019년 산산조각으로 균열한 것을 보라. '믿는' 촛불 시민은 조국 장관을 지키러 서초동으로 나갔지만, '의심하는' 촛불 시민들은 빠르게 정권에 등을 돌렸다.

2019년 11월 19일 전국에 방영된 국민과의 대화'에서 시민들은 "지금까지 뭐하다가 이제 와서 검찰 개혁에만 '올인'인지", "왜 정권 초부터 차근차근 진행하지 않았는지"에 대해서 물었지만 문재인 대통령은 제대로 설명하지 못했다. 정치는 동의를 구하며 정당성을 쌓아가는 과정이기도 한데 문재인 정권에게 그런 과정은 희소했다. 그저 자신들이 "촛불 정권"이기에 정당하며 반대편의 자유한국당이 틀렸기에 자신들이 옳다는 동어 반복만 있었을 따름이다.

일단 집권한 다음부터는 최대한의 정치적 책임을 지는 국가권력이란 사실을 자각해야 했는데도 여전히 그들은 '박해받는 피해자 코스프레'를 계속했다. 개혁의 청사진도, 생각이 다른 시민들을 설득하는 노력도 부족했다. 확증 편향과 집단 사고에 사로잡혀 자신들의 오류와 비도덕을 인정하지 않았다. '내가 하면 로맨스, 남이 하면 불륜' 식의 행태는 거의 문재인 정권의 일상이 됐다. 2012년 대선 당시 문재인 후보는

"MB 정권 5년 동안 대통령 및 청와대가 검찰 수사와 인사에 관여했던 악습을 완전히 뜯어 고치겠다."고 일갈한 바 있다. 그런데 2019년 문재인 정권은 "인사권은 장관과 대통령에 있다."면서 검찰 수사와 인사에 역대 어느 정권보다 공격적으로 관여하고 있다.

검찰 개혁은 이미 많은 국민이 동의하는 사안이었다. 그렇게 명분과 대의가 확실한데 왜 이토록 소모적 갈등으로 이어지게 된 걸까? 검찰과 보수 세력 등의 저항? 물론 그렇다. 하지만 그들의 저항은 상수였다. 그걸 예상하지 못한 사람은 아무도 없을 것이다. 사태가 이렇게 된 최대의 책임은 언론도 검찰도 자유한국당도 아닌 청와대와 민주당에 있다. 크게 세 가지 잘못이다.

첫째, 검찰 개혁을 원칙과 민주적 절차에 따라 하지 않고 윤석열이라는 '우리 편 검찰 수장' 앞혀서 단박에 진행하려 한 판단 착오와 비민주적 발상. 둘째, '남이 하는 인사 개입은 틀린 일이고 내가 하는 인사 개입은 옳은 일'이라는 식의 비일관성과 독선. 셋째, '표창장 위조 같은 건 아무 것도 아니'며 '고위 공직자 사모펀드 투자는 불법이 아니므로 괜찮다'고 강변하는 몰지각과 비도덕. 물론 사람이 하는 일이기에 잘못 판단할 수 있다. 상황에 따라 정치적 입장이나 정책이 바뀔 수도 있다. 문제는 이 정권이 절대 잘못을 인정하지 않는다는 것이다. 최소한의 사실 관계 조차 인정하지 않으니 토론이나 합의 자체가 불가능하다. 공론장은 억지와 궤변, 냉소와 조롱으로 늘 난장판이다.

정치란 무엇인가

　대통령은 지지자의 말만 들어서는 안 된다. 대한민국 국민 모두의 대통령이기 때문이다. 그렇다고 이 말의 수사적 효과에 속아 넘어가서도 곤란하다. 모두를 대표한다는 건 실제로 가능하지 않다. 모두의 대통령이어야 한다는 말의 진정한 의미는 그런 게 아니다. 노무현 대통령이 개혁에 실패한 이유도 실은 이것과 깊은 관련이 있으며 노 대통령과 문 대통령의 가장 결정적 차이도 여기에 있다.

　문재인 대통령이 지지자들과 '선택적 소통'을 해왔다면 노무현 대통령은 어쨌든 모두를 대표하려고 했고 그래서 가능한 많은 사람의 말을 들으려 했다. 그런 면에서 볼 때, 지금 문재인 정권의 모습은 노무현 정권에 대한 학습의 결과일 수 있을 것이다. "모두를 대표하려 하다가 결국 모두에게 공격받고 억울하게 죽음을 맞았다."고, 그렇게 생각했기에 이번에는 같은 실수를 반복하지 않겠다고 결심했을 수 있다.

　"어용 지식인"이 되겠다는 말을 당당하게 하는 전직 장관이나 "자기 자식 공부시키려고 표창장 위조한 게 무슨 큰 죄냐"고 아우성치는 조국 지지자들의 행태를 보면, 확실히 참여정부 시기 친노 세력과는 질이 다른 편파성이 느껴진다. 물론 이에 대해 비판하는 이들도 적지 않다. 비이성적 광기라는 것이다. 동의하지만 단순히 이성과 비이성으로 나누는 것 또한 사태를 지나치게 단순화하는 것처럼 보인다. 그건 순전한 비이성이라기보다 전략적 비이성이다. 다분히 의도된 광기다. 그렇게 해야 대통령을 '지킬 수 있다.'고 생각하는 것이다. 지금 문재인 정권과 그 지지자들이 보여주는 행태 상당수가 '노무현 트라우마'가 만들어낸 효과다. 설득과 논쟁이 전혀 효과를 발휘하지 못하는 이유도 여기에 있다.

다시 '모두의 대통령' 이야기로 돌아가자. 국민 모두의 대통령이어야 하는데 현실적으로 불가능하다면 어떻게 대통령은 모두의 대통령일 수가 있는가. 노무현 대통령은 누구보다 명민했던 정치인이지만, '모두의 대통령'이라는 말을 오해했다. 혹시 그는 누구의 편도 들지 않으면서 모든 이의 이해와 권리를 공평무사하게 조정할 수 있다고 여긴 건 아니었을까? 그랬기에 그는 자신이 진심을 다해 설득하고 토론하면 검사들이나 재벌들, 그러니까 사회 최상층부의 기득권들도 자신의 간절한 선의를 어느 정도 받아들여줄 거라 생각했던 것 아닐까? 다들 알다시피 그게 엄청난 착각이었음이 밝혀지는 데에는 그리 오랜 시간이 필요치 않았다.

산술적으로야 이건희도, 이재용도, 서초동의 어느 평검사도, 85호 크레인의 노동자 김주익도 같은 한 표를 행사하는 시민이다. 그들 각자의 요구는 원칙적으로 동등하다. 그렇다면 대통령이 그들의 목소리를 '골고루' 한 번씩 듣고 각각의 이해를 조정해 타협점을 찾는 것은 공평한가? 전혀 그렇지 않다.

권력 관계 속에서 저들 각자의 영향력은 하늘과 땅 차이이며 따라서 각각의 요구를 '골고루' 반영할수록 현실의 격차를 고착하거나 심지어 더 키우게 된다.

현실에서는 그런 기계적 형평조차 거의 시도되지 않는다. 사회적 강자의 목소리는 대통령에게 더욱 자주, 더욱 강하게 전달되며 약자의 목소리는 죽음에 이르도록 단식하고 분신해야 겨우 전해질까 말까다. 문제는 그뿐이 아니다. '요구' 자체가 가시화되지 않아서 마치 아무 것도 요구하지 않는 것처럼 보이는 사람들도 있다. '기민棄民 outcast', 즉 '버림받은 시민'이다. 국가의 지원을 받는 이들은 그나마 완전히 버림받진 않은 사람들이다. 문제는 최저한의 소득을 벌면서 어떤 사회 안전망 없이 살아가는 시민들이다. 그들은 국가에게도 언론에게도 완전히 지워진 '투명 인간'들이다. 대부분은 하루하루를 버티는 것조차 힘겨워하다가 촛불이 꺼지듯 생을 마감한다.

대통령이 정치공학만 따지거나 산술적 비례성만 따질 경우, 현실의 불평등과 차별을 결코 인식할 수 없다. 인식할 수 없기 때문에 해결하려는 시도도 당연히 못한다. 결론부터 말하자면, 노무현 대통령도 틀렸고 문재인 대통령도 틀렸다. 다만 노무현 대통령은 겉으로나마 '모두의 대통령'이기 위한 노력이라도 했다. 토론도 자청했다. 문재인 대통령은 그런 노력조차 하지 않았다. 그냥 '다수결 논리'를 내민다. 차별금지법 사례가 대표적이다.

심각해지는 소수자·약자에 대한 혐오와 차별을 막기 위해 필수적 차별금지법은 그 제정 필요성이 오랫동안 제기돼왔다. 그간 정치권은 개신교 혐오 세력의 눈치를 보느라 끝없이 도입을 미뤘다. 촛불 정권을 자임한 문재인 정권도 마찬가지였다. 차별금지법에 대해 문재인 대통령은 대선 후보 시절 사회적 합의가 없기 때문에 제정이 어렵다고 말했다.[9] 어불성설이다. "사회적 합의" 운운은, 곧 다수자에 의해 일어나는 소수자 차별 문제에서 다수자의 목소리만 반영하겠다는 선언이기 때문이다. 인권 전문가 김지혜는 문재인 정권의 이런 모순적 태도를 정면으로 겨냥한다.

이때의 사회적 합의는 적어도 다수결을 뜻하는 것으로 이해된다. 그런데 본질적으로 다수결 제도의 한계에서 발생하는 현상인 차별을 다수결로 해결하려는 것이 의미 있는 해결책이 될 수 있을까? 차별금지법이 과연 논란 없이 제정될 수는 있는 걸까? (중략) 물론 하나의 법률로서 차별금지법이 제정되기 위해서는 많은 사람의 동의가 필요하다. 하지만 그 동의를 이끌어내는 과정이 단순히 이해관계의 경합에서 다수가 승리하는 방식이 되어서는 안 된다. 집단 간의 합의가 아니라 인권과 정의의 원칙이 중심이 되어야 한다. (중략) 그러므로 차별금지법의 원칙은 누구도 남겨두지 않는다No One Left Behind는 것이어야 한다. 사실은 애초에 차별금지라는 헌법적 명령을 법제화하려는 공론의 장에서, 그 기본 원칙을 거슬러 노골적이고 조직적으로 차별하는 사람의 주장을 받아들이는 것 자체

9) 갈홍식, 「문·안, 차별금지법 '사회적 합의 없다?' '합의 만드는 게 정치인 책무」, 『비마이너』, 2017.4.25.

가 오류다. 비교하여 논하자면, 부정 청탁을 근절하기 위한 법을 제정할 때 부정청탁을 유지하려는 사람들은 직접적 규율의 대상이기 때문에 논의에 영향을 미치지 않아야 한다. 이들의 이야기를 듣고 반영하여 법을 훼손하게 두어서는 안 되기 때문이다. 그런데도 정부와 국회가 그 규율의 대상인 차별을 옹호하는 사람들의 이야기에 귀를 기울여온 것이 지금까지 차별금지법이 제정되지 못한 근본적인 원인이다. 사회적 합의가 없기 때문이 아니라 헌법의 원칙을 따라야 할 국가 기관이 그 원칙을 지켜야 할 책임을 다하지 않고 있기 때문이다.[10]

김지혜가 저기서 이야기하는 '누구도 남겨두지 않는No One Left Behind' 사회는, 곧 '기민棄民 없는 사회'다. 누구도 버림받지 않는 사회, 누구나 존엄한 존재로 인정받는 사회. 추상적 미사여구를 제하고 나면, 민주공화정 사회가 지향해야 할 목표는 오롯이 이것으로 수렴된다. 철학자 자크 랑시에르도 이렇게 말한 바 있다. "정치란 보이지 않았던 것을 보게 만드는 것, 그저 소음으로만 들릴 뿐이었던 것을 말로서 듣게 만드는 것, 특수한 쾌락이나 고통의 표현으로 나타났을 뿐인 것을 공통의 선과 악에 대한 느낌으로서 나타나게 만드는 데 있었다."

2000년대 초까지만 해도 한국에 있는 대학교 청소 노동자들의 노동 환경이 어땠는지 일반적으로 알려지지 않았다. 상당수가 장년층 여성인 그들은 불도 잘 켜지지 않는 대학교 건물 계단 사이의 토굴 같은 임시 공간에서 옷을 갈아입고, 도

10) 김지혜, 『선량한 차별주의자』, 창비, 2019, 199~200쪽.

시락을 먹고, 책을 읽고, 쪽잠을 잤다. 그들이 견디다 못해 상사에게 임금과 근로 조건을 개선해달라고 요구했지만, 상사는 자신들이 일개 하청 업체일 뿐이라 어쩔 수 없다고 답했다. 그래서 노동자들은 자신이 일하고 있는 대학교에 항의했다. 그러자 '학문과 진리의 전당'이라는 대학은 건조한 어조로 '법'을 인용했다. 그들이 대학에 직접 고용된 것이 아니므로 일말의 책임도 질 수 없다고. 노동자들은 '말'을 하고 있었지만, 그 말은 전혀 전해지지 않았다. 그들의 말이 비로소 사회적으로 가시화된 것은 2000년대 중후반, 처절한 수년 간의 투쟁을 치르고 나서였다.

정치란 이런 주체가 자신의 목소리를 내는 장이어야 한다. 개혁이란 이런 주체의 요구가 알려지고 제도가 바뀌어 가는 과정이어야 한다. 그런 측면에서 정치는 직업 정치인만의 전유물이 아니며 다수결에 따른 이해관계의 조정으로 환원될 수도 없다.

문재인 정권의 2년 여는 어떤 정치였고, 어떤 개혁이었던가? 솔직히 저들이 어떤 사회를 만들고 싶은 것인지, 그 지향점이 전혀 보이지 않는다. 친재벌·반인권·반노동, 독단적 파병 등 문재인 정권에서 일어난 개혁 후퇴는 노무현 정권과 매우 유사하다. 18세 선거권 부여, 유치원 3법 등 문재인 정권이 잘한 일도 물론 없지 않은데 이런 면도 노무현 정권과 비슷하다. 그때보다 나빠진 건 국민과 소통하려는 노력조차 부족하다는 점이다. 독선과 불통의 강도는 노무현 정권 당시보다 훨씬 높다. 문재인 정권이 노무현 정권의 '열화복제판' 같은 느낌을 주는 건 그래서다. 그렇기에 이 시점에서 다시 근본적 질문을 던질 수밖에 없다. 문재인 정권, 당신들은 정치를, 민주주의를 무엇이라 생각하는가.

읽기, 쓰기, 그리고 '교양'에 관하여

3년 전부터 대학생들에게 글쓰기를 가르쳐왔다. 호구지책이었지만 하려고 들면 그보다 잘 버는 일은 얼마든지 찾을 수 있었을 테다. 그러나 그만두지 못하고 이어오고 있다. 얼마 전부터는 일반 성인 대상으로 글쓰기 강의와 독서 강의도 병행한다.

실토하자면 나는 흔히 말하는 '좋은 선생님'과 거리가 멀다. 가르치는 일이 적성에 맞는다고 한 번도 생각해본 적 없다. 어릴 때부터 수줍음이 많아 사람 만나는 일을 부담스러워했고, 지금도 여전히 혼자 놀거나 글 쓰는 게 가장 편하다. 그런데도 내가 강의를 그만두지 않는 이유는 다른 이들을 가르치며 스스로 배우는 것이 많았기 때문이다. 대학 다니며 고액 과외를 하던 시절에는 미처 알지 못한 기쁨이다.

내 글쓰기 강의는 종종 독서 강의가 되고, 독서 강의는 또 종종 글쓰기 강의로 변한다. 수강생들도 가끔 '이게 대체 독서 강의인지 글쓰기 강의인지 헷갈린다.'고 말하곤 한다. 수업이 그렇게 되는 건 필연적이다. 실은 그 둘이 한 몸이기 때문이다. 영화를 자주 보고 영화에 대해 평하다 보면 결국 영화를 찍게 된다던가. 글도 마찬가지다. 남의 글을 읽다 보면 자기 글을 쓰고 싶어지기 마련이다. 그러나 글쓰기가 최종 단계는 아니다. 글쓰기는 다시 책 읽기로 돌아가야 한다. 더 나은 사유로 나아가기 위해서다.

그래서 글쓰기 수업에서 문장과 단어를 윤나게 갈고 닦는 일은 거의 이야기하지 않는다. 적확한 단어, 생기 넘치는 문장, 일관된 논리. 그걸로 족하다. 탁월한 통찰이나 보석 같은 비유가 있으면 금상첨화겠지만 그건 어쩌다 만나는 선물 같은 거다. 그러나 내용을 집어삼킬 정도로 아름다운 문장은 위태롭다. 그것은 사유를 수사로 대체하게 만드는 독이기 쉽다.

문장의 미학에 지나치게 탐닉하는 게 독이듯 교양에 대한 지나친 갈망도 독이 되곤 한다. 나는 수업 첫 시간에 단언한다. 책은, 달리 말해 '교양'은 세상을 바꿀 수 없다고. 책은 단 한 명의 영혼도 바꾸기 어렵다고. 독서 편력은 그 사람이 어떤 존재인지 거의 말해주지 못한다고. 우리는 흔히 '교양', 인문 교양에 대해 무조건적으로 긍정한다. 과연 그러한 선호가 어떻게 사회적으로 형성됐는지 냉철히 따져볼 필요가 있다.

교양주의敎養主義는 근대 시기 일본에서 만들어진 단어로, 처음에는 입신출세주의의 안티 테제로서 등장한다. 여기서의 '교양'은 중국, 한국, 일본 등 한자 문화권에서 오랫동안 유지돼 온 유학 경전 및 고전문학에 대한 이해와 지식이 아니라 기본적으로 유럽의 인문 고전에 대한 교양Bildung을 가리키는 것이었다.

근대 이후 한국의 '교양'과 '교양주의' 개념은 일본을 통해 들어왔기 때문에 그 의미와 수용의 맥락 역시 그대로 답습됐다. 특권적 지위를 누렸던 도쿄제국대학교 학생 사이에서 교양주의가 퍼져나간 것처럼 경성제국대학교의 교양주의 역시 유사한 양상으로 나타났다. 입신출세주의의 반작용이자 그에 대한 거부로 나타난 교양주의는 처음부터 강한 엘리트주의를 내장하고 있었다. 그랬기에 교양주의는 입신출세주의를 전면 부정할 수는 없었고, 예외적 경우들을 제외하면 단지 그 노골성을 완화해주는 문화적 장신구로 기능하게 된다.

　교양주의는 이내 '교양물신주의教養物神主義'로 변형한다. 교양이 출세와 지위 경쟁의 도구이자 물신fetish이 된 것이다. 일본에서 건너온 교양주의는 그렇게 한국에서 입신출세주의와 더욱 강하게 일체화됐다. 아주 오랫동안 한국에서 독서와 교양의 효용에 대한 지나친 강조, 서양 고전에 대한 맹목적 숭배 등은 진리에 대한 관심이라기보다 계급적 구별 짓기와 과시 열망의 표현에 불과한 경우가 적지 않았다.

　지식과 교양이 아무리 넘쳐난다 해도 그것이 세계의 고통을 경감하는 데 쓰이지 못한다면 혹은 세계의 악을 증대하는 데에 일조한다면 그 지식과 교양은 없느니만 못한 것이다. 철학자 한나 아렌트는 『예루살렘의 아이히만』에서 내 야만에 맞서 정치적 책임을 다한 유일한 사례로 백장미단Weiße Rose의 숄 남매를 꼽는다. 이 남매는 히틀러를 '대 학살자'로 표기한 전단지를 뿌리고 나치 반대 운동을 공공연하게 선동하다 처형

당한다. 당시 독일에서 유대인을 숨겨주거나 나치에 동조하지 않는 등의 개인적으로 저항한 이들은 없지 않았다. 하지만 숄 남매와 백장미단은 개인적 저항을 넘어 '집단적 저항'을 만들어내려 했다. 바로 그랬기에 아렌트는 오직 이들만이 "정치적 책임을 다했다."고 평한다.

이 남매의 교양은 어땠을까. 나치에 부역한 '존재의 철학자' 하이데거에 비하면 보잘것없는 수준이었을 것이다. 칸트의 『실천이성비판』을 줄줄 암송할 수 있었던 아돌프 아이히만보다도 책을 많이 읽지 못했을 가능성이 높다. 그러나 숄 남매는 교양이 표방하는 가치를 완전한 형태로 실현해 보였다. 우리가 더 나은 세상, 더 좋은 세상을 만들지 못한 것은 교양이 부족해서, 책을 읽지 않아서가 아니다. 집단적 실천으로 나아갈 계기를 찾지 못하거나 애초부터 찾을 생각조차 없기 때문이다.

그럼 왜 책을 읽는가? 세상과 나를 바꾸기 위해서다. 모순으로 들릴 수 있을 게다. 방금 책이나 교양으로 세상을 바꿀 수 없다고 했으니 말이다. 하지만 모순이 아니다. 세계의 변화는 책에 적힌 지식들에 의해 일어나는 게 아니지만, 우리는 책을 통해 타인을 구체적으로 상상하고, 책을 매개로 살아 숨 쉬는 타인을 만날 수 있다. 그렇기에 우리는 책을 읽어야 한다. 또한 바로 그 이유에서 책은 특권적 사물이 아니다. 책은 유튜브, 영화, 웹툰처럼 세상에 숱하게 널린 여러 매개^{media} 중 하나일 따름이다.

수업에서 나는 지식 축적에 대한 조바심이나 강박을 버리라고 말한다. 축적만 하고 생산하지 않는 독서, 계속 '먹기만 하고 싸지 않는' 독서, 영원히 '훌륭한 저자 선생님'을 흠모하기만 하는 '교양 대중'의 고상한 독서는 환상을 만드는 독서이자 병든 독서이고, 끝내는 죽은 독서가 되고 만다.

그럼 살아 있는 독서란 무엇인가? 단적으로 그것은 '읽은 것 이상을 창조하는 독서'다. 책을 읽는 행위는 '더 많이 말하고 더 많이 쓰고 더 많이 만나는 행위로 이어져야 비로소 의미가 있다. 무슨 책을 얼마나 읽었는가보다 중요한 것은 그 책을 읽고 누구를 만나고, 무엇을 했고, 무엇을 썼는가다. 어설프든 설익었든 누군가를 만나고 그 우발적 만남이 무언가를 생산하는 계기로 작용하는 독서. 그것이 책 읽기의 본령이어야 한다.

그런 생각을 놓지 않고 책을 읽어나가다 보면 조금씩 깨닫게 될 것이다. 책이 어떻게 다른 매개보다 더 낫고, 어떻게 비슷하며, 어떻게 못 한지를. 그리고 누구를 만나고 무엇을 말하고 써야 할지도 차츰 깨닫게 될 것이다. 그런 깨달음 혹은 감각들이 우리를 더 많이 연결하고 더 자유롭게 만든다. 독서를 신비화하지도 그렇다고 외면하지도 않는 이런 균형 감각을 통해 자유로워진 독자는 자연스럽게 좋은 '저자'가 될 것이다. 그리하여 세상은 다시 새로운 방식으로 책이 될 것이다. 바로 그것이 내가 꿈꾸는 읽기와 쓰기다.

자아성형산업: '강신주 현상'의 경우

철학자 강신주는 문화 권력이다. 그의 강연은 늘 사람들로 북적이고, 신간은 매체 지면의 목 좋은 곳을 오르내린다. 그는 SBS 〈힐링캠프〉에서 공개 강연을 진행해 화제가 됐다. 인문학적 깊이를 갖춘 강연자이자 상담가로서 진면목이 드러났다는 칭찬이 많았다. 개인적으로 강신주의 글을 좋아했고 2000년대 중반에는 여기저기 읽어보라고 권하기도 했다. 하지만 그가 강연에 매진하던 무렵부터는 이런저런 이유에서 멀어졌다. 하루에 평균 2회 이상의 강연을 수년간이나 꾸준히 해왔다니 일단 체력과 열정에 먼저 경의를 표하고 싶다.

이 글은 강신주 개인을 비판하는 글이라기보다는 '강신주 현상'을 읽는 하나의 관점으로 읽혔으면 한다. 그를 두고 '인문학 팔아먹는 장사치'나 '사기꾼'이라는 생각은 한 번도 가져본 적 없다. 하지만 최근의 행보들, 그리고 몇몇 글은 고개를 갸우뚱하게 만들었다. 강신주라는 아이콘을 통해 우리의 오늘을 한 번 돌아보는 것도 의미 있을 것 같다.

모든 나쁜 것으로서 '자본주의'

『유한계급론』('한가한 무리들'이라 번역되기도 한다.)에서 베블런은 상류 계급이 얼마나 쓸데없는 짓에 돈과 시간을 과시적으로 낭비하는지에 대해 거의 가학적 집요함으로 해부한다. 이 책이 고전으로 이름 날리는 이유는 단지 부자들의 눈이 휘둥그레질 기행을 까발렸기 때문이 아니다. 부자가 부자인 이유는 그들이 금욕적이고 절제할 줄 알기 때문이며 가난한 자가 가난한 이유는 눈앞의 쾌락 앞에서 절제하지 못하기 때문이라는 당시의 지배적 학설을 산산조각냈기 때문이다.

베블런이 20세기 후반까지 살아 있었다면 19세기 부르주아 계급만큼이나 여가를 확보한 지난 세기 중산층, 중간 계급의 소비 문화도 그의 수술대에 올랐을지 모른다. 베블런은 20세기 초에 죽었지만, 그의 후예들은 좀 엉뚱한 분야에서 튀어나왔다. 미국 중산층을 대형 쇼핑몰에 무리지어 몰려다니는 영혼 없는 좀비로 탁월하게 형상화한 예술가들, 그들이 바로 '베블런의 적자'였다.

19세기의 부르주아들, 20세기 후반의 미국 중산층은 탁월한 학자나 예술가에 의해 설명돼야 하는 대상으로 존재했다. 그들은 자본주의의 모순을 깨닫지 못하는 체제의 향유자들이었고, 그래서 조롱의 대상이 됐다. 지금은 어떨까. 월스트리트를 점거하고, 광장에서 촛불을 드는 중산층들은 과시적 소비자나 영혼 없는 좀비와는 좀 달라 보인다. 자본주의의 비인간성에 몸서리치고, 지구 온난화를 진심으로 우려하며, 유기농 농산물을 공동 구매하거나 아예 도시를 떠나 귀농하기도 한다. 한국에서 강신주 현상을 만들어낸 건 바로 그런 사람들의 일부다. 강신주는 이런 글을 쓴 적이 있다.

행복한 공동체를 원하는가? 재래시장을 살리고 싶은가? 생태문제를 해결하고 싶은가? 가족들의 몸을 건강하게 만들 수 있는 안전하고 싱싱한 식품을 원하는가? 그럼 냉장고를 없애라! 당장 냉장고가 없다고 해보자. 우리 삶은 급격하게 변할 수밖에 없다. 직접 재래시장에 들러서 싱싱한 식품을 사야 한다. 첨가제도 없고, 진공포장 용기에 담겨 있지 않다. 식품을 사가지고 오자마자, 우리는 가급적 빨리 요리를 해야 한다. (중략)

자본주의가 인간의 삶을 위태롭게 한다는 것, 그것은 이제 상식이다. 그렇지만 우리는 항상 절망한다. 자본주의는 너무나 거대한 체제이기에, 우리가 길들이기에는 거의 불가능하다고 생각하는 것이다. 그러나 이것은 변명 아닐까. 우리가 실천할 수 있는 일은 사실 너무나 많기 때문이다. 냉장고를 없애라! 한 번에 없앨 자신이 없다면, 냉장고의 용량이라도 줄여라! 가족 건강 문제, 생태 문제, 이웃 공동체 문제, 재래시장 문제가 그만큼 해결될 테니까 말이다. 물론 그러기 위해 "여자가 여자에게 추천하는 속이 넓은 냉장고"의 유혹, "살고 먹고 사랑하는 데 필수적인 냉장고"라는 유혹에서 벗어날 수 있어야만 할 것이다. 냉장고의 폐기, 혹은 냉장고 용량 축소! 여기가 바로 로도스다. 여기서 뛰어내릴 수 있는가![1]

냉동 기술의 발명이 얼마나 많은 가난한 사람들을 기아와

1) 강신주, 「인간다운 삶을 가로막는 괴물, 냉장고」, 『경향신문』 2013.7.21.

질병에서 구해냈는지에 대한 인식은 강신주에게 존재하지 않는다. 냉장고 없이 신선하고 질 좋은 식자재를 그때그때 구해 먹는 것이 얼마나 고단한 노동인지 혹은 특권인지에 대한 고려도 없다. 그에게 중요한 것은 지금, 여기에서 얼마나 남들과 다른 방식의 삶을 영위할 수 있느냐다. 강신주는 글이나 강연에서 자본주의의 폭력이 얼마나 인간성을 황폐하게 하는지를 늘 강조한다. 거의 부흥회를 연상시키는 열광적 분위기의 어느 강연에서는 지폐를 공중에 뿌리는 퍼포먼스도 나왔다고 한다.

　강신주에게 자본주의는 역사적 산물이자 사회적 관계로서 생산과 축적 양식, 착취와 억압의 메커니즘이 아니다. 그에게 자본주의란 인간을 소외하는 지폐, 공동체를 파괴하는 냉장고, 서울역 앞의 노숙자 등의 '물화'된 사물이다. 그리고 때로 자본주의는 '기술 문명'이 되기도 하고, '신자유주의'가 되기도 하고, 어떤 때는 '물질만능주의'나 '관료주의'가 되기도 한다. 요컨대 강신주가 자본주의를 비판할 때의 그 자본주의란 우리를 둘러싼 '일상적이고 총체적인 악/고통'으로 존재하는 것이다. 또한 그의 '반자본주의'는 자본주의를 극복하기 위한 구체적 모색을 의미한다기보다는 '자기소외적 현대 사회의 상투성으로부터의 개인적 해방'이란 의미에 더 가깝다. 자본주의에 대한 이런 불분명하고 미분화된 인식은 구조적 모순에 대한 집단적 해결이 아니라 개인적 적응 전략 또는 자족적 저항으로 흘러갈 수밖에 없다. 강신주가 상담자에게 내놓는 답변 하나하나가 그 증거다.

자본주의 vs. 강한 자아

2012년에 강신주는 수치와 치욕을 쓴 글에서 서울역 앞 노숙자를 "한마디로 자신이나 세상에 대해 마비된 존재"라고 규정한다. "자존심을 느낀다면 어떻게 노숙자로 살아갈 수 있겠는가? 그러니 '마비'가 편한 법이다. 그렇다면 어떻게 해야 노숙자를 하나의 인격자로 깨울 수 있을까? 아니, 어느 순간 노숙자는 자존심을 가진 인간으로 부활할 수 있을까?" 많은 사람이 이 칼럼을 비판했다. 노숙자가 왜 발생하는지에 대한 인식 없이 노숙자들을 수치도 모르는 인간으로 비하하고 있다는 게 주된 이유였다.

이런 비난을 받은 근본적 이유는 글을 못 썼기 때문이다. 논점이 제대로 살아 있지 못하고 중언부언하는 글이어서 노숙자를 비난하는 글로 읽힌 측면이 있다. 그러나 강신주의 진의는 그런 게 아니었을 게다. 그 정도 지식인이 노숙자 문제를 순전히 개인 책임으로 인식할 리가 있을까? 날마다 자본주의의 병폐를 이야기하는 그가? 사실 그는 노숙자 문제에 대해 여러 강연과 책에서 언급하고 있다.

혹시 노숙자를 본 적이 있나요? 이 분들이 왜 거리에 나앉은 걸까요? 길거리기 좋아서? 그럴 리는 없겠죠. 이분들은 대부분 자기 의

지와는 상관없이 그럴 수밖에 없는 상황에 처한 사람들입니다. 자본주의 사회는 노숙자를 양산하는 체계입니다.[2]

강신주는 "자본주의는 노숙자를 양산하는 체계"라고 말한다. '노숙자 발언'으로 그를 비난했던 이들 대부분이 아마 이 명제에 동의할 것이다. 그가 정말로 하고 싶었던 이야기는 노숙자를 만들어낸 사회 구조니 하는 것이 아니었다. 이택광은 강신주의 노숙자 발언이 뒤늦게 화제가 되자 트위터에서 이렇게 말했다. "문제의 본질은 "강신주가 노숙자를 수치스러운 존재라고 말했다."가 아니다. 그의 진의가 "노숙자는 수치스럽다."였을 리가 있겠는가. '완전한 자기의 완성'을 추구하려면 본받지 말아야 할 존재로 노숙자를 제시한 것(2014.1.18)", "완전한 자기의 완성"은 좀 어색한 표현이지만 어쨌든 논란 당시 나온 이야기 중 칼럼의 진의에 가장 가까운 말이다. 나는 '강한 자아'라고 고쳐 부르고 싶은데 이런 멘탈리티는 강신주의 최근 글과 강연을 모두 관통하는 핵심사상이라 해도 과언이 아니다.

이 '강한 자아'는 물론 초인을 의미하는 게 아니며, 자본주의 사회 피라미드의 꼭대기에 있는 지배 계급을 가리키는 것도 아니다. 강한 자아는 악의와 소외로 가득 찬 자본주의 세계에서 인간성을 지킬 수 있는 자아를 의미한다. 거대한 악에 저항하는 작은 개인의 숭고성! 바로 이런 이유에서 강한 자아는 필연적으로 멜랑콜리한 주체가 된다. 강신주는 "성공할

2) 강신주 외, 『나에게 돈이란 무엇일까』, 철수와 영희, 2012, 165쪽.

거라 믿고 열심히 노력하면 이미 너는 행복해 있다!" 주장하는 자기계발 강사들과 다르다. 그는 고통으로 가득한 이 세상에서 살아남는 법을 가르치는 서바이벌 전문가처럼 말하길 좋아한다.

> 제가 늘 강의를 하면서 하는 말이지만, 저는 인간의 삶이라는 게 급류 같은 데 던져지는 거라고 생각해요. 자본주의라는 급류에 떨어진 거죠. 원하지 않지만 휩쓸리게 되어 있어요. 하지만 그러지 않으려고 버티는 거, 저는 이게 필요하다고 생각해요. 그러기 위해서 우리는 배우고 공부합니다.[3]

물론 살아남는 자아는 강한 자아다. 하지만 단지 생존만을 강조하지 않는다는 것이 강신주의 매력이다. 어떻게 살아 남는가? 다시 말해 어떻게 인간의 존엄dignity을 지키며 살아 남느냐가 관건이다. 강신주의 인문학이란 내가 보기에는 바로 이 하나의 소실점으로 전부 수렴된다. 이른바 "돌직구"라 불리는 그의 멘토링 스타일이 나오는 것은 이 대목이다. 〈힐링 캠프〉에서 어느 시청자가 '은퇴해 병들고 늙은 아버지가 자식에게 집착하는데 너무 힘들다.'고 상담을 청하자 강신주는 대뜸 '아버지를 걱정하는 게 아니고 아버지를 제거할 방법을 생각하고 있는 것 아니냐'고 되묻는다. 욕망에 가면을 뒤집어 씌우지 말고 그것을 직시하라는 이야기다. 강신주의 인문학에서 이 '돌직구를 맞는' 단계는 필수적이다. 화폐로 매개된

---

3) 앞의 책, 206쪽.

관계, 속물적 욕망으로 더러워진 내면을 객관화시키지 않으면 윤리적 주체, 자본주의라는 급류에 견딜 수 있는 강한 자아는 나타날 수 없기 때문이다.

자본주의라는 급류에 견딜 수 있는 강한 자아의 힘은 어디서 나올까. 강신주에 따르면 이건 '의지'에서 나온다. 어떤 청소년이 강연에서 이렇게 물었다. "돈이 인간관계를 매개하지만 단절하는 측면이 있다고 하셨잖아요? 그러한 단절을 어떻게 극복할 수 있을까요?" 강신주는 답했다. "이걸 스스로 의식하고 극복하는 방법밖에 없습니다. 만약 친구와 나 사이에 돈이라는 매개가 끼어든다, 이것 때문에 사이가 불편해진다 싶으면 의도적으로 돈을 배제하는 겁니다. 돈 때문에 만난 친구라면 돈 말고 다른 즐거움을 찾는다거나 돈을 매개로 한 만남 대신 인간적인 만남을 찾는다거나 하는 것도 방법이겠죠. 그 과정에서 좀 더 성숙한 관계를 맺을 수 있을 겁니다."[4]

자아성형산업의 미래

강신주는 '나는 사람들에게 힐링을 하는 게 아니며 멘토도 아니'라고 말해왔다. "나를 멘토로 생각하고 강의를 들으러 오면 나한테 욕 듣는다. 내가 해주는 건 네 고민은 별거 아니라는 말이다. 사람들은 뭔가 고민이 있으면 억지로 어렵게 만들고 그걸 고민하는 척한다."[5] 문제는 멘토 자신이 멘토가 아

---

4) 앞의 책, 173쪽.

5) 『더 뮤지컬』, 2013년 5월호.

니라고 부인해도 사람들이 그를 계속 멘토라고 생각하고, 그의 효용이 떨어지면 또 다른 멘토를 찾아 떠날 것이라는 점이다. 강신주가 멘토냐 아니냐는 전혀 중요한 사실이 아니다. 끝없이 멘토를 욕망하는 사회야말로 숙고의 대상이며 그런 욕망에 의문을 제기하는 게 바로 인문 정신이다. 강신주 자신의 사회적 역할을 뭔가 '다른 것'으로 포장하고 구별 짓는 일은 마케팅 전략 차원에서는 비난할 일이 아니겠다. 그러나 철학자라면 그런 자신의 '구별하고자 하는 욕망'에게도 정직한 혹은 풍자적인 돌직구를 날려야 하지 않을까.

몰락해가는 불안한 중산층에게 비교적 싼 비용으로 최대한의 지적 쾌락과 위안을 제공해주는 것이 바로 '인문 멘토링'이다. 그 사회적 순기능은 분명히 적지 않다. 단언컨대 여기에는 어떤 비아냥도 없다. 카리스마적 스타 강사들이 강연을 열면 그야말로 구름처럼 청중이 몰려든다. 말 잘하는 멘토들은 청중들로부터 거의 집단 엑스터시에 가까운 반응을 끌어낸다고 한다. 삶의 고통과 불안에 시달리던 어떤 이에게 강신주의 글 한 줄, 한마디가 구원일 수 있다. 이를테면 다음과 같은 절절한 '간증'을 보라.

"저는 여자로 태어나 여자로서의 소양으로 엄마와 아내와 며느리로서의 도리를 살아야 하는 역할을 할 때 행복한 줄 알고 살다가 문득 견딜 수 없게 불행하게 느껴져서 죄책감과 더는 살아낼 수 없다고 울음이 나올 때 만난 게 강신주의 인문학이죠."

"더는 실체를 알 수 없는 죄책감으로 해방됐고 역할이 아닌 그냥 나로서 살려고 쌈질하면서 살고 있죠. 강신주 박사의 인문학은 그냥 인간입니다."[6]

위의 고백에서 "강신주의 인문학" 대신 어떤 종교나 다단계 마케팅을 집어넣어도 별 위화감 없이 들린다(강신주의 인문학이 던지는 메시지는 진부하고 모호한 휴머니즘이지만 다단계나 사이비 종교보다 덜 해롭다고 생각한다.) 중요한 건 내가 고통받을 때 위무해줄 무언가를 만났다는 사실이다. 굳이 인문학이 아니어도 상관없다. 연애 상담, '픽업 아티스트'의 헌팅 요령 강의, 자기계발 멘토링이 대중적 콘텐츠가 된 지도 오래됐다. 구글의 광고처럼 각 개인에 적합한 상담을 자신의 취향에 맞는 컨설턴트로부터 구입하는 사회가 도래했다. 이 모든 것은 약한 자아에 관념적 보형물을 집어넣는 수술이라는 점에서 자아성형산업ego-plastic surgery industry이라 이름 붙일 수 있을 것이다. 불안과 우울에 시달리는 사람들, 타인과 비교당하며 자존감이 바닥에 떨어지는 사람들은 끝없이 쏟아져 나오는데 모든 이가 프로작을 처방받을 수는 없는 노릇이니 자아성형산업의 미래는 무척 밝다.

자아성형산업의 미래가 밝은 또 하나의 이유는 한국 사회의 문제 해결 방법이 탈사회적이고 탈정치적이라는 점 때문이다. 제도적 해결 방식에 대한 극단적 불신("다 똑같은 놈들")과 각개약진의 해법("억울하면 출세해라")이 일반화돼 있다.

6) https://twitter.com/wj2151112/status/424359348010115072
https://twitter.com/wj2151112/status/424360369167945728

기업, 종교 단체가 아닌 다른 형태의 사회적 조직을 별로 경험해보지 못한 한국인들은 문제가 생기면 주변 사람들을 조직하고 작당作黨하는 것보다는 어떤 '큰 타자'를 호명하려는 경향이 강하다. 개인은 '현자'에게 고통을 위로받고, 집단이 되면 왕(대통령)과 직접 대면하려 한다. 그러나 거기에 사회적인 것, 그리고 정치적인 것이 들어설 자리는 없다. 남은 건 축제와 탈진의 반복이며 영원한 각개약진의 개미지옥이다.

촛불의 의미와 촛불 이후

2016년 늦가을부터 시작된 촛불 시위는 대한민국 역사상 최초로 현직 대통령을 탄핵했다. 이에 따라 초유의 '5월 대선'이 성사됐고 문재인 대통령이 당선됐다. 지난 촛불 시위를 많은 이가 "촛불 혁명"이라 불렀다.

혁명의 사전적 의미는 이렇다. "헌법의 범위를 벗어나 국가 기초, 사회 제도, 경제 제도, 조직 따위를 근본적으로 고치는 일." 혹은 "이전의 관습이나 제도, 방식 따위를 단번에 깨트리고 질적으로 새로운 것을 급격하게 세우는 일." 2016년 촛불 시위는 과연 그런 정의에 걸맞은 사태였는가? 2016년 촛불 시위는 과연 무엇의 이름이었던가? 결론을 말하면 그 촛불 시위는 거대한 대중 현상이었지만, 결코 혁명이 아니었다. 그것은 '정상화 열망이 추동한 질서 회복 운동'이었다. 이 글은 촛불을 과도하게 낭만화하지도, 그렇다고 평가 절하하지도 않으면서 그 전모를 스케치하고, 촛불 이후를 고민하려고 한다.

장면 일곱 개

장면 #1

　촛불 시위 다음 날인 2016년 11월 13일. 마포 인근 삼겹살 집에서 촛불 시위 이야기가 한창이었다. "많이 모이니까 정치 어쩌구 노동자 어쩌구 선동질하는 새끼들이 또 슬슬 기어나오더라고. 사람들이 '프락치 꺼져라' 계속 소리 지르니까 쫄더만. 하여간 한국은 불순분자들 때문에 민주주의가 안 돼."

장면 #2

　여러 대규모 시위에서 등장했던 경찰의 '차벽'은 분노의 대상이었다. 시위대는 꽃을 달기도 했고 스프레이로 반정부 구호를 칠하기도 했다. 하지만 19일 "박근혜 하야"를 외친 시민들은 경찰 버스의 스티커를 자진해서 떼어 냈다. "경찰 분들 힘들까 봐." (「"의경이 뭔 잘못 있나" 차벽 스티커 뗀 시민들」, 〈오마이뉴스〉, 2016.11.19.)

장면 #3

　시위 현장에서는 '재벌 총수를 구속하라!'는 구호도 등장했고, 대통령 탄핵과 연관성이 없는 성과 연봉제를 철회하라는 주장도 나왔다. 시민들 반응은 냉담하다. 지난 주말 촛불 집회에 참석했던 한 시민은 "나라를 걱정하는 순수한 마음으로 촛불 집회에 참여했는데 뜬금없이 한상균 민주노총 위원장을 석방하라는 구호가 나와 깜짝 놀라 대열에서 나왔다."고 말했다. 남정수 민주노총 대변인이 1500개 시민단체가 참여해 촛불 집회를 주도하는 '박근혜 퇴진 비상국민행동'의 대변인을 겸직하고 있어 퇴진행동인지, 민주노총인지 혼란스럽다는 지적도 제기되고 있다. (「"한상균 석방·재벌 구속"이 촛불 민심?」, 『문화일보』, 2016.12.12.)

장면 #4

2016년 11월 21일 오전 서울고법에서 열린 한상균 민주노총 위원장 항소심 결심공판에서 검사는 8년을 구형하며 이렇게 말했다. "최근의 평화적인 집회와 비교해보면 작년 총궐기집회는 더욱 엄격히 다뤄져 폭력을 뿌리 뽑아야 한다. 피고인에겐 5년 선고도 지나치게 가볍다, 살수차는 적법이다."

장면 #5

"깃발 내려!"를 요구하던 촛불 대중은 이제 자신의 깃발을 스스로 만들어 들고 나온다. 새로운 깃발에는 '고산병 연구회'같이 정치적 풍자가 담긴 것과 '장수풍뎅이 연구회'처럼 자신들만이 의미를 알 수 있거나 아예 기의가 담기지 않은 것들이 뒤섞여 있다. 촛불 집회가 순수성의 강박("깃발 내려!")

에서 벗어나 다양성을 드러내며 새로운 정치를 싹틔우는 공간으로 한걸음 진화하고 있음을 보여주는 징후로 읽힌다. 「2000년대 헬조선의 개인들, '광장 정치'로 자기표현」, 『한겨레』, 2016.12.14.)

장면 #6

"100만 촛불 이후 언론에서는 모범적이고 성숙하며 시민의식이 돋보인 시위였다는 찬사를 쏟아냈습니다. 그렇다면 이전까지의 3.1운동, 4.19혁명, 5.18민주화운동은 불량하고 미성숙하며 저열한 시민의식이 빛을 발한 시위였습니까? 지금의 그 기준으로 보면 그 운동들 역시 폭력집회였습니다. 아닙니까? 3.1운동 때 매국노 이완용은 '폭력시위는 법과 원칙을 어긴 것이니 엄중 조치해야 한다.'며 '(시위를) 할 거면 합법적이고 평화적으로 하라'고 하였습니다. 그들은 자신이 통제 가능한 시위를 원했던 것입니다. 저는 '무조건 폭력시위를 해야 한다.'고 주장하는 게 절대 아닙니다. 다만 필요할 경우에는 폭력을 사용함으로써 헌법에 보장돼 있는 저항권을 백 번 활용해 국가권력에 불복종을 이끌어내야 함을 말하는 것입니다. 그렇기에 우리는 결벽증적으로 비폭력 프레임에 갇힐 필요가 절대 없습니다." (고3 여학생의 직설 "비폭력 프레임에 갇혀선 안 된다", 〈유튜브〉, 2016.11.19.)

장면 #7

"박근혜 대통령이 하야하면 제가 직면한 가정과 학교와 노동의 문제가 해결됩니까? 제 삶의 문제가 박근혜, 최순실만의 책임, 잘못입니까? 제 삶에 직접 영향을 미친 것은 박근혜, 최순실과 같은 모습을 하고 있는 부모님, 반장들, 친구들, 선생님, 회사 사장들이었습니다. 그들은 사람답게 행동할 수 있었음에도 그러지 않았습니다." (진주촛불 집회 19세 청년의 뭉클 자유 발언, 〈유튜브〉, 2016.12.1.)

'법질서'의 역설

설명조차 필요 없다. 저 일곱 장면은 자체로 촛불 시위의 성격을 잘 보여주고 있다. 대통령 퇴진을 요구하며 모인 스마트한 개인은 시위를 축제처럼 즐겼다. 그러나 동시에 그들은 권력이 만들어낸 공포, 이른바 '불순 세력'으로 몰려 배제당할지 모른다는 공포에 사로잡혀 있었다. 시민들은 자기와 함께 광장에 선 동료시민들을 신뢰하지 않았다. 그들은 언제든 '프락치'로 돌변할 수 있는 존재이기 때문이다. '수상한 거동'을 보이면 즉각 촛불 공동체 밖으로 쫓겨났다. 권력의 시선을 내면화한 시민들은 끊임없이 내부를 검증하고, 아주 작은 트집거리조차 용납하지 않으려 했다. 기적 같은 '백만 평화시위'는 서로 감시자였기에 가능했다.

법 질서를 일체 넘어서지 않으려는 이 강박을 '혁명'이라 부를 수는 없다. 예컨대 대한민국 헌법 제1조 제2항, "대한민국의 주권은 국민에게 있고, 모든 권력은 국민으로부터 나온다."를 수많은 시민이 입에 올리지만, 이 구절을 글자 그대로 믿고 관철하려는 이는 극히 드물다. 대부분의 사람은 이걸 실현 불가능한 이상으로 생각한다. 사람들은 권력이 돈으로부터, 폭력으로부터, 외모 같은 상징 자본들로부터 나온다는 걸 너무나 잘 안다. 실제로는 전혀 믿지 않는 어떤 대의와 가치를 믿는 척하는 이유는, 그러지 않으면 공격을 받아 자신의 사회적 위신과 지위가 깎이기 때문이다. 이들이 바로 냉소적 주체다. 냉소적 주체는 법의 대의명분과 지향하는 가치를 전혀 믿지 않는데도 법 질서에 강박적으로 집착한다. 오직 그것만이 타자를 규율할 수 있다고 믿는 까닭이다. 냉소적 주체에게 법질서는 일종의 물신이다. 현대인은 정도의 차이만 있을 뿐 대부분 이 유형이라 할 수 있다. 촛불 시위가 보여준 법 질서 강박은 많은 시민이 스스로 고백하는 것처럼 법 질서를 진정 존중하고 신뢰해서가 아니라 '역풍'을 우려한 전략적 제스처였다. 냉소주의자의 전형적 태도다.

그런데 여기서 어떤 '갈라짐'이 생겨난다. 이 냉소적 주체 사이에서 누구보다 법에 충실하려는 사람들이 나타나는 것이다. 이들은 법이 명목상 지향하는 바를, 헌법의 가치를 '글자 그대로 믿고' 끝까지 밀어붙이는 사람들이다. 흔히 혁명은 모든 법과 제도를 파괴하는 것이라 오해받는다. 하지만 혁명이란 '법 a'를 '법 b'로 교체하는 게 아니다. 결과적으로 그렇게 보일 수 있겠지만, 대개 역사 속의 혁명은 구색만 남은 대의명분을 현실에서 구현하려는 강렬한 충동이었다. 이를테면 천상의 나팔소리를 지상으로 끌어내리는 것. "시기상조"라던 일을 '지금 여기'서 결행해버리는 것. 혁명적 주체는 너무나 순진한 나머지 이런 일이 실제로 가능하다고 믿는 사람들이다. 법 질서에 충실해 오히려 현행의 질서를 초과해버리는 사람들, 그들이 바로 '혁명적 주체'다. 비록 극소수였지만 촛불에는 혁명적 주체가 실재했다. 앞서 '장면 #6', '장면 #7'의 발언이 증거다. 우연히도 아니 우연찮게도 발언의 두 주인공 모두 10대 여성이었다.

촛불은 '사건'이었는가

촛불이라는 거대한 스펙터클을 이해하기 위하여 철학자 알랭 바디우의 개념을 지렛대 삼아 볼 수도 있다. 바디우는 '사건'의 존재론을 통해 우리가 직접 연루된 지금 여기의 상황을 철학적으로 현재화한다. 인민의 봉기에 관해 지나치리만치 신중한 태도로 일관하던 미셸 푸코와 달리 바디우는 과감하고 명료한 입장을 보여온 편이었다. 바디우에게 있어 사건은, 단독성이 상황 속에서 현시되지만 상황상태(=국가)의 셈에 의해 규정되지 않을 때, 다시 말해 "항상 단독적인 항목과 같이 부분의 질서 속에서 누락되는 비-정상적인 다수를 통해

서만 일어난다."[1] 사건이 상황에 속하는가 여부, 즉 사건의 존재를 형식 논리적으로 검증하는 일은, 바디우에 따르면 불가능하다. 이것이 사건의 결정 불가능성이다. 이는 모종의 개입 intervention이 필요함을 뜻한다. 개입이란, 곧 결정 불가능한 것을 결정하는 것, 사건이 상황에 속한다고 선언하는 것이다. 필연적으로 이 개입은 불법적이며 체제-외적일 수밖에 없다. "상황의 법칙에 부합하지 않는 사건의 존재를 상황에 귀속시키는 것"[2]이기 때문이다. 개입은 표면적으로는 '명명', 이름 짓기라는 행위로 드러난다. 그러나 이름 짓기는 체제 질서 내부에서는 여의치 않은 일이다. 사건과 주체는 낯설고, 무가치하며, 위험천만한 무엇으로 규정된다. 파리 코뮌의 주체들이 "폭도", "불순분자들"로 불렸던 사실, 3.1독립선언운동의 주체들이 "불령선인"으로 불렸던 사실 등이 잘 알려진 역사적 사례다. 진리는 사건을 통해, 정확히 말해 사건에 대한 충실한 '탐색enquête'의 과정을 통해서 도래한다. 예컨대 '87년 7, 8, 9월 노동자 투쟁(6월 항쟁이 아닌)은 80년 광주항쟁에 접속돼 있는가?' 같은 질문이 탐색의 과정이다.

이제 촛불 시위를 보자. 메시지는 극히 단순했다. '박근혜 사퇴' 또는 '박근혜 하야'였다. 재치 넘치는 패러디와 갖가지 '드립'이 난무했지만, 어쨌든 요구는 단 하나로 수렴됐다. 남녀노소 다양한 사람의 자유발언이 용인됐으되 '박근혜 사퇴'가 아닌 정치적 당파성을 드러내는 주장은 '선동질'로 치부돼

1) 서용순, 「바디우 철학에서의 존재, 진리, 주체: 『존재와 사건』을 중심으로」, 철학논집 제27집, 2011, 94쪽.
2) 앞의 책, 96쪽.

야유당하거나 제지당했다. 경찰의 저지선을 뚫고 나가야 한다고 주장하거나 그런 행동을 시도하는 사람은 그 즉시 정권과 경찰의 '프락치'로 규정돼 시위대 밖으로 추방됐다. SNS, 웹에 올라오는 글 중 가장 호응을 얻은 내용은 '집회의 순수성을 해칠 만한 행위를 자제하자'는 호소였다. '순수한 일반 시민들의 비폭력 준법 평화 시위'. 집회의 본질은 사실상 여기에 있었다. 2016년 11월 12일 시위에는 처음으로 100만 명이 넘는 사람이 모였는데 어떤 충돌도 없이 집회가 끝났다. 언론은 '성숙한 시민의식'을 칭찬했고, 이 '칭찬 릴레이'에 경찰까지 동참했다. 놀랄 만한 일이다. 그런데 과연 이걸 우리가 '사건'이라 부를 수 있을까? 체제의 질서에 균열을 내고 깨트리는 것이 사건을 결정하는 '개입'이라면, 차라리 촛불 시위는 사건이라기보다 '반反-사건'이라 불러야 한다. 드러난 현상만을 보자면 체제의 금지를 넘어선 건 다름 아닌 박근혜와 최순실 등 부패한 권력 집단이고, 촛불 시민들은 체제의 수호자 또는 체제 그 자체로 보이는 까닭이다.

촛불은 '질서 회복 운동'

몇몇 진보 지식인은 자신의 바람을 담아서 촛불이 정말로 혁명이라도 되는 것처럼 그 의미를 과장했다. 그러나 촛불 시위는 그런 급진적인 운동이 전혀 아니었다. 몇몇 권력자가 "국기를 문란케 했"기에 시민이 직접 나서서 이를 다시 본래의 질서로 되돌리려 했던 사태였다. 비정상을 정상화하는 것. 촛불을 추동한 열망은 요컨대 '정상화 열망'이었다. 물론 정상화 열망이 고양돼 급진적 열망으로, 그래서 진짜 혁명으로 이어질 가능성은 상황 속에 늘 잠재돼 있다. 언제든 질적 전환이 발생할 수 있고 그 전환은 순전한 우연이 아니라 '개입-선언'을 통해 나타난다. 바로 그것이 바디우가 말한 '사건'이다. 실제 역사 속 많은 혁명이 이런 형태였다. 최종적으로 성공하든 아니든 모든 혁명은 모종의 '마술적 순간들'을 거치며 처음과 전혀 다른 무엇이 된다.

하지만 이번 촛불 시위에서 그런 과정은 없었다. 촛불 시민 다수는 민주노총 한상균 위원장 석방을 촛불의 이름으로 요구하는 것에 반대했다. 촛불 시민 다수는 자신이 "빨갱이", 즉 '비非국민'이 아님을 증명하기 위해서 정치적 발언을 하는 이들을 "빨갱이", "프락치"라 낙인찍었다. 다시 말해 촛불은 한국의 주인 기표, 가장 강력한 지배 이데올로기인 반공주의로부터 한 치도 벗어나지 못했다. 촛불 시민 다수는 헌법은커녕 실정법조차 벗어나지 않으려 했다. 처음부터 끝까지, 부패한 권력자 몇몇을 처벌하기를 원했을 뿐이다. 그 정도 수준의 변화를 넘어서는 '다른 목소리들'이 광장에서 나오기는 했지만, 그리고 그 목소리는 급진적 변화의 씨앗을 품고 있었지만 대세를 위협할 정도의 흐름이 되진 못했다. 촛불 시민 다수는 '전복'이나 '해방'을 요구하지 않았다. 대신 '법대로'와 '질서'를 요구했다. 촛불은 혁명이 아니었다. 그것은 체제를 뒤엎기 위해서가 아니라 보수하기 위해 나선 시민의 직접 행동이었다. 촛불은 '질서 회복 운동'이었다.

그러므로 2017년 5월 9일 대선의 열쇠말이 '적폐청산'이 된 것은 필연적이다. 이 대선을 가능케 한 것이 촛불이었는데 그 촛불의 정신이 '질서 회복'과 '정상화'였기 때문이다. 여기에는 새로운 비전과 지향보다는 과거의 잘못을 바로잡는 데 초점이 있다. 이번 대선이 '어떤 대선보다 정책 경쟁이 실종된 선거'라는 비판이 비등했던 것은 대선 기간이 짧은 탓도 있지만 촛불 시위의 성격 때문이기도 하다. 이념을 떠나서 다들 빨리 '막장 드라마'를 벗어나야 한다는 생각뿐이었다. 미래를 차분히 설계하고 치열하게 논의하기에는 다들 너무 피로해 있었다.

2017 대선의 의미: 신보수의 좌절

선거 과정을 복기해보면 문재인 대세론이 진정으로 위협받은 적은 한 번도 없었다. 반면 도전자는 엎치락뒤치락 바뀌었다. 선거 초기 가장 강력한 경쟁자로 꼽힌 안철수 후보는 선거가 진행될수록 한계를 노출하며 지지를 잃었다. 이번 대선은 박근혜 대통령을 탄핵한 '촛불 대선'이었고, 따라서 그간 보수의 주류, 즉 새누리당에서 자유한국당으로 이어지는 극우 세력이 궤멸되거나 그에 준하는 타격을 입을 것이 예상됐다. 자유주의 세력(민주당)이 정권을 잡은 적은 여러 차례 있었다. 그러나 극우 세력이 보수 진영의 헤게모니를 잃는 사태는 이승만 정권 이후 지금껏 한 번도 일어난 적이 없다. 촛불 시위와 박근혜 탄핵이 없었다면 누구도 상상 못했을 일이겠지만, 어쨌든 지난 몇 달간 벌어진 유례없는 스펙터클에 의해 반세기 동안 꿈쩍도 않던 극우 세력의 아성에 커다란 균열이 생겨났다. 이에 따라 19대 대선은 보수가 극우의 주박에서 벗어나 합리적인 '신보수' 세력으로 거듭날 절호의 기회가 됐다. 대한민국 보수가 시대착오적 극우 세력을 도태시키고 시대에 걸맞은 '신보수'로 재편될 것인가? 이것이야말로 이번 대선을 다른 대선과 구별하는 핵심 질문이라 할 수 있었다. 만약 그런 상황이 일어난다면 그것은 자유주의 세력의 정권 재창출보다 훨씬 중요한 역사적 사건이다.

결과적으로 이 절호의 기회는 무산됐다. 문재인 후보는 무난히 대통령에 당선됐지만, 2위는 '박근혜 정당'의 후보 홍준표였고 무려 24%나 득표하며 건재를 과시했다. 그는 선거 초 안철수에 가려 존재감조차 없었지만 막말, 거짓말, 혐오 발언을 할수록 지지율이 껑충껑충 뛰어올랐고, 결국 안철수 후보까지 제치는 기염을 토했다. 안철수 후보는 자신의 단점만 부각하며 자멸했고 유승민 후보도 선전했지만, 내일을 기약하기 어렵게 됐다. 한마디로 '신보수의 좌절, 극우파의 기사회생'이다. 덧붙이자면 정의당 심상정 후보가 진보 정당 후보로서는 역대 최다 득표(6.2%)를 한 것도 의미가 적지 않다. 정체성 의제에서 돋보이며 젊은 세대, 여성들에게 상당한 지지를 얻은 것은 빛나는 성과였다. 반면 당과 후보는 '노동'을 말하지만 노동과 경제 정책에서 자유주의 정당의 이재명 후보, 그리고 보수 정당의 유승민 후보와도 크게 차별화되지 못한 점은 아쉬웠다. "노동이란 두 글자"에 대한 정의당 내부의 거부감, 그리고 노동자와 노동조합 대다수가 문재인 후보를 지지했던 점 등은 극복하기 쉽지 않은, 그러나 극복해야만 하는 과제로 남았다.

이른바 '촛불 혁명'이 정말로 혁명적 변화에 대한 요구였다면, 대선에서 시민들은 혁명적 변화를 가져올 후보를 당선시키거나 적어도 당선권으로 밀어 올렸어야 한다. 그런 일은 일어나지 않았다. 한국은 과거 김대중·노무현 정부와 유사한 자유주의 정권 시대를 맞게 됐다. 예상컨대 문재인 정권은 지난 박근혜 정권과는 비교 불가의 유능함, 소통, 탈권위주의를 보여줄 것이다. 언론 자유, 인권 등 사회 문화 분야에서 상당히 진보적인 변화가 일어날 텐데 지난 10년간 워낙 퇴행한 터라 10년 전으로 복귀하는 수준이어도 커다란 진보로 느껴질 수 있다. 중요한 건 노동과 경제 분야다. 경제는 관료들이 주도하는 대로 흘러갈 가능성이 높다. 노동 분야에서는 문재인 대통령 당선 직후 발표된 '인천공항 비정규직 전원 정규직화' 같은 일이 자주 일어날 것이다. 이를테면 공기업 비정규직을 자회사 무기 계약직으로 전환하고 이를 정규직 전환이라 포장해 일자리 창출 사례로 홍보하는 사례들 말이다.

박정희 레짐

2017년 5월 10일 새벽, 많은 이가 기다리던 문재인 대통령 시대가 열렸다. 유시민 씨는 "노무현 정권 시절 객관적으로 (옹호·비판)해주는 지식인·언론인이 없어서 너무 힘들었다." 면서 "진보 어용 지식인"이 되겠다고 선언했다. 문재인 지지 자들 또한 진보 정당원이나 진보 지식인을 겨냥해 벌써부터 날을 세운다. 이른바 '무임승차론'이다. 문재인 찍지 않은 자들은 정권 교체에 도움이 안 됐으니 정권에 요구도 하지 말라는 것이다. '박근혜 정권에 요구할 자격은 박근혜에 표준 사람한테만 있다'는 식의 이런 황당한 논리가 "속 시원한 사이다 발언"으로 박수갈채를 받는다.

본인들에겐 저런 것이 절박한 일일 테다. 하지만 지금 한국 사회가 직면한 문제는 정권을 옹호한다고 해결될 수 있는 차원의 것이 아니다. 문재인 후보의 정책 공약은 다른 후보들에 비해 상당히 정교한 편이었지만 청산해야 할 적폐가 어디서 기원했는지, 그리고 적폐의 청산 이후 나아갈 방향이 어디인지에 대해서 명료하게 나와 있지 않았다. 지난 겨울 광장에서 우리는 언뜻 봤다. 박근혜, 최순실, 김기춘, 우병우를 쫓아낸다고 해서 '헬조선'이라 불리는 사회의 본질이 바뀌지 않을 거란 사실을…. 19세의 어느 여성은 그 사실을 소름끼칠 정도로 정확히 언어화했다. 이 글의 초반부에 실린 '장면 #7'이다. 다시 인용한다. "박근혜 대통령이 하야하면 제가 직면한 가정과 학교와 노동의 문제가 해결됩니까? 제 삶의 문제가 박근혜, 최순실만의 책임, 잘못입니까? 제 삶에 직접 영향을 미친 것은 박근혜, 최순실과 같은 모습을 하고 있는 부모님, 반장들, 친구들, 선생님, 회사 사장들이었습니다. 그들은 사람답게 행동할 수 있었음에도 그러지 않았습니다."

왜 그들은 사람답게 행동할 수 있었음에도 그러지 않았는가? 그래도 되니까. 그래도 크게 사회적 제재를 받지 않으니까. 바로 그것이 '박정희 레짐'이다. 박정희 레짐은 군사주의, 불도저식 성과주의 등과 같은 박정희 시대의 특징적 이데올로기를 포함한 광범위한 사회 동원 체제를 가리킨다. 대체 언제적 박정희냐고 되물을 수 있겠지만, 그렇게 답할 수밖에 없다. 우린 반세기 동안 박정희주의의 주술에 사로잡혀 있었고, 박정희주의자로 살았고, 여전히 박정희주의자다. 박정희주의는 또한 뒤처지면 버리고 가는 강자 생존의 논리이고 약자 우대를 사회적 낭비 또는 역차별로 여긴다는 점에서 승자독식의 정신이다. 물론 '오늘의 박정희 레짐', 그러니까 신자유주의 20년을 거친 박정희 레짐은 박정희 정권기의 그것과는 다른 변종이다. 그것은 강력한 권위주의, 국가주의, 관치경제라는 요소가 상당 부분 탈색되고, 신자유주의로 '트리밍'된 박정희 레짐이다. 분명한 건 이른바 '87년 체제'가 과대 평가돼 왔단 점이다. '87년 체제'를 통해 넘어섰다고 믿은 박정희 레짐이 실은 전혀 극복되지 못했을 뿐 아니라 이데올로기로서 박정희주의는 한국인의 삶을 강력하게 규율하는 마인드셋

mindset으로 여전히 작동하고 있었다. 이는 박근혜 정권, 그 이전 이명박 정권을 만들어낸 힘이었다.

개혁정권의 시대이자 신자유주의 시대였던 김대중 정권과 노무현 정권도 큰 틀에서 박정희주의의 자장 속에 있었다. 이른바 '민주화 세력'의 주류는 '산업화 세력'과 격렬히 대립하는 것처럼 보였지만, 실제로는 경제 논리와 충돌하지 않는 영역에서만 민주주의를 내세웠다. 민주주의를 성장주의의 하위 가치 또는 보조적 가치로 여겼다는 점에서 그들 역시 성장주의자이긴 마찬가지였다. 현실 정치 세력으로서 어쩌면 자연스러운 행보다. 절대 다수의 유권자들이 실제로 분배보다 성장을 원하고, 경제 발전만 된다면 노동 탄압, 언론 억압 같은 건 눈감아줄 수 있다고 생각하기 때문이다.[3] 보통 경제 발전이 일정한 지점을 지나면 물질주의 성향이 약해지고 탈물질주의 성향이 강해지지만, 한국은 비슷한 수준의 경제 규모를 가진 나라들에 비해 물질주의 성향이 2~3배 높게 나타나는 기이한 나라다. 생명보다 돈, 인간보다 성과나 이윤에 집착하는 사회의 민낯은 통계 수치로도 적나라하게 드러난다. 일하다 죽는 사람의 비율, 즉 산재 사망률이 10만 명당 18명으로 세계 최고 수준이다(2008년 세계노동기구 통계). 경제 규모는 일본의 3분의 1인데 임금 체불 금액은 일본의 10배다.[4]

3) "강력한 치안, 일벌백계의 가혹한 엄벌주의, 높은 국민소득, 분배보다 성장…. 지금 당장 여론 조사를 하면 이런 것들 대신 인권이나 표현의 자유 같은 건 조금 희생해도 된다고 답할 사람이 결코 적지 않을 터. 우리 안의 '싱가포르 판타지', 그게 바로 박근혜의 힘이다."(박권일, 「싱가포르 판타지」, 『한겨레』, 2012. 12.3.)
4) 2015년 고용노동부 통계.

촛불 이후, 무엇을 할 것인가

　박근혜의 몰락으로 우리가 비로소 '박정희 레짐'과 작별하게 됐다는 진단들이 나왔다. 상징적 층위에서는 그럴 수 있는데 실질적으로는 전혀 그렇지 못한 상황이다. 대한민국은 2017년 현재도 여전히 박정희 레짐 국가다. 다만 변화의 결정적 기로에 서 있는 건 분명하다. 문재인 정권이 박정희 레짐과 작별하는 첫 정권이 되기를 진심으로 바란다. 그러기 위해서 문재인 정권과 그 지지자들이 해야 할 일은 보수 언론 탓, 좌파 지식인 탓이 아니라 지금보다 더 왼쪽으로 움직여 진보 정당, 노동자, 소수자, 좌파들과 어깨를 걸고 연대하는 것이다. 그러면 진보 지식인들은 제발 하지 말라고 말려도 문재인 정권을 "객관적으로 옹호"해줄 게 틀림없다.

　"헬조선"은 고도 성장기에 맞춰진 습관, 제도, 문화가 적절한 대안을 찾지 못한 채 신자유주의로 다시 뒤틀린 결과 탄생한 지옥도의 어떤 이름이다. 박근혜가 탄핵되고 문재인이 대통령이 되어도 우리 안의 박정희주의가 극복되지 못한다면, 그리고 박정희 레짐을 완전히 해체하지 못한다면 헬조선은 지속될 것이다. 물론 극복을 이야기하는 것과 실제 그렇게 되는 것은 다른 차원의 문제다. 물질주의, 성장주의에 반하는 삶은 지금보다 고통스럽고 수고스럽다. 에너지 문제를 예로 들어보자. 박정희주의를 넘어서려면 핵발전에 반대해야 한다. 그러려면 기업은 물론이고 시민 각자가 에너지 소비를 줄

여야 한다. 고도 성장기처럼 전기를 펑펑 쓴다면 핵발전을 절대 포기할 수 없다. '핵 마피아들', 성장주의자들은 소비를 줄이는 건 불가능하다고 주장하고, 국민들이 전기가 부족해지는 사태를 인내할 수 있겠냐고 협박한다. 지금까지 살아온 것처럼 앞으로도 살아갈 수밖에 없지 않느냐 말하는 것이다. 전기를 펑펑 쓰면서, 핵발전소를 지어대면서, 생태계를 망가트리면서, 다음 세대의 미래를 말소해가면서.

  대다수 정치인은 이런 라이프 스타일을 바꾸자고 말하지 못한다. 겉으로는 "그런 생각이 비현실적이기 때문"이라 답하겠지만, 실은 그것이 유권자의 욕망을 거스르는 것이고 정치적 자살 행위이기 때문이다. 이것이 바로 대안 사회를 그려낼 수 있는 진보 정당과 정치인이 필요한 이유다. 그들이 유의미한 현실 정치 세력이 되기 위해서는 무엇보다 그들 스스로 실력을 갖추도록 노력해야 하지만 그것만으로는 부족하다. 누구보다 시민들이 궤도를 이탈할 준비가 돼야 한다. 과거와 작별하려면 스스로 미래가 돼야 한다. 변화를 원한다면 스스로 변화가 돼야 한다.

주목 경쟁에서 혐오 경제로

"인간이 힘들게 노력하고 탐욕과 야망을 품고 부를 추구하고 권력과 명성을 얻으려는 목적은 무엇인가? 생활 필수품을 얻으려는 것인가? 그거라면 노동자의 최저임금으로도 얻을 수 있다. 그렇다면 인간 삶의 위대한 목적이라고 하는 이른바 삶의 조건의 개선에서 얻는 것은 무엇인가? 다른 사람들이 주목하고, 관심을 쏟고, 아는 척해주는 것. 그것이 우리가 거기서 얻을 수 있는 모든 것이라 할 수 있다."[1]

애덤 스미스가 1759년에 쓴 『도덕감정론The Theory of Moral Sentiments』의 한 대목이다. 스미스가 이미 알고 있었던 진실은, 오늘날에 와서 더욱 밀도 높은 진실이 됐다. 노벨 경제학상 수상자 허버트 사이먼은 퍼스널 컴퓨터가 보급되기 훨씬 전인 1971년에 이미 이런 상황을 예견하고 있었다. 그는 "정보가 풍족한 세계information-rich world에서 가장 희소한 자원은 바로 주목attention"임을 간명하게 밝히면서, 정보가 넘쳐날수록 타인의 주목을 쟁취하는 행위가 최우선이 될 것이라 단언했다.[2] 정보

1) 애덤 스미스, 박세일·민경국 역, 『도덕감정론』, 비봉출판사, 1996, 101쪽.
2) H. A. Simon, 'Designing Organizations for an Information-Rich World', 『Computers, communications, and the public interest』, The

과잉사회로 갈수록 주목이라는 판돈^{stakes}을 차지하기 위한 경쟁은 격화될 수밖에 없다는 것이다.

주목이라는 희소 자원

최근 일본의 어느 여성이 주먹밥 한입에 먹기 영상을 인터넷으로 송출하던 도중 질식해서 사망하는 사건이 있었다. 그가 괴로워하며 쓰러지고 구급대원이 현장에 도착하는 충격적 상황이 고스란히 시청자들에게 생중계됐다. 유튜브 영상을 찍기 위해 한강으로 들어간 한국의 남성이 익사한 사고도 있었다. 주목 경쟁은 인정 투쟁에 대해 헤겔이 말한 것처럼 글자 그대로 "목숨 건 행위"가 됐다.

헤겔의 '인정 투쟁'은 주체로 인정받으려는 욕구를 충족하려는 투쟁이자 상호 인정 상태에 이르기 위한 투쟁이다. 그러나 인정 투쟁과 주목 경쟁은 다르다. 주목 경쟁을 인정 투쟁의 변종 혹은 사회적 인정의 예비 단계로 규정할 수도 없다. 획득한 관심이 경멸이나 혐오가 아니라 인정과 호감이면 좋겠지만 그건 부차적이다. 중요한 건 내가 가져올 수 있는 '트래픽'이 어느 정도냐다. 인정 투쟁이 질적 경쟁이라면, 주목 경쟁은 양적 경쟁이다. 도식화해서 표현하자면, 스미스에게 관심은 이익의 최종 목적이며 이익은 관심의 수단에 가깝다. 반면 지금 논의하는 주목 경쟁이나 주목 경제에서 관심은 이익의 수단이거나 이익 그 자체다.

Johns Hopkins Press, Baltimore, 1971.

인간의 인지력은 유한할 뿐 아니라 시간이 지날수록 급격히 체감한다. 반면 (인지 자원을 소모하는) 정보는 정보화가 심화할수록 기하급수로 늘어난다. 때문에 타인의 관심을 끈다는 것은 어려운 일이 될 수밖에 없다. 요컨대 관심의 상대적 가치가 커지는 것이다. 이는 곧 관심의 교환 가치가 커진다는 것, 즉 전보다 더 많은 돈이 된다는 의미다. 예나 지금이나 관심은 돈으로 이어지곤 했지만, 과거의 관심은 '명성'에 가까운 의미였고 명성이 높은 사람조차 돈을 썩 잘 벌지 못하는 경우도 많았다. 현대인의 관점에서 보면 '관심'이라는 요소와 '돈'이라는 요소가 바로 연결되는 것은 당연해 보이지만, 우리가 살아가는 세계가 그렇게 된지는 얼마 되지 않았다.

주목 경쟁에서 혐오 경제로

신문과 방송 등 전통적 매체 역시 속성상 당연히 관심을 최대화하려 하지만, 오랜 기간 형성된 제도적·문화적 제어 장치 때문에 일정한 제약을 받는다. 반면 특히 유튜브 같은 플랫폼에서 생산되고 유통되는 개인 방송 등은 그런 제약들에서 상대적으로 자유롭다. 실제로 플랫폼 기업들은 자신들이 정보통신기업일 뿐 미디어가 아니라고 주장하며 사회적 책임을 경감받거나 면제받아왔다. 이러한 제도적·문화적 조건이, 주목의 추구가 격화될 수밖에 없는 정보 풍족 사회의 인지 환경과 결합되자 '멋진 신세계'Brave New World'가 펼쳐지기 시작했다.

결정적인 것은 선정적이고 혐오적인 콘텐츠가 곧장 '크리에이터'의 금전 수익으로 이어진다는 점이었다. 유튜브와 아프리카 TV의 인터넷 개인 방송에서 혐오 발언이 어떻게 경제적 수익으로 작동하는지를 탐색한 최근의 한 연구는 여성 혐오 발언 맥락이 등장할 때 후원금액이 107.0% 증가했으며, 여성 혐오 발언이 공격적이지 않을 때보다 공격적일 때 평균 104.1% 더 많은 후원금액이 발생했음을 보여준다.[3]

각 분야에 특출한 재능을 가진 사람들이 시장을 선점한 상황에서 별다른 자원이 없는 사람들이 택할 수 있는 콘텐츠는 그리 많지 않다. 틈새시장을 찾아야 하지만 말처럼 쉬운 게 아니다. 그때 관심이 '고픈' 사람들이 택하는 게 혐오 콘텐츠다. 혐오는 가장 적은 자원을 투여해 가장 많은 사람의 관심을 유인할 수 있다. 여성, 이주 노동자, 동성애자, 무슬림 등 '밟아도 될 만한 집단'을 향해서 최대한의 모욕적 언설을 토해내는 것. 그것만으로도 적지 않은 수익이 발생한다. 투입 대비 산출 효과가 이 정도로 큰 비즈니스는 드물다.

일베 같은 커뮤니티의 혐오 발언과 유튜브 같은 플랫폼의 혐오 발언은 내용면에서 별 차이가 없지만 비즈니스 모델이라는 면에서 완전히 다르다. 일베 회원들이 혐오를 통해 얻을 수 있는 건 약간의 쾌락과 관심뿐이었다. 혐오 놀이로 트래픽이 몰리면 서버 운영자가 돈을 벌었다. 하지만 유튜브에서는 혐오를 갖고 놀면 혐오 발언을 한 당사자에게 바로 돈을 준다. 주목 자체 외에도 또 하나 강력한 모티베이션이 추가된

3) 김지수, 「인터넷 개인방송에서 혐오 발언은 어떻게 비즈니스가 되는가」, 서울대학교 언론정보학 석사 학위 논문, 2019, 73~75쪽.

셈이다. 극단화된 주목 경쟁이 불과 몇 년 사이 혐오 비즈니스로 '발전'한 모양새다.

혐오 비즈니스는 '가짜 뉴스fake news' 문제와도 결부돼 있다. 『한겨레21』은 일부 극우 개신교 세력의 '가짜 뉴스' 생산 실태를 추적한 탐사보도에서 혐오 표현과 '가짜 뉴스'의 기지가 일베에서 유튜브로 옮겨왔다고 지적하고 있다. "일베 몰락 이후 되레 한국 사회는 인권조례, 페미니즘, 난민 등 소수자 관련 문제가 등장할 때마다 혐오 표현으로 몸살을 앓고 있다. 가짜 뉴스와 혐오 표현의 기지가 일베에서 더 큰 놀이터인 유튜브로 이전된 까닭이다."[4]

혐오 표현과 가짜 뉴스가 결합된 전형적 사례는 2019년 초 제주 예멘 난민 사태 당시 한국 사회를 휩쓸었던 난민 혐오 열풍이다. 당시 수천 명의 시민이 "난민을 당장 추방하라!"며 촛불을 들었고 예멘 난민 반대 청와대 청원이 70만 명을 돌파했다. 인터넷에는 "해외 언론 기사"라며 무슬림 관련 가짜 뉴스들이 범람했다. "시리아 난민이 동물원에서 조랑말을 강간했다.", "스웨덴에서 발생한 성폭력의 92%가 이슬람 난민에 의한 것이고 피해자 절반이 아동이다.", "아프간 이민자의 성범죄율이 내국인보다 79배가 높다." 등 충격적인 내용이었고 당연히 많은 사람의 이목을 끌었다. 물론 거의 모두가 날조된 루머였다.

이 가짜 뉴스들을 만들어내서 유튜브에 유통한 건 우파 개신교 단체인 '에스더기도운동'이었다. 『한겨레21』 취재에 따

4) 김완·변지민, 「가짜 뉴스 기지, 일베에서 유튜브로… 20대가 가장 많이 본다」, 『한겨레21』, 2018.9.28.

르면, "기독 교발 혐오 뉴스를 가장 왕성히 전파하는 25명 가운데 21명이 에스더와 직간접으로 관련이 있는 인물이었고, 최근 기독교발 가짜 뉴스 22개가 모두 에스더와 연관돼 있었다."[5]

어떻게 대응할 것인가?

혐오 표현을 막는 법안을 만들어야 한다는 요구가 높지만, 이미 많은 입법 시도와 토론회 등에서 드러난 것처럼 혐오 표현 규제는 쉬운 일이 아니다. 표현의 자유라는 기본권을 침해할 여지가 클 뿐 아니라 규제의 기준을 무엇으로 할 것인지에 대한 사회적 합의가 지난하기 때문이다. 독일처럼 홀로코스트 옹호 행위를 형사처벌 하는 법안을 만들자는 목소리도 있으나 역사적 경험과 제도적 환경이 다른 한국에서 무엇을 어떻게 기준 삼을 것인지는 여전히 모호하다.

우선 유튜브, 페이스북, 구글 같은 글로벌 플랫폼 기업들이 사회적 책임을 회피하는 상황을 제도적으로 규제할 필요가 있다. 이들은 사실상 미디어로 기능하며 우리의 주목 경쟁을 통해 엄청난 이윤을 벌어들이면서도, 사회적 책임이 요구되는 영역에서는 비밀주의로 일관하거나 기업의 혁신을 규제해선 안 된다고 반발하고 있다. 에스더기도회 이용희 대표가 "페이스북 같은 곳에서 (뉴스를) 전달할 때 시민들이 사실 관

5) 김완·박준용·변지민, 「동성애·난민 혐오 '가짜 뉴스 공장'의 이름, 에스더」, 『한겨레21』, 2018.9.27.

계를 확인할 책임이 있느냐!"[6]며 당당할 수 있었던 이유도 혐오 표현을 유통한 당사자나 플랫폼을 제어할 제도적 수단이 없다는 걸 잘 알기 때문이었다. 이런 주장을 효과적으로 반박할 근거를 만들고 이를 기반으로 사회적 악영향을 도외시한 플랫폼 기업의 활동을 제한할 제도적 장치를 마련해야 한다.

또 큰 틀에서 혐오 표현의 생산자와 소비자를 구별해 대응할 필요도 있다. 혐오 표현을 소비하는 사람은 다수지만, 혐오 프레임과 논리를 조직적으로 생산하고 유통하는 세력은 전체를 봤을 때 극히 일부다. 생산자가 누구인지 추적하고 밝혀내는 것만으로 사회적 압박 여론을 형성할 수 있기 때문에 혐오 표현의 확산을 막아내는 데 상당한 효과를 볼 수 있다. 혐오 표현의 소비자, 즉 '우리 안의 일베'에 대해서는 당장 효과적으로 대응할 방법은 없다. 더디지만 '함께 더 나은 존재가 되어가는 것.' 결국 그게 가장 빠른 길이다.

6) 앞의 기사.

저성장 시대의 성장 서사: 〈미생〉과 〈골든 타임〉

한국에서 최근 10년 이내에 가장 뛰어난 성취를 보인 대중문화를 꼽는다면 단연코 웹툰이다. 지금 젊은 세대에게 가장 친숙한 대중문화이기도 하다. TV 드라마 역시 1·2차 한류 붐을 통과하며 질적 성장을 거듭해왔다. 대중과의 접촉면이 가장 넓은 두 장르에서 심심찮게 수작이 튀어나오는 건 어찌 보면 당연한 일이다. 다음에 연재 중인 웹툰 〈미생〉과 MBC 드라마 〈골든 타임〉은 전혀 다른 플랫폼에 담긴 서로 무관한 문화 상품이지만 하나의 열쇠말로 이야기해볼 만한 작품들이다. 바로 '성장', 성장담이라는 것.

개별 작품에 대한 미학적 비평은 이미 넘쳐나고 있다. 굳이 거기에 한마디 더 보탤 이유는 없다. 이 글은 비평이나 대중들의 반응까지 포함한 일종의 메타비평(여기서 메타비평은 비평에 관한 이론이라는 의미는 아니다.)이다. 〈미생〉과 〈골든 타임〉의 인기와 호평은 일차적으로 작품의 완성도에 기인한 것이지만, 대개의 성공한 대중문화 상품이 그러하듯이 시대 상황을 적절히 반영한 소재와 메시지 역시 무시할 수 없는 요소다. 어떤 작품이길래 사람들이 이렇게 열광하는 것일까.

"아직 살지 못한 자"와 "이름 없는 자"

'미생未生'은 바둑 용어로 두 집(완생)을 만들지 못한 상태를 가리킨다. 작가 윤태호는 그래서 작품의 부제를 "아직 살아 있지 못한 자"로 붙였다. 매회 첫머리에 유명 바둑기사의 기보가 등장하고 문외한에게 생소한 바둑 용어들도 자주 등장하지만, 이 웹툰은 바둑에 대한 이야기는 아니다. 주인공은 한국기원의 바둑 연습생이었으나 끝내 프로 바둑기사가 되지 못한 청년 '장그래'다. 남들이 초·중·고교를 다니며 정규 교육을 받은 시간을 온전히 바둑에 쏟아부었는데도 번번이 입단 시험에서 미끄러지며 결국 바둑의 길을 접었다. 군대를 다녀와 보니 그에게 남은 건 아무것도 없었다. 학력도, 자격증 하나도 없는 막막한 상황. 죽으란 법은 없는지, 바둑 두던 모습을 눈여겨보던 지인의 소개를 통해 그는 어느 회사의 인턴사원으로 들어가게 된다. 본격적인 이야기는 여기부터다. 바둑 실력 말고는 아무것도 가진 게 없는 청년이 종합상사의 가장 밑바닥에서부터 화이트 컬러의 노동이란 무엇인지를 배우게 된 것이다.

다른 한 작품 〈골든 타임〉은 의학 드라마다. 교통사고나 천재지변 등으로 신체에 동시다발적인 손상을 입은 환자, 즉 중증 외상 환자를 다루는 부산의 어느 종합병원 응급의학과를 중심으로 이야기가 펼쳐진다. '골든 타임'은 중증 외상 환자가 생존을 위해 처치받아야 하는 시한을 의미한다. 이 시한을 넘기면 환자의 생존 확률은 급격하게 떨어지게 된다. 드라마의 주인공 이민우는 의대에 들어갔지만, 의사라는 직업에 흥미도 의욕도 없는 남자였다. 취미로 의학 관련 '미드' 자막을 인터넷에 올리고 한방병원에서 엑스레이 오더나 내리며 편하게 살던 그였지만, 우연히 선배 대신 병원 응급실 당직을 서다 사고로 온 아이의 생명을 살리지 못하게 된다. 그는 자신의 미숙함으로 한 생명이 꺼져 들어가는 과정을 실시간으로 겪으며 커다란 충격을 받는다. 결국 이민우는 우연히 휘말린 사고로 알게 된 중증 외상 전문의 최인혁이 근무하는 병원에 인턴으로 지원하게 된다. 그리하여 "인턴에게 이름이 어딨냐." 는 레지던트들과 정신없이 밀려드는 환자들에 하루에도 몇 번씩 '멘탈이 붕괴'하는 응급실 생활이 시작된다.

출세에서 생존으로

샐러리맨의 삶을 그린 문화 상품은 셀 수 없이 많다. 만화는 더욱 많다. 샐러리맨의 일상을 그린 〈미생〉이 그런 작품들과 비교되는 것은 거의 필연적이다. 〈미생〉의 스토리에 윤곽이 잡히기 시작할 무렵 많은 사람이 했던 말이 "한국의 〈시마 과장〉"이라는 칭찬이었다. 〈시마과장〉은 굴지의 재벌 기업에 다니는 시마 코우사쿠를 주인공으로 샐러리맨의 삶을 그린 만화로, 일본에서 1983년부터 연재돼 국민적 인기를 모은 작품이다. 훗날 시마 부장, 시마 이사, 시마 사원까지 나와 '회사인의 바이블'이라는 칭송을 들었다. 그러나 〈미생〉은 〈시마과장〉과는 결이 다른 작품이다. 히로카네 켄시라는 작가를 폄하하려는 건 아니지만, 〈시마〉 시리즈에서 회사에 명줄이 걸린 샐러리맨의 절박감이 설득력 있게 표현된 적은 거의 없다. 시마 코우사쿠는 명문대를 나와서 평탄하게 회사 생활을 하며 이사까지 승진한다. 파벌을 싫어하지만 출세가도에서 배제된 것도 아니다. 출장이나 각종 업무마다 미인들이 꼬여들어 수많은 여자와 잠자리를 함께 한다. 솔직히 말해 시마 코우사쿠 시리즈는 '대기업 엘리트의 행복한 나날'을 그린 작품이다. 거기서 회사인의 절절한 '애환'이나 '갈등'은 그저 '포즈' 또는 '클리셰'로만 존재하고 있다.

그러나 〈미생〉은 다르다. 장그래는 출발부터가 절박했다. 아버지 사업은 망했고 어머니는 부쩍 늙어버렸으며 자신은 아무런 스펙도 지식도 없이 종합상사의 인턴 사원으로 들어갔다. 인턴은 인턴끼리 살벌하게 경쟁해야 하고, 그 경쟁을 뚫고 인턴 딱지를 떼봐야 계약직 사원이다. 수직으로 깎아지른 절벽에 대롱대롱 매달려 있는 처지다. 그가 가지고 있는 것은 어린 시절부터 다져진 승부사 기질과 날카로운 직관뿐이다. 동기로 들어간 인턴 사원들은 좋은 대학에서 경영학 따위를 공부하고 영어와 각종 자격증으로 무장한 친구들이다. 장그래는 이들의 대화만 따라가기도 벅차다. 무언가 전문 용어를 쓰는 것 같은데 도대체 알아들을 수가 없다. '난 과연 살아남을 수 있을까?'

작가 윤태호는 유명한 바둑 격언들을 절묘하게 배치하며 '샐러리맨의 생존술'을 풀어나간다. 아니, 정확히 말해 그것은 샐러리맨의 생존술이라기보다는 '사회 초년생의 생존술'이다. 〈미생〉은 〈시마과장〉보다는 차라리 허영만의 유명한 기업 만화인 〈아스팔트 사나이〉나 〈미스터 큐〉의 계보에 놓인 작품이지만, 그런 만화들에서 보이는 고도 성장기 특유의 허장성세가 거의 보이지 않는다. '귀두컷'을 하고 와이셔츠에는 고춧가루 묻힌 멍청해 보이는 아저씨들이 회사 업무에서는 얼마나 노련한 장인들인지, 때로는 얼마나 교활한 여우들인지를 윤태호는 압도적인 리얼리티로 그려낸다. 그런 그들 틈에서 온전히 한 사람의 몫을 해내는 것, 그래서 장그래의 목표는 출세가 아니다. 생존이다.

'최선의 세계'라는 신기루

해운대 세중병원 인턴 이민우의 눈동자는 항상 초점을 잃고 흔들린다. 응급환자가 들어와 기도삽관을 시도할 때 손은 사시나무처럼 떨리고 얼굴에서는 땀이 비 오듯 흐른다. 환자의 바이탈 사인은 순간순간 악화되는 중이다. 그러나 인턴은 말이 좋아 '선생'이지 "아무것도 판단해선 안 되고 아무것도 해선 안 되며 시키는 것만 잘하면 되는" 존재다. 할 수 있는 일이라곤 전화기를 붙잡고 당직 선생님들에게 미친 듯이 '콜'을 때리는 것이나. 그러나 모든 당직의가 내려오는 경우는 거의 없다. 모든 수술실은 풀가동되고 있고, 모든 의사는 환자를 진료하느라 정신이 없다. 반면 응급외상센터는 병원 적자의 주범으로 눈총을 받고 있다. 항상 스탠바이 중인 이는 최인혁 교수뿐이다. 이민우가 다시 본격적인 의사의 길로 들어서게 만든 사람, 존경하는 멘토이자 스승이다. 정확한 판단과 신속한 수술로 죽어가는 환자를 살려내는 최 교수지만 병원의 스탭 교수들 사이에서는 '왕따'다. 응급환자를 살린다는 이유로 절차와 질서를 깨뜨리기 때문이다. 본인도 그걸 잘 알고 있다.

〈골든타임〉은 그 무엇보다 환자의 생명이 우선이고 "사람 목숨값이 세상에서 가장 비싼 것(최인혁)"이라는 대원칙이 '현실' 앞에서 얼마나 관철하기 힘든 당위인지를 집요하게 묘사한다. 그래서 이 드라마에는 (인턴 이민우의) 뜨겁지만 설익은 휴머니즘에 얼음장 같은 냉수를 끼얹는 상황과 대사들이 이어진다. '최선의 선택'이라는 말은 쉽게 할 수 있다. 그런데 최선을 택할 수 없는 상황이라면? 이른바 '〈골든타임〉의 명대사'로 회자하는 것들은 대부분 이런 선택에 대한 문제다. "지금은 나쁜 것과 좋은 것 중에서 선택할 수 있는 상황이 아니다. 나쁜 것과 덜 나쁜 것 중 하나를 선택할 순간이야(최인혁)", "모든 운이 따라주고, 인생의 신호등이 동시에 파란불이 되는 때란 없어. 모든 것이 완벽하게 맞아 떨어지는 상황은 없는 거야. 만약 중요한 일이고 '결국' 해야 할 일이라면. 그냥 해. 앞으로도 완벽한 때란 건 없어(박금녀)".

성장이란 '포기할 때와 장소를 깨닫는 일'이라는 것을 이 드라마는 격렬하게, 때로는 담담하게 알린다. '시간'과 '돈', 예산 제약 상황을 만들어내는 이 두 가지 절대 원소 앞에서 말랑한 감상주의나 모호한 휴머니즘은 가루처럼 분쇄된다. 어른이 된다는 것은 자신의 선택을 해명하고 책임질 수 있어야 한다는 것이다. 〈골든타임〉이 그리는 "실재의 사막"에서 최선의 세계는 신기루일 뿐이다.

럼스프린가: 탕자는 돌아올 수 없다

한국에 "미국판 청학동"이라고 종종 소개되기도 한 아만파amish 마을은 기독교의 한 분파로 18세기적 라이프 스타일을 고수하며 살아가는 것으로 유명하다. 아만파 마을 사람들은 화려하고 요란한 현대 문명과 소비 문화를 최대한 거부하며 금욕적이며 경건한 삶을 꾸려간다. 슬라보예 지젝은 〈시차적 관점〉에서 아만파 공동체의 어떤 독특한 풍습을 소개한다. 그 풍습의 이름은 '럼스프린가'다.

> 미국의 아만파amish 공동체에는 럼스프린가라고 불리는 관례가 있다(rumsringa, 독일어 herumspringen에서 온 말로서 주위를 뛰어 돌아다닌다는 뜻이다.): 17세가 되면 그들의 아이들은 (그때까지 그들은 엄격한 가정 규칙에 종속된다.) 자유롭게 되어 밖으로 나가 그들 주위의 "영어" 세계의 방식들을 배우고 경험하는 것이

허락되며 심지어 조장된다. 그들은 차를 몰고 다니며 팝음악을 듣고 텔레비전을 보며 음주와 마약과 난교를 경험한다. 몇 년 후 그들에게는 결정할 기회가 주어진다: 그들이 아만파 공동체의 일원이 될 것인가 아니면 그곳을 떠나 일반적인 미국 시민이 될 것인가? 두 쪽에 대한 모든 지식과 경험을 바탕으로 결정할 기회를 그들에게 주는 것은 젊은이들에게 진정으로 자유로운 선택을 허용하는 것과는 거리가 멀다. 그러한 해결책은 아주 편파적으로 한쪽으로 기울어 있다고 할 수 있고 그것을 선택이라고 해야 한다면 거짓 선택이라고 할 수 있을 것이다. 외부 "영어" 세계의 위반적·불법적 쾌락들에 대한 오랜 세월의 훈육과 환상 뒤에 아만파 청년들은 갑자기 그리고 준비없이 그 속으로 내던져진다. 물론 그들은 극단적으로 위반적인 행동들에 탐닉하여 "그것을 모두 시험해"보며 자신들을 섹스와 마약과 음주 속으로 완전히 내몰게 될 수밖에 없다. 그리고 그러한 삶에서 그들은 모든 내재적 한계나 규제를 결여하고 있으므로 이러한 자유로운 상황은 예상에 어긋한 결과를 초래하며 참을 수 없는 불안을 야기한다. 그러므로 몇 년 후 그들이 격리된 그들의 공동체로 돌아올 것이라는 의미에서 그것은 안전한 도박이다. 90퍼센트 이상의 아이들이 정확히 그렇게 한다는 것은 당연한 일이다. 이는 "자유로운 선택"이라는 생각에 항상 수반되는 어려움에 대한 완벽한 사례다: 아만파 청소년들은 형식적으로 자유로운 선택을 부여받지만, 선택하는 동안 그들이 사로잡혀 있는 조건은 선택을 자유롭지 못하게 만든다. 진정 자유로운 선택을 하려면 그들은 선택이 가능한 상황 속에서 교육받았어야 하고 자신들의 선

택에 대해 적절히 알고 있어야 한다.[1]

 럼스프린가 사례를 두고 지젝의 길고 긴 재담이 계속 이어지지만, 그가 하고 싶은 말은 결국 다음과 같은 물음이다. "우리가 능동적이고 자유로운 저항이라 인식하는 행동들이 결국 체제의 재생산과 안정에 기여하고 있다면 어쩔 것인가?" 이런 물음은 그 어떤 급진적 저항도 자본주의를 무너트릴 수는 없다는 걸 은밀하게 인정해버린 좌파의 무기력으로부터 헤어나오기 위한 처절한 시도다. 지젝은 의사pseudo-자유, 가짜의 능동성 대신 전복적인 수동성(그가 '바틀비 정치학'이라고 부르는 것, 예컨대 "나는 그렇게 하지 않는 것을 선호합니다."라고 선언하는 것)을 잠정적인 출발점으로 삼는다. 정말로 이를 통해 "이데올로기의 외설적 매듭을 푸는 방법"을 그가 제시했는지는 의문이지만 말이다.
 럼스프린가는 「루가복음」에 나오는 '돌아온 탕자' 에피소드의 아만파적 변용이라 할 수 있다. 아버지가 물려준 재산을 방탕한 생활로 모두 탕진해버리고 돼지치기로 전락해버린 둘째 아들이 뼈아픈 후회 끝에 회심하고 집으로 돌아와 용서를 구한다. 아버지는 첫째 아들이 반발하는데도 회개한 둘째 아들을 너그러이 받아들여 축연까지 열어준다. 이 이야기의 교훈은 명백하다. 비록 죄를 지었을지라도 깊이 참회하고 회개하면 은총에 의해 구원받을 수 있다는 것이다. 우리가 흔히 보고 듣는 성상담 역시 본질적으로 여기서 크게 벗어나지 않

1) 슬라보예 지젝, 『시차적 관점』, 647쪽.

는다. 철없고 성급한 천둥벌거숭이는 자기 주변에 있는 모든 것의 고마움과 소중함을 미처 깨닫지 못한 채 낯선 세계에 매혹당해 길을 떠난다. 하지만 익숙한 것과 결별한 뒤 그가 마주치는 것은 거짓과 기만과 위선이다. 그는 싸우고 패하고 도망치고 쓰러진다. 환멸과 분노에 괴로워하고 날 선 적의와 악전고투하고 새로운 친구를 만나기도 한다. 이 모든 통과의례를 거쳐 그/녀는 어른이 되어가는 것이다.

'돌아온 탕자' 이야기는 탕자가 집으로 돌아와야 끝이 난다. 계약직 사원이 어엿한 상사맨이 되거나 인턴이 한몫 제대로 하는 전문의가 되면 성장담은 끝난다. 집으로 돌아온다는 것, 어른이 된다는 것은 단지 나이를 먹고 성인이 된다는 게 아니라 배추벌레가 나비가 되는 존재의 혁신이다. 아니, 그렇게 '포장'되고 '미화'된다고 말해야 한다. 왜냐면 모든 성장담은 럼스프린가가 보여준 바대로 젊은이에게 진정 자유로운 선택을 허용하는 것이 아니라 체제가 부여하는 압력을 견뎌낸 젊은이를 추려내는 과정이기 때문이다. '돌아온 탕자'는 이제 탕자가 아니다. 체제에 순치된 젊은이만이 돌아올 수 있다. 진정한 탕자는 돌아오지 않는다. 대부분의 전형적 성장담은 불안과 혼돈의 세계에서 안정과 성숙의 세계로의 당당한 (그리고 쓰디쓴) 편입을 그리고 있다는 점에서 태생적으로 '보수^{保守}의 멜랑콜리'일 수밖에 없다. 그러나 소수의 탁월한 성장담은 그 한계를 돌파한다. 탕자는 집으로, 다시 말해 익숙한 세계로 돌아오는 대신 다른 세계를 만들어낸다. 체제가 던지는 가짜 선택지를 거부하고 스스로 선택지를 만든다. 그리하여 아이러니하게도 탁월한 성장담은 이제 성장담이 아니게 된다.

성장담의 근본적 불완결성

성장담이 그토록 많은 사람에 의해 생산되고 또 소비돼 온 이유는 무엇인가. 이는 단지 인간 삶의 보편성 때문이라 얼버무리고 넘어갈 만큼 단순한 이야기가 아니다. 문제는 '보편성'이 어떤 방식으로 재현되는가다. 시대와 장소를 초월한 성장 소설이라 불리는『데미안』,『빌헬름 마이스터의 수업시대』,『호밀밭의 파수꾼』과 같은 작품들이 2012년 대한민국의 젊은이들에게 얼마만큼 절실하게 다가올 수 있을까. 물론 이 텍스트들은 과거에도 읽혔고 지금도 읽히고 있고 앞으로도 읽힐 정도의 '보편성'을 지녔다. 그야말로 불멸의 고전이다. 그러나 저 작품들이 당대에 갖추고 있던 핍진성^{verisimilitude}은 이제 존재하지 않는다. 쉽게 말해 당대 젊은이들의 라이프 스타일과 달라도 너무 달라져버린 것이다. 삶의 시시콜콜한 디테일들이 조금씩 어긋나며 들어맞지 않다가, 결국 인간이라는 종적種的 유사성 외에 별다른 동질감을 느끼지 못하게 되면 고전의 의미는 상당히 퇴색할 수밖에 없다. 요컨대 모든 인간을 포괄할 정도로 그물이 거대해지면 역설적이게도 그 텍스트는 아무것도 포착하지 못하게 되는 것이다.

과거의 성장 서사가 오늘날 핍진성을 상실했다는 말의 의미는 시대 배경이나 문화, 사용하던 물건들의 차이만을 가리키는 게 아니다. 다시 말해 물리적 시간차 때문이 아니다. 그것은 역사적 시간의 차이 때문이며 이 말은, 곧 '삶의 양식 혹은 태도 modus vivendi'가 변화했다는 뜻이다. 성장은 '상실의 경험'이다. 그것은 아이의 단계를 마무리하고 어른의 세계로 진입한 대가다. 이를테면 청춘의 등가 교환 체계인 셈이다. 상실은 언제나 쓰디쓰고 고통스럽지만 누구에게나 공평하게 돌아가는 경험이고 나도 내 부모와 완전히 똑같지는 않지만 닮은 단계를 밟아가며 어른이 된다. 성장담은 따라서 세대를 거듭해가며 변주되는 약속이다. 삶의 리듬이 거의 변하지 않는 중세에서 근대로 넘어온 이후 각 세대의 경험이 과거에 비해 훨씬 이질화됐고 성장담도 변화했다. 자본주의의 고도화와 '개인'의 탄생 때문에 성장 서사는 점차 '진정한 자아를 찾아 떠나는 여행'에 가까워졌다. 20세기의 성장담이 몇 세대를 거치면서도 그 원형이 상당 부분 유지되고 또한 그토록 엄청나게 양산된 것은 이른바 20세기적 생산 양식이 개인의 성장 단계를 '보증'해줬기 때문이다. 이를테면 근대적 의료·보육·교육 체계 속에서 생물학적 나이에 따라 나뉜 발달 단계가 제시됐고 개인의 삶은 이에 맞춰 전형화됐다. 그것이 바로 근대 성장 서사의 물적 기반이다. 예술은 결코 시대와 분리되지 않으며 당연히 성장담도 마찬가지다. 21세기인 지금 20세기적 성장담의 핍진성이 약화되는 것은 당연하다.

〈미생〉과 〈골든타임〉은 형식만 보자면 전형적 20세기 성장담이다. 주인공은 처음에 백지상태tabula rasa이지만 멘토를 만나고 학습하고 경험하면서 선형적 성장의 단계를 밟아나간다. 목표는 프로페셔널한 세계에서 살아남는 것이다. 이들에게 데미안이나 깡디드처럼 자아를 찾기 위해 방황하거나 진리를 찾기 위해 고뇌하는 여유는 없다. 한국에서 대학 캠퍼스의 낭만을 그린 드라마들은 1990년대에 신드롬을 일으킬 정도로 인기였지만 이제는 누구도 그런 작품을 기획하지 않는다. 맨손으로 시작해 거대한 왕국을 세우는 입지전적 스토리역시 명맥이 끊겼다. 자아를 찾을 여유도, 신화를 만들 영웅도 없다. 반면 88만원세대의 잉여적 삶을 그린 작품들은 차고넘친다. 20세기적 형식에 오늘의 현실을 담다 보니 성장담은이제 생존담이 될 수밖에 없다.

미셸 우엘벡의 『소립자』는 현대 사회의 세대 간 적대에 관한 가장 출중하고도 문제적 텍스트다. 이 소설은 주인공 브루노와 그의 아들, 즉 68세대와 포스트 68세대의 관계를 통해 근대적 삶의 태도가 사실상 해체됐음을 설득력 있게 그려낸다. 브루노는 우울증 때문에 어린 나이에 가진 자신의 아들을 돌보지 못했고 그의 아들은 사춘기가 되면서 아버지에게 강한 적개심을 드러내게 된다. 급기야 아들은 젊은 여자를 두고 아버지와 성적 라이벌이 된다. 아버지는 아들에게 어떤 것도 물려줄 게 없었고, 아들은 아버지에게 그 어떤 존경도 비치지 않는다. 아버지와 아들은 동일한 "시간의 우리the same cage of time" 속에서 적대하고 경쟁한다. '약속된 미래'가 이제 가능하지 않음을 깨달은 사람들은 이제 만인의 만인에 대한 투쟁을 개시한다. 기성세대는 다음 세대에게 무엇도 약속할 수 없다. 성장은 탈낭만화됐고 처절해졌다.

이제 지젝이 말한 럼스프린가는 아이러니가 된다. 젊은이들이 진정으로 공포를 느끼는 것은 자신의 저항이 체제에 포섭되고 그 재생산에 복무하게 되는 상황이 결코 아니다. 그들이 정말로 두려워하는 것은 이전 세대와 같은 기회가 자신들에게 돌아오지 않는 상황이다. 그것은 자신의 성장의 한 단락을 영원히 마무리하지 못한 채 영원히 성장해야 하는 악몽이다. 헐리우드 영화 〈사랑의 블랙홀Groundhog Day〉처럼 아침에 일어날 때마다 같은 날이 반복되는 삶 말이다. 다시 말해 현재 젊은이들의 공포는 체제에 대한 저항이 근본적으로 불가능하다는 사실이 아니라 체제로의 편입이 근본적으로 불가능해지는 것이다. 저성장 시대의 성장 서사라는 말이 암시하는 바는 정확히 이것이다. 탈근대의 성장담은 완결되지 못한다. 이것은 미완으로 미래를 향해 열려 있다는 의미가 아니라 성장의 근본적 불완결성을 뜻하는 것이다.

축제와 탈진

초판 1쇄 발행 2020년 9월 21일
초판 2쇄 발행 2021년 6월 28일

지은이 　박권일

편집 　김유정
디자인 　문유진

펴낸이 　김유정
펴낸곳 　yeondoo
등록 　2017년 5월 22일 제300-2017-69호
주소 　서울시 종로구 부암동 208-13
팩스 　02-6338-7580
메일 　11lily@daum.net

ISBN 　979-11-970201-2-4 　03330

이 도서의 국립중앙도서관 출판예정도서목록(CIP)은 서지정보유통지
원시스템 홈페이지(http://seoji.nl.go.kr)와 국가자료공동목록시스템
(http://www.nl.go.kr/kolisnet)에서 이용하실 수 있습니다.
(CIP제어번호:CIP2020034162)